Georges Iwanowitsch Gurdjieff

Aus der wirklichen Welt

Gurdjieff

Aus der wirklichen Welt

Lehrgespräche
mit seinen Schülerinnen und Schülern

in Moskau, Essentuki, Tiflis, Berlin,
London, Paris, New York und Chicago
aus den Jahren 1917 bis 1931

Deutsch von
Hans-Henning Mey

Chalice Verlag

Die englische Originalfassung erschien
1973 bei E. P. Dutton & Co. Inc., New York,
unter dem Titel *Gurdjieff, Views from the Real World, Early Talks as Recollected by His Pupils*

Buchgestaltung: Robert Cathomas
Herstellung: BoD – Books on Demand GmbH
Printed in Germany

ISBN 978-3-942914-61-1

Inhalt

Einführung 7

I

Einblicke in die Wahrheit 13

II

»Was bin ich?« 47
Für ein genaues Studium ist eine genaue Sprache erforderlich 66
Der Mensch ist ein vielfältiges Wesen 80
Die einseitige Entwicklung des Menschen 86
Erste Kontakte 88
Selbstbeobachtung 91
Wie kann man Aufmerksamkeit erlangen? 92
Inneres Leben und äußeres Leben 96
Jedes Tier arbeitet gemäß seiner Beschaffenheit 104
Warum sind wir hier? 107

III

Energie – Schlaf 113
Gibt es eine Möglichkeit, das Leben zu verlängern? 118
Die Erziehung der Kinder 121
Der formgebende Apparat 125
Körper, Wesen, Persönlichkeit 132
Wesen und Persönlichkeit 138
Sich von sich selbst trennen 143
Die Stopp-Übung 149
Die drei Kräfte 153

Lässt sich die Atmung lenken? 157
Innere Haltungen und Zustände 160
Sieben Kategorien von Übungen 163
Der Schauspieler 165
Schöpferische Kunst – subjektive Kunst 168
Fragen und Antworten 170

IV

Gott das Wort 183
Bejahung und Verneinung 186
Kann man unparteiisch sein? 194
Alles ist stofflich 196
Die vier Körper des Menschen 200

V

Das Gespann 205
Ich will mich meiner erinnern 211
Die zwei Flüsse 219
Es gibt zwei Arten der Liebe 223
Der freie Wille 226
Befürchtungen – Identifizierung 233
Die verschiedenen Arten von Einflüssen 234
Befreiung führt zu Befreiung 246

VI

Aphorismen 251

Weiterführende Quellen 254
Register 257

Frontispiz Seite 2: Ankunft im Hafen von New York, 15. Januar 1924: Gurdjieff begrüßt Amerika. Quelle: The Gurdjieff-Foundation of New York; Bearbeitung Chalice Verlag

Einführung

HEUTE, MEHR ALS SIEBZIG JAHRE NACH SEINEM TOD, WIRD Georges Iwanowitsch Gurdjieff, aus einem Nebel widersprüchlicher Gerüchte sich lichtend, als einer jener großen geistigen Meister anerkannt, die in der Menschheitsgeschichte während Übergangsperioden in Erscheinung treten.

Angesichts der Richtung, welche die moderne Zivilisation nahm, hatte er es sich zur Aufgabe gemacht, seine Zeitgenossen wachzurütteln für die Notwendigkeit einer inneren Entwicklung, die ihnen den wahren Sinn ihres Daseins auf Erden zum Bewusstsein bringen sollte.

Den Leserinnen und Lesern seiner Werke, zumal der *Begegnungen mit bemerkenswerten Menschen,* ist sein Leben in den großen Umrissen vertraut.

Geboren am Ende des letzten Jahrhunderts nahe der russischtürkischen Grenze, wurde er unter dem Einfluss seines Vaters und seiner ersten Lehrer sehr früh dazu bewogen, sich die Frage nach sich selbst zu stellen und sodann unablässig nach Menschen zu suchen, die ihn hierüber aufzuklären vermochten. Zwanzig Jahre lang durchstreifte er Zentralasien und den Mittleren Orient, um dort lebendige Quellen eines verborgenen Wissens wiederzufinden.

Kurz vor dem Ersten Weltkrieg kehrte er nach Moskau zurück, wo er anfing, Schüler und Schülerinnen um sich zu versammeln. Während der Revolution führte er seine Arbeit fort; er begab sich in den Kaukasus nach Essentuki, in Begleitung einer kleinen Gruppe von Gefährten, die ihm später nach Tiflis folgten, dann nach Konstantinopel, Berlin und London. Schließlich ließ er sich 1922 in Frankreich nieder, im Anwesen Prieuré des Basses Loges nahe bei Fontainebleau, um dort in recht großem Maßstab sein »Institut für die harmonische Entwicklung des Menschen« aufzubauen.

Nach einer seiner zahlreichen Vortragsreisen in die Vereinigten Staaten unterbrach ein sehr schwerer Autounfall im Jahr 1924 die Durchführung seiner Vorhaben.

Kaum genesen, fasste er den Entschluss, sich völlig der Schriftstellerei zu widmen. Nahezu zehn Jahre verbrachte er mit dieser Arbeit. Aus jener Zeit datieren die Bücher *Beelzebubs Erzählungen für seinen Enkel* und *Begegnungen mit bemerkenswerten Menschen* sowie die Vorarbeiten zu einer »dritten Serie« mit dem Titel: *Das Leben ist nur wirklich, wenn »Ich bin«.*

Danach richtete er seine gesamte Tätigkeit bis zum Ende seines Lebens auf eine intensive Arbeit mit seinen Schülerinnen und Schülern, während des Zweiten Weltkrieges vor allem mit denen in Paris und danach mit all jenen, die aus der ganzen Welt zu ihm nach Frankreich kamen. Er starb in Paris am 29. Oktober 1949.

~

Worin besteht seine Lehre? Und kann sie von jedem Menschen verstanden werden?

Gurdjieff zeigte auf, dass die menschliche Entwicklung – ein Thema, das zu seiner Jugendzeit das wissenschaftliche Denken stark beschäftigte – sich nicht durch äußere Programme fördern lässt, die auf die große Masse zugeschnitten sind, sondern das Resultat eines individuellen inneren Wachstums ist. Eine solche innere Öffnung, sagte er, sei das Ziel aller Religionen, aller Wege, aber es verlange ein konkretes und präzises Wissen über die Möglichkeit der Veränderung des Bewusstseins des Einzelnen. Dieses Wissen sei bewahrt worden an Orten, die er aufgesucht hatte, könne aber nur erlangt werden unter erfahrener Anleitung in fortgesetztem Selbststudium und »Arbeit an sich selbst«.

Den Schülerinnen und Schülern, die sich ihm anschlossen, öffneten die eindrückliche Erhabenheit seiner Ideen und die von ihm immer wieder veränderten Übungen die Augen für sich selbst – für ihre äußerste Unzulänglichkeit und gleichzeitig für ihre riesigen inneren Möglichkeiten – in einer Weise, die niemand von ihnen jemals wieder vergaß.

Seine Lehre stellte er, mitunter sehr verschlüsselt, an vielen Stellen seines umfangreichen Hauptwerks *Beelzebubs Erzählungen für seinen Enkel* dar, das ein Panorama der gesamten Geschichte des Menschen und seiner Kultur zeichnet, von der Erschaffung des Lebens auf unserem Planeten, über den Aufstieg und Fall der Zivilisationen bis in die moderne Zeit.

Glücklicherweise existieren auch Aufzeichnungen seiner direkten Worte und Lehraussagen, die er in Gesprächen und Vorträgen im Prieuré hielt sowie auf seinen vielen Vortragsreisen, die er häufig unter schwierigen Bedingungen und stets in Begleitung einiger seiner Schüler und Schülerinnen unternahm. Solche Gespräche sind in diesem Buch wiedergegeben.

Diese Texte sind indes keine direkte Niederschrift, denn Gurdjieff gestattete es nicht, dass während der Versammlungen Notizen gemacht wurden. Sie basieren auf Aufzeichnungen, die einige der damals Anwesenden dem Gedächtnis getreu anfertigten, sich gegenseitig zur Verifikation vorlasen, sicher aufbewahrten und vor Missbrauch schützten und deren Existenz erst später bekannt wurde. So unvollständig, manchmal gar fragmentarisch, sie sind, bilden sie in ihrer Gesamtheit doch eine authentische Darstellung dessen, wie Gurdjieff die Arbeit an sich selbst verstand und sie seinen Schülerinnen und Schülern erklärte. Und so werden wir selbst in diesen Erinnerungsnotizen Zeugen des stets menschlichen Tonfalls seiner Stimme, egal vor welchem Publikum er sprach – manchmal vor Leuten, die seit Langem mit seinen Lehren vertraut waren, manchmal vor solchen, die ihn zum ersten Mal trafen.

~

Im ihrem Vorwort zur ersten Ausgabe dieses Buches im Jahr 1973 schrieb Jeanne de Salzmann, die von 1919 in Tiflis bis zu seinem Tod drei Jahrzehnte an der Seite Gurdjieffs verbracht, an allen Stadien seines Werkes teilgenommen und in seinen letzten zehn Lebensjahren die Verantwortung für seine Schülergruppen getragen hatte:

> Heute, da große Gruppen von Lernenden in Amerika, Europa und Asien das Werk Gurdjieffs studieren und praktizieren, erscheint es mir wünschenswert, etwas Licht auf einen grundsätzlichen Aspekt seiner Lehre zu werfen, und zwar: dass die Wahrheit, nach der wir suchen, zwar seit jeher dieselbe ist, dass jedoch die Formen, mittels denen er seinen Schülerinnen und Schülern half, ihr näherzukommen, immer nur eine bestimmte Zeit lang von Nutzen waren. Sobald diese zu einem neuen Verständnis gelangt waren, wurde die Form verändert.
>
> So wurden die Lesungen, die Vorträge und die Studien, die während einer Phase das Hauptmerkmal des Werks gewesen waren und den Intellekt für ein vollkommen neues Verständnis geöffnet hatten, plötzlich aus irgendeinem Grund aufgegeben.

Dies stellte den Schüler auf die Probe. Was sein Verstand fähig geworden war zu begreifen, musste er nun lernen, mit seinem Gefühl zu erfahren.

Um Gewohnheitsmuster zu brechen, wurden unerwartete Umstände geschaffen, sodass die einzige Möglichkeit, sich der neuen Situation zu stellen, darin bestand, sich einer tiefgreifenden Selbstprüfung zu unterziehen, und zwar mit jener vollkommenen Überzeugung, ohne die sich die Qualität des menschlichen Fühlens nicht verändern kann.

Dann war der Körper an der Reihe, all die Energie der Aufmerksamkeit ansammeln zu müssen und sich einem Befehl zu fügen, dem er zu dienen hatte.

Danach konnte die Erfahrung auf einer anderen Stufe weitergehen.

Wie Gurdjieff gerne sagte: »Alle Teile, aus denen der Mensch besteht, müssen gebildet werden – und zwar auf die einzig richtige Art und Weise, die jedem von ihnen angemessen ist –, sonst wird die Entwicklung einseitig und kann nicht voranschreiten.«

Diese Ideen sind eine Aufforderung, ein Aufruf in Richtung einer anderen Welt, der Ruf von einem, der weiß und der imstande ist, uns den Weg zu zeigen. Doch die Transformation des Menschen verlangt noch etwas anderes. Sie kann nur gelingen, wenn es zu einer echten Begegnung kommt zwischen der bewussten herabsteigenden Kraft und der ihr antwortenden vollkommenen Verpflichtung. Dies führt eine Fusion herbei.

Dann kann sich ein neues Leben ergeben unter neuen Bedingungen, die nur jemand mit einem objektiven Bewusstsein zu erschaffen und zu entwickeln vermag.

Doch um dies zu verstehen, müssen wir alle Stadien dieser Entwicklung durchgemacht haben. Ohne eine solche Erfahrung und ein solches Verständnis wird das Werk seine Wirksamkeit verlieren und die Umstände werden falsch interpretiert; sie werden nicht zum richtigen Zeitpunkt und nicht in der richtigen Situation herbeigeführt und unsere Anstrengungen werden auf der Ebene unseres gewöhnlichen Lebens verbleiben und sich nutzlos wiederholen.

Den Berichten, die den Großteil des vorliegenden Buches ausmachen, gehen drei andersgeartete Texte voraus.

Der erste, »Einblicke in die Wahrheit«, ist die Erzählung eines unbekannten russischen Schülers von seiner ersten Begegnung mit Gurdjieff in der Nähe von Moskau. Dieser aus dem Jahr 1914 stammende Text ist der älteste und gehört zu einer Sammlung von Essays über Gurdjieffs Ideen, welche dieser von einigen der Mitglieder seines damaligen Moskauer Kreises anfertigen ließ. Als Gurdjieff Russland in Richtung Kaukasus verließ, wurde dieses Schreibprojekt abgebrochen. Doch wie P.D. Ouspensky in seinem Buch *Auf der Suche nach dem Wunderbaren* erwähnt, wurde dieser Text gelegentlich in Moskau gelesen als Einführung für Menschen, die Gurdjieff zum ersten Mal begegneten.

Die Berichte selbst wurden abgeglichen und gruppiert mit der Hilfe von Olga de Hartmann, die von 1917 an bei sämtlichen dieser Gespräche anwesend war und ihre Authentizität bestätigte. Den mit Gurdjieffs Schriften vertrauten Leserinnen und Lesern wird auffallen, dass Passagen aus verschiedenen längeren Gesprächen (einschließlich »Für ein genaues Studium...«, »Das Gespann« und »Die zwei Flüsse«) tatsächlich frühe Formulierungen jenes Materials sind, welches Gurdjieff später in leicht veränderter Form für das letzte Kapitel seines 1950 publizierten Hauptwerks *Beelzebubs Erzählungen für seinen Enkel* verwendete.

Gurdjieff mit seinen Hunden und seiner Katze im Herbst 1917 in Olginka am Schwarzen Meer. Quelle: Thomas C. Daly

I

Einblicke in die Wahrheit

1914

Geschrieben von einem Mitglied aus Gurdjieffs Moskauer Kreis

SELTSAME, VOM GEWÖHNLICHEN STANDPUNKT AUS UNVERständliche Ereignisse haben mein Leben geleitet. Ich meine jene Ereignisse, die das innere Leben eines Menschen beeinflussen, dessen Richtung und Ziel radikal verändern und neue Epochen darin einleiten. Unverständlich nenne ich sie deshalb, weil das, was sie miteinander verbindet, nur mir deutlich wurde. Es war, als hätte jemand Unsichtbares, beim Verfolgen eines bestimmten Zieles, besondere Umstände auf meinen Lebensweg gelegt, die ich dort genau in dem Augenblick, da ich ihrer bedurfte, wie durch Zufall vorfand. Von solchen Ereignissen geleitet, wurde es mir von Jugend an zur Gewohnheit, die Umstände um mich herum sehr eingehend zu untersuchen in dem Bemühen, das sie verbindende Prinzip zu begreifen und in ihren Wechselbeziehungen eine umfassendere und vollständigere Erklärung zu entdecken. Ich muss sagen, was mich an einem äußeren Ergebnis am meisten interessierte, war die verborgene Ursache, die es hervorgerufen hatte.

In dieser gleichen, auf den ersten Blick seltsamen Weise stand ich eines Tages vor dem Okkultismus und wurde davon angezogen wie von einem tiefen und harmonischen philosophischen System. Doch genau in dem Augenblick, da ich für dieses Thema etwas mehr empfand als bloßes Interesse, verlor ich genauso plötzlich, wie ich sie gefunden hatte, die Möglichkeit, mit einem systematischen Studium desselben fortzufahren. Mit anderen Worten, ich war ganz auf mich selbst angewiesen. Dieser Verlust schien ein sinnloser Fehlschlag zu sein, aber später erkannte ich darin eine notwendige Etappe auf meinem Lebensweg und zudem eine tief bedeutsame. Diese Erkenntnis kam allerdings erst viel später. Ich wich nicht von jenem Pfad ab, sondern ging auf eigene Verantwortung und eigenes Risiko weiter. Unüberwindliche Hindernisse stellten sich mir in den Weg und zwangen mich zum Rückzug. Vor meinen Augen öffneten sich weite Horizonte, doch wenn ich vorwärts eilte, strauchelte ich häufig oder verfing mich. Während ich so scheinbar verlor, was ich entdeckt hatte, drehte ich mich, gleichsam in Nebel gehüllt, auf derselben Stelle im Kreise. Diese Suche kostete mich viele Anstrengungen, und ich verrichtete anscheinend nutzlose Arbeiten, die in den Ergebnissen eine unzureichende Belohnung fanden. Heute sehe ich, dass keine Anstrengung umsonst war und dass jeder Irrtum mich der Wahrheit näherbrachte. Ich stürzte mich in das Studium der okkulten Literatur, und ohne Übertreibung kann ich sagen, dass ich den Großteil des mir zugänglichen Materials nicht nur las, sondern mir auch geduldig und beharrlich aneignete, indem ich mich bemühte, den Sinn zu erfassen und das zu verstehen, was zwischen den Zeilen verborgen lag. All dies führte freilich nur zu der Überzeugung, dass ich in Büchern niemals das finden würde, wonach ich suchte: obwohl ich die Umrisse eines majestätischen Gebäudes gewahrte, vermochte ich es nicht klar und deutlich zu erblicken.

Ich hielt nach Menschen Ausschau, die womöglich die gleichen Bestrebungen hätten wie ich. Einige schienen etwas gefunden zu haben, indes bei genauerem Hinschauen bemerkte ich, dass sie ebenfalls im Dunkeln tappten. Dennoch hoffte ich noch immer, schließlich das zu finden, dessen ich bedurfte. Ich suchte nach einem lebenden Menschen, der mir mehr zu geben imstande wäre, als was man in Büchern finden konnte. Ich suchte ausdauernd und hartnäckig, und nach jedem Fehlschlag lebte die Hoffnung wieder auf und führte mich in eine neue Richtung. Auf diese Weise wurde ich zu Reisen nach Ägypten, Indien und in andere Länder veranlasst. Von den Begegnungen, die ich machte, hinterließen viele keine Spur, doch einige waren von großer Bedeutung.

So vergingen mehrere Jahre; unter meinen Bekannten waren jetzt einige, denen ich mich durch unsere gemeinsamen Interessen dauerhafter verbunden fühlte. Einer, der mir sehr nahestand, war ein gewisser A. Wir hatten ganze Nächte damit verbracht, uns über bestimmte unverständliche Absätze in einem Buch den Kopf zu zerbrechen und nach geeigneten Erklärungen zu suchen. Auf diese Weise hatten wir uns intim kennengelernt. Doch während der letzten sechs Monate hatte ich, anfangs nur selten, dann immer häufiger, etwas Sonderbares an ihm festgestellt. Nicht dass er mir den Rücken gekehrt hätte, aber er schien zurückhaltender geworden zu sein gegenüber der Suche, die mir weiterhin lebenswichtig war. Zugleich sah ich jedoch, dass er sie nicht vergessen hatte. Oft äußerte er Gedanken und Bemerkungen, die mir erst nach langem Nachdenken ganz verständlich wurden. Ich wies ihn mehr als einmal darauf hin, allein er wich einem Gespräch darüber stets geschickt aus.

Ich muss gestehen, dass diese wachsende Gleichgültigkeit von A., dem ständigen Begleiter meiner Arbeit, mich zu düsteren Überlegungen führte. Einmal sprach ich ihn offen darauf an – ich erinnere mich nicht mehr in welcher Form.

»Wer sagte dir denn«, wandte er ein, »dass ich dich im Stich lasse? Warte ein klein wenig, und du wirst deutlich sehen, dass du dich irrst.«

Aber aus irgendeinem Grund fanden weder diese Antwort noch auch einige andere Bemerkungen, die mir damals seltsam erschienen, mein Interesse. Vielleicht weil ich zu sehr damit beschäftigt war, mich mit dem Gedanken an meine vollständige Vereinsamung abzufinden.

Daher ging alles so weiter. Erst jetzt begreife ich, dass ich ungeachtet eines scheinbaren Beobachtungsvermögens und analytischer Fähigkeiten die Hauptsache, die ich ständig vor Augen hatte, in unverzeihlicher Weise übersah. Doch mögen die Tatsachen für sich sprechen.

~

Vor einiger Zeit, es war etwa Mitte November, verbrachte ich den Abend bei einem Freund. Die Unterhaltung drehte sich um ein Thema, das mich nicht sehr interessierte. Während einer Pause wandte sich unser Gastgeber an mich: »Nebenbei gesagt, da ich ja Ihre Vorliebe für den Okkultismus kenne, ich glaube, eine Notiz in der heutigen Ausgabe der *Stimme Moskaus* (*Golos Moskvi*) würde Sie interessieren.« Und er verwies auf einen Artikel mit der Überschrift »Rund um das Theater«.

Es handelte sich um die kurze Inhaltsangabe des Textbuches zu einem Ballett, einer Art mittelalterlichem Mysterienspiel, mit dem

Titel *Der Kampf der Magier,* verfasst von G.I. Gurdjieff, einem Orientalisten, der in Moskau sehr bekannt sei. Der Hinweis auf den Okkultismus, der Titel und der Inhalt des Balletts erregten bei mir großes Interesse, jedoch konnte keiner der Anwesenden weitere Auskünfte darüber geben. Unser Gastgeber, ein begeisterter Ballettliebhaber, gestand mir, dass er in seinem Bekanntenkreise niemanden kenne, der der Beschreibung in dem Artikel entspreche. Mit seiner Erlaubnis schnitt ich den Text aus und nahm ihn mit.

Ich will Sie nicht damit ermüden, dass ich Ihnen die Gründe für mein Interesse an diesem Artikel darlege. Ich sage nur so viel: Sie veranlassten mich, am Tag darauf den festen Entschluss zu fassen, Herrn Gurdjieff, den Verfasser des Textbuches, koste es, was es wolle, ausfindig zu machen.

Als mich A. an jenem gleichen Abend, es war ein Samstag, besuchte, zeigte ich ihm den Artikel, erklärte ihm, es sei meine Absicht, nach Herrn Gurdjieff zu forschen, und fragte ihn nach seiner Meinung.

A. las den Artikel und sagte, einen flüchtigen Blick auf mich werfend: »Also, ich wünsche dir viel Erfolg. Was mich betrifft, so interessiert er mich nicht. Haben wir nicht genügend derartige Geschichten gelesen?«, und mit einem Ausdruck von Gleichgültigkeit legte er den Artikel beiseite. Eine solche Haltung zu dieser Frage war dermaßen entmutigend, dass ich es aufgab und mich meinen Gedanken überließ. Auch A. war nachdenklich. Unser Gespräch geriet ins Stocken und setzte aus. Es herrschte langes Schweigen, das schließlich von A. unterbrochen wurde, der auf mich zukam und mir seine Hand auf die Schultern legte.

»Hör zu«, sagte er, »sei nicht verletzt. Ich hatte meine Gründe, dir so zu antworten, wie ich es tat, und ich werde sie dir später erklären. Aber zunächst will ich dir einige Fragen stellen, die *so* ernst sind – viel ernster, als du dir vorstellen kannst.« Etwas erstaunt über diese Erklärung; erwiderte ich: »Frage.«

»Sag mir doch bitte, weshalb du diesem Herrn Gurdjieff begegnen möchtest? Wie willst du ihn suchen? Welches Ziel verfolgst du dabei? Und falls deine Suche erfolgreich ist, in welcher Weise wirst du ihn ansprechen?«

Anfangs unwillig, allerdings durch die Ernsthaftigkeit von A.s Benehmen wie auch durch die Fragen, die er mir stellte, ermutigt, erklärte ich ihm die Richtung meiner Überlegungen.

Als ich geendet hatte, fasste A. meine Antwort noch einmal zusammen und fügte hinzu: »Ich kann dir versichern, dass du nichts finden wirst.«

»Wie kann das sein?«, erwiderte ich. »Mir scheint, dass ein Ballett-Textbuch wie das des *Kampfes der Magier,* es ist übrigens Fräulein Geltzer gewidmet, schwerlich so unbedeutend ist, dass sein Verfasser spurlos verschwinden könnte.«

»Es geht nicht um den Verfasser. Vielleicht findest du ihn. Er wird mit dir nicht so sprechen, wie er es *könnte*«, sagte A. Hier brauste ich auf: »Warum bildest du dir ein, dass er … ?«

»Ich bilde mir nichts ein«, unterbrach mich A. »Ich *weiß* es. Doch um dich nicht länger auf die Folter zu spannen, will ich dir sagen, dass ich dieses Textbuch gut kenne, sehr gut sogar. Und was noch wichtiger ist, ich kenne seinen Verfasser, Herrn Gurdjieff, persönlich, und das seit Längerem. Die Art und Weise, wie du ihn zu finden gedenkst, könnte dazu führen, dass du seine Bekanntschaft machst, aber nicht so, wie du es vielleicht wünschst. Glaube mir, wenn du mir einen freundschaftlichen Rat gestattest, gedulde dich noch etwas. Ich will versuchen, eine Begegnung mit Herrn Gurdjieff für dich zu arrangieren in der Weise, wie du es wünschst … Doch ich muss jetzt gehen.«

In höchstem Erstaunen hielt ich ihn fest. »Warte! Du kannst jetzt nicht einfach gehen. Wie hast du ihn kennengelernt? Wer ist er? Warum hast du mir bisher nie von ihm erzählt?«

»Nicht so viele Fragen«, sagte A. »Ich weigere mich entschieden, sie jetzt zu beantworten. Zu gegebener Zeit werde ich antworten. Beruhige dich inzwischen; ich werde mein Möglichstes tun, um dir eine Unterredung zu verschaffen.«

Trotz meiner eindringlichsten Bitten weigerte sich A., noch mehr zu sagen, wobei er hinzufügte, es sei in meinem Interesse, ihn nicht länger aufzuhalten.

Am Sonntag gegen zwei Uhr rief A. mich an und sagte kurz: »Wenn du Lust hast, so sei um sieben Uhr am Bahnhof.«

»Und wohin gehen wir?«, fragte ich.

»Zu Herrn Gurdjieff«, erwiderte er und hängte auf.

»Auf Anstandsregeln legt er mir gegenüber wirklich wenig Wert«, fuhr es mir durch den Kopf, »er hat mich nicht einmal gefragt, ob ich frei bin, und zufällig habe ich heute Abend eine wichtige Angelegenheit zu erledigen. Überdies habe ich keine Ahnung, wohin wir fahren und wann wir zurück sein werden. Was soll ich zu Hause sagen?« Doch am Ende kam ich zu dem Schluss, dass A. meine Lebensumstände wohl nicht unbeachtet gelassen habe. Die »wichtige« Angelegenheit verlor schnell an Bedeutung, und ich begann, auf die vereinbarte Stunde zu harren. In meiner Ungeduld war ich fast eine Stunde zu früh am Bahnhof und musste auf A. warten.

Endlich erschien er. »Komm, schnell«, sagte er, indem er mich zur Eile antrieb. »Ich habe die Fahrkarten. Ich bin aufgehalten worden, und wir haben uns verspätet.«

Ein Träger folgte ihm mit zwei großen Koffern. »Was ist das?«, fragte ich A. »Fahren wir ein Jahr lang fort?«

»Nein«, gab er lachend zur Antwort. »Ich werde mit dir zurückkommen; die Koffer gehen uns nichts an.«

Wir nahmen unsere Plätze ein; und da wir allein im Abteil waren, konnte niemand unser Gespräch stören.

»Fahren wir weit?«, fragte ich.

A. nannte einen ländlichen Ferienort in der Nähe von Moskau und fügte hinzu: »Um dir weitere Fragen zu ersparen, will ich dir alles erzählen, was sich erzählen lässt; das meiste davon muss allerdings unter uns bleiben. Natürlich hast du recht, an Herrn Gurdjieff als Person interessiert zu sein, ich will dir gleichwohl nur einige äußere Tatsachen über ihn mitteilen, sozusagen als Orientierungshilfe. Meine persönliche Ansicht über ihn will ich dir hingegen nicht sagen, damit du einen unmittelbaren Eindruck von ihm erhältst. Wir werden später darauf zurückkommen.«

Nachdem er es sich bequem gemacht hatte, begann er seinen Bericht.

Er erzählte mir, dass Herr Gurdjieff, von einem bestimmten Ziel geleitet, viele Jahre auf Wanderungen im Orient verbracht und an für Europäer unzugänglichen Orten sich aufgehalten habe. Vor zwei oder drei Jahren sei er nach Russland gekommen, habe zunächst in Petersburg gelebt und fast alle seine Kräfte einigen persönlichen Arbeiten gewidmet. Unlängst sei er nun nach Moskau gezogen und habe sich nahe der Stadt ein Landhaus gemietet, um in der Zurückgezogenheit ungestört arbeiten zu können. Nach einem nur ihm selbst bekannten Rhythmus besuche er Moskau in regelmäßigen Abständen und kehre nach einer gewissen Zeit wieder zu seiner Arbeit zurück. Ich glaubte zu verstehen, dass er es nicht für notwendig hielt, seinen Moskauer Bekannten von dem Landhaus zu berichten, und dass er niemanden dort empfing.

»Darüber, wie ich ihn kennenlernte«, sagte A., »werden wir ein andermal sprechen. Auch das war alles andere als alltäglich.«

A. erzählte des Weiteren, dass er zu einem sehr frühen Zeitpunkt in seiner Bekanntschaft mit Herrn Gurdjieff von mir gesprochen und den Wunsch geäußert hatte, mich ihm vorzustellen; dieser hatte es jedoch nicht nur abgelehnt, sondern hatte A. sogar verboten, mir irgendetwas über ihn zu sagen. Angesichts meines beharrlichen Wunsches nach einer Begegnung mit Herrn Gurdjieff und der Gründe, die mich dazu drängten, hatte sich A. entschlossen, ihn erneut um eine Unterredung für mich zu bitten. Nachdem er mich in der vorigen Nacht verlassen hatte, war er zu ihm gefahren. Nach vielen eingehenden Fragen über mich hatte sich Herr Gurdjieff einverstanden erklärt, mich zu empfangen, und hatte selber den Vorschlag gemacht, dass A. mich heute Abend zu ihm aufs Land mitbringen solle.

»Obgleich ich dich seit vielen Jahren kenne«, sagte A., »kennt er dich nach allem, was ich ihm erzählt habe, gewiss besser als ich. Nun verstehst du, dass es nicht bloß Einbildung von mir war, als ich dir sagte, auf die gewöhnliche Weise könntest du nichts erreichen. Vergiss nicht, dass er für dich eine große Ausnahme macht. Keiner von denen, die ihn kennen, ist dort gewesen, wohin wir fahren. Selbst seine engsten Vertrauten vermuten nicht die Existenz eines solchen Landsitzes. Diese Sonderbehandlung wird dir dank meiner Empfehlung zuteil, bringe mich daher, bitte, nicht in Verlegenheit.«

Einige weitere Fragen blieben unbeantwortet; als ich mich jedoch nach dem *Kampf der Magier* erkundigte, gab mir A. dessen Inhalt recht ausführlich wieder. Auf die Frage nach einer Stelle, die mir sonderbar erschien, sagte er, Herr Gurdjieff werde selbst darüber sprechen, falls er es für notwendig erachte.

Dieses Gespräch erweckte in mir zahlreiche Gedanken und Vermutungen. Nach einem Schweigen wandte ich mich mit einer weiteren Frage an A. Er warf mir einen etwas betroffenen Blick zu und sagte nach kurzer Pause: »Sammle dich, oder du wirst auf Abwege geraten. Wir sind fast da. Lass es mich nicht bereuen, dich mitgebracht zu haben. Erinnere dich an das, was du mir gestern über dein Ziel sagtest.« Danach schwieg er.

Auf dem Bahnhof angekommen, verließen wir still den Zug. Ich erbot mich, einen der Koffer zu tragen. Er wog mindestens sechzig Pfund, und der Koffer, den A. trug, war wahrscheinlich genauso schwer. Ein viersitziger Schlitten wartete auf uns. Schweigsam nahmen wir unsere Plätze ein und fuhren den ganzen Weg, ohne ein Wort zu wechseln. Nach etwa fünfzehn Minuten hielt der Schlitten vor einem Gartentor; am hinteren Ende des Gartens konnte man ein großes zweistöckiges Landhaus erblicken. Unserem Kutscher folgend, der das Gepäck trug, traten wir ein und gingen auf einem vom Schnee befreiten Fußweg zu dem Haus. Die Tür war angelehnt. A. zog die Glocke.

Nach einiger Zeit fragte eine Stimme: »Wer ist da?«, A. nannte seinen Namen. »Wie geht es Ihnen?«, rief die gleiche Stimme durch die halb offene Tür. Der Kutscher trug die Koffer hinein und kam wieder heraus. »Gehen wir nun auch hinein«, sagte A., der auf etwas gewartet zu haben schien.

Wir durchquerten eine dunkle Diele und gelangten in ein spärlich beleuchtetes Vorzimmer. A. schloss die Tür hinter uns; in dem Raum war niemand. »Zieh deine Sachen aus«, sagte er kurz, auf einen Kleiderhaken weisend. Wir legten unsere Mäntel ab.

»Gib mir die Hand; keine Angst, du wirst nicht fallen.« Durch eine weitere Tür, die er sorgfältig hinter sich zumachte, führte mich A. in ein völlig dunkles Zimmer. Der Fußboden war mit einem weichen Teppich bedeckt, auf dem unsere Schritte nicht zu hören waren. Ich streckte meine freie Hand im Dunkeln aus und fühlte einen schweren Vorhang, der sich über die ganze Länge eines sehr geräumigen Zimmers erstreckte und eine Art Durchgang zu einer zweiten Tür bildete. »Behalte dein Ziel im Auge«, flüsterte A., hob einen über der Tür hängenden Teppich hoch und schob mich vorwärts in ein beleuchtetes Zimmer.

Vor uns saß auf einer niedrigen Ottomane, gegen die Rückwand des Zimmers gelehnt, die Füße auf orientalische Art gekreuzt, ein Mann mittleren Alters; er rauchte eine eigentümlich geformte Wasserpfeife, die vor ihm auf einem niedrigen Tisch stand. Neben der Pfeife befand sich eine kleine Tasse Kaffee.

Bei unserem Erscheinen hob Herr Gurdjieff – denn er war es – die Hand, und während er uns ruhig anschaute, grüßte er mit einem Nicken. Dann bat er mich, neben ihm auf der Ottomane Platz zu nehmen. Seine Gesichtsfarbe verriet seine orientalische Herkunft. Vor allem seine Augen erregten meine Aufmerksamkeit, weniger an sich als durch die Art, wie er mich bei der Begrüßung anblickte: Es war nicht, als sähe er mich zum ersten Mal, sondern als ob er mich schon lange und gut kennen würde. Ich setzte mich hin und sah mich etwas um. Das Zimmer bot für die Augen eines Europäers einen so ungewöhnlichen Anblick, dass ich es eingehender beschreiben möchte. Es gab nicht eine einzige Fläche, die nicht von Teppichen oder Wandbehängen verhängt war. Den Fußboden dieses großen Zimmers bedeckte ein einziger gewaltiger Teppich. Wände, Türen und Fenster waren mit Behängen verhüllt; die Decke verkleideten alte glänzendfarbige Seidenschals, überraschend schön in ihrer Zusammenstellung. Sie waren in der Mitte der Decke zu einem seltsamen Muster zusammengezogen. Dort hing auch eine große, fein gearbeitete Bronzelampe, deren sonderbar gestalteter Schirm aus mattem Glas – an eine riesige Lotusblüte erinnernd – eine weiße, diffuse Helligkeit verbreitete.

Links von der Ottomane, auf der wir saßen, befand sich auf einem hohen Ständer eine andere Lampe, die ein ähnliches Licht warf. An der linken Wand stand ein Klavier, bedeckt mit alten Vorhängen, die seine Form derart verschleierten, dass ich ohne die Kerzenhalter nicht erraten hätte, was es war. An der Wand über dem Klavier hing, an einem großen Teppich angebracht, eine Sammlung von Saiteninstrumenten mit ungewöhnlichen Formen, darunter auch andere Instrumente, die an Flöten erinnerten. Zwei weitere Sammlungen schmückten die Wände. Hinter uns alte Waffen: Schleudern, Jatagane, Dolche und anderes, und an der gegenüberliegenden Wand, kunstvoll auf einem feinen weißen Draht aufgereiht, eine Anzahl alter geschnitzter Pfeifen.

Auf dem Boden lag, die ganze Wand entlang, eine lange Reihe von Kissen, bedeckt von einem einzigen Teppich. Am Ende der Reihe, in der linken Ecke, stand ein holländischer Ofen, der mit bestickten Tüchern behängt war. In der durch besonders schöne Farben ausgeschmückten rechten Ecke hing eine mit Edelsteinen besetzte Ikone des heiligen Georg des Siegers. Darunter befand sich eine Vitrine, worin mehrere kleine Elfenbeinstatuen verschiedener Größe untergebracht waren; ich erkannte Christus, Buddha, Moses und Mohammed; die übrigen konnte ich nicht unterscheiden.

An der rechten Wand stand eine weitere niedrige Ottomane, die auf beiden Seiten von zwei kleinen geschnitzten Ebenholztischen eingerahmt wurde. Auf dem einen standen eine Kaffeekanne und eine Heizlampe. Mehrere Kissen und Polster waren in kunstvoller Unordnung im Zimmer verstreut. Alle diese Möbel waren mit Quasten, Goldstickereien und bunten Steinen verziert. Insgesamt rief der Raum einen eigentümlich behaglichen Eindruck hervor, den ein feiner Duft, mit Tabakgeruch vermischt, noch verstärkte.

Nachdem ich mich umgeschaut hatte, blickte ich auf Herrn Gurdjieff. Er beobachtete mich, und ich hatte das seltsame Gefühl, als wenn er mich gleichsam auf seine Handfläche gesetzt und gewogen hätte. Unwillkürlich lächelte ich. Ruhig und ohne Hast blickte er von mir weg, wandte sich zu A. und sagte ihm etwas. Er sah mich nicht wieder auf diese Weise an, und dieses Gefühl wiederholte sich nicht.

A., der auf einem großen Kissen neben der Ottomane in der gleichen Haltung saß wie Herr Gurdjieff, einer Haltung, die ihm anscheinend zur Gewohnheit geworden war, stand auf, nahm zwei große Papierblöcke sowie Bleistifte von einem Tisch, gab einen davon Herrn Gurdjieff und behielt den anderen bei sich. Auf die Kaffeekanne weisend, sagte er zu mir: »Wenn du Kaffee willst, bediene dich. Ich trinke jetzt eine Tasse.« Ich folgte seinem Beispiel, goss mir eine Tasse ein und stellte sie, zu meinem Platz zurückkehrend, auf den kleinen Tisch neben die Wasserpfeife.

Dann wandte ich mich zu Herrn Gurdjieff und indem ich mich bemühte, so kurz und genau wie möglich zu sein, erklärte ich ihm, warum ich gekommen sei. Nach einem kurzen Schweigen sagte Herr Gurdjieff: »Nun, wir sollten nicht kostbare Zeit verlieren«, und er fragte mich, was ich wirklich wolle.

Um Wiederholungen zu vermeiden, möchte ich schon jetzt gewisse Eigentümlichkeiten des nachfolgenden Gesprächs anführen. Vor allem muss ich einen recht seltsamen Umstand erwähnen, den ich zunächst gar nicht bemerkte, vielleicht weil ich keine Zeit hatte, darüber nachzudenken. Herr Gurdjieff sprach russisch, aber weder fließend noch sehr korrekt. Zuweilen brauchte er längere Zeit, um die notwendigen Wörter und Ausdrücke zu finden, und er wandte sich ständig um Hilfe an A. Er sagte ihm zwei oder drei Wörter; A. erfasste seinen Gedanken im Fluge, entwickelte, ergänzte ihn und gab ihm eine mir verständliche Form. Offensichtlich war er mit dem Gesprächsthema sehr vertraut. Wenn Herr Gurdjieff sprach, folgte ihm A. aufmerksam. Mit einem Wort zeigte ihm Herr Gurdjieff zuweilen eine neue Bedeutung, die auf der Stelle die Richtung seines Denkens änderte.

Die Tatsache, dass A. mich gut kannte, half ihm natürlich sehr, mir Herrn Gurdjieffs Ausführungen verständlich zu machen. Oftmals rief er mir durch einen einfachen Hinweis eine ganze Gedankenfolge in die Erinnerung zurück. Er diente als eine Art Übermittler zwischen Herrn Gurdjieff und mir. Anfangs musste sich Herr Gurdjieff fortwährend an A. wenden, doch als das Thema sich ausweitete und neue Bereiche einschloss, richtete er sich immer seltener an A. Seine Rede wurde freier und natürlicher; die passenden Wörter schienen von selbst zu kommen, und ich hätte schwören können, dass er am Ende des Gespräches klarstes, akzentfreies Russisch sprach und dass seine Worte fließend und ruhig aufeinander folgten, reich an Bildern, Gleichnissen, lebendigen Beispielen und weiten, harmonischen Perspektiven.

Darüber hinaus erläuterten sie beide ihre Ausführungen anhand von Diagrammen und Zahlenreihen, die zusammengenommen ein harmonisches symbolisches System bildeten – eine Art Zeichenschrift –, worin jede Zahl eine ganze Gruppe von Ideen ausdrücken konnte. Sie zitierten zahlreiche Beispiele aus Physik und Mechanik sowie insbesondere aus Chemie und Mathematik.

Mitunter wandte sich Herr Gurdjieff an A. mit einer kurzen Bemerkung, die sich auf etwas bezog, womit A. vertraut zu sein schien, und gelegentlich erwähnte er Namen. A. zeigte durch ein Nicken an, dass er es verstanden hatte, und das Gespräch wurde ohne Unterbrechung fortgesetzt. Ich wurde auch gewahr, dass A., während er mich unterwies, selbst lernte.

Eine andere Besonderheit war die, dass ich sehr selten zu fragen brauchte. Sobald eine Frage aufstieg und noch ehe sie sich formulieren ließ, hatte Herr Gurdjieff bereits die Antwort gegeben. Es war, als ob er die Fragen, die entstehen könnten, im Vorhinein kennen würde und ihnen zuvorkäme. Ein- oder zweimal machte ich den Fehler, nach etwas zu fragen, worüber Klarheit zu gewinnen ich mir selber keine Mühe gegeben hatte. Doch hierüber will ich an der geeigneten Stelle sprechen.

Die allgemeine Linie des Gespräches ließe sich am besten mit einer Spirale vergleichen. Herr Gurdjieff griff einen Grundgedanken auf, erweiterte und vertiefte ihn und vollendete den Kreis seiner Denkschritte durch eine Rückkehr zum Ausgangspunkt, den ich gleichsam unter mir sah, umfassender und mit mehr Einzelheiten. Ein neuer Kreis..., und nochmals entwickelte sich eine klarere und genauere Vorstellung von der Weite des ursprünglichen Gedankens.

Ich weiß nicht, wie ich mich gefühlt hätte, wenn ich mit Herrn Gurdjieff unter vier Augen hätte sprechen müssen. Die Anwesenheit A.s, seine ruhige und ernste Anteilnahme an dem Gespräch, müssen, ohne dass ich es merkte, auf mich eingewirkt haben.

Das gesamte Gespräch bereitete mir eine unsägliche Freude, die ich niemals zuvor erfahren hatte. Die Umrisse jenes majestätischen Gebäudes, das ich wohl dunkel erahnt, jedoch nicht verstanden hatte, zeichneten sich nun deutlich ab, und nicht nur die Umrisse, sondern auch einige Einzelheiten der Fassade.

Das Wesentliche dieses Gespräches möchte ich, wenn auch nur annähernd, hier darstellen. Wer weiß, ob es nicht jemandem in einer ähnlichen Lage zu helfen vermag? Dies ist das Ziel meiner Erzählung.

~

»Sie sind mit der okkulten Literatur vertraut«, begann Herr Gurdjieff, »und so will ich Sie auf die bekannte Formel aus der »smaragdenen Tafel« des Hermes verweisen: ›Wie oben, so unten.‹ Wir können sie durchaus als Ausgangspunkt für unser Gespräch verwenden. Zugleich muss ich allerdings sagen, es ist keineswegs notwendig, den Okkultismus als Grundlage zu wählen, um dem Verständnis der Wahrheit näherzukommen. Die Wahrheit spricht für sich selbst, gleichviel in welcher Form sie sichtbar gemacht wird. Das werden Sie erst im Laufe der Zeit voll verstehen; dennoch möchte ich Ihnen schon heute wenigstens ein Körnchen Verständnis geben. Daher beginne ich, nochmals gesagt, mit der okkulten Formel nur deshalb, weil ich mit *Ihnen* spreche. Mir ist bekannt, dass Sie diese Formel zu entschlüsseln versucht haben und dass Sie sie gewissermaßen ›verstehen‹. Doch Ihr heutiges Verständnis ist nur eine schwache und ferne Widerspiegelung des Göttlichen Lichtes.

Über die Formel selber werde ich nicht sprechen – werde sie nicht analysieren oder entschlüsseln. Unser Gespräch soll sich keineswegs um die wörtliche Bedeutung drehen; wir nehmen sie nur als Ansatzpunkt für unsere Erörterung. Und um Ihnen eine ungefähre Vorstellung von unserem Thema zu geben, könnte ich sagen: Wir werden über die umfassende Einheit von allem Seienden sprechen – über die Einheit in der Vielheit. Ich will Ihnen zwei oder drei Facetten eines kostbaren Kristalls zeigen und Ihre Aufmerksamkeit auf die darin widergespiegelten, kaum sichtbaren Bilder lenken.

Ich weiß, dass Sie von der Einheit der Gesetze, die das Weltall regieren, etwas verstehen, allein dieses Verständnis ist spekulativ oder vielmehr theoretisch. Es genügt nicht, die reine Wahrheit und Unwandelbarkeit dieser Tatsache mit dem Verstand zu verstehen, Sie müssen sie mit Ihrem ganzen Wesen fühlen; nur dann sind Sie in der Lage, bewusst und mit voller Überzeugung zu sagen: ›Ich weiß es.‹«

Dies war der Sinn der Worte, mit denen Herr Gurdjieff das Gespräch begann. Dann fuhr er fort und gab anhand eines Gedankens, der die zitierte Formel des Hermes veranschaulichte, ein lebendiges Bild von der Sphäre, in der das Leben der ganzen Menschheit verläuft. Mittels der Analogie ging er von den kleinen Vorkommnissen im Alltagsleben eines Menschen über zu den großen Perioden im Leben der gesamten Menschheit. Durch solche Parallelen verdeutlichte er das periodenförmige Walten des Analogiegesetzes im engeren Bereich des irdischen Lebens. Dann ging er in der gleichen Weise von der Menschheit zu dem über, was ich als das »Leben der Erde« bezeichnen würde, die er – im Sinne der Physik, Mechanik, Biologie und so weiter – als einen gewaltigen Organismus, gleich dem des Menschen, darstellte. Ich beobachtete, wie sein Denken in zunehmendem Maße auf einen Punkt zusteuerte. Alles, was er sagte, mündete unausweichlich in das große Gesetz der Drei-Einheit: das Gesetz der drei Kräfte Wirkung, Gegenwirkung und Gleichgewicht oder des aktiven, des passiven und des neutralen Prinzips. Nach der festen Grundlegung für den irdischen Bereich wandte er dieses Gesetz nun, in kühnem Gedankenflug, auf das gesamte Sonnensystem an. Sein Denken bewegte sich jetzt nicht mehr auf das Gesetz der Drei-Einheit zu, sondern nahm es als Ausgangspunkt, betonte es immer mehr und erläuterte es an der auf den Menschen folgenden, nächsten Stufe, derjenigen von Erde und Sonne. Dann ging er mit einem kurzen Satz über die Grenze des Sonnensystems hinaus. Zunächst tauchten astronomische Angaben auf, die aber alsbald angesichts des unendlichen Raumes gleichsam versanken und verschwanden. Nur ein einziger großer Gedanke blieb bestehen, der aus demselben Gesetz hervorging. Seine Worte klangen langsam und feierlich und schienen zugleich ihre Bedeutung zu vermindern. Dahinter konnte man das Pulsieren eines ungeheuren Gedankens verspüren.

»Wir sind an den Rand des Abgrundes gelangt, den die gewöhnliche menschliche Vernunft niemals zu überbrücken vermag. Fühlen Sie, wie überflüssig und nutzlos die Worte geworden sind? Fühlen Sie, wie machtlos die Vernunft, für sich genommen, hier ist? Wir haben uns dem Prinzip hinter allen Prinzipien genähert.« Nach diesen Sätzen wurde sein Blick gedankenschwer, und er schwieg.

Gebannt von der Größe und Schönheit dieses Gedankens, hatte ich allmählich davon abgelassen, auf die Worte zu hören. Man könnte sagen, dass ich sie fühlte, dass ich den Gedanken nicht vernunftmäßig, sondern intuitiv erfasste. Der Mensch tief unten war ins Nichts geworfen und verschwand spurlos. Ich war erfüllt von einem Gefühl der Nähe des Großen Unergründlichen und von dem tiefen Bewusstsein meiner eigenen Nichtigkeit.

Als erriete er meine Gedanken, fragte mich Herr Gurdjieff: »Wir gingen vom Menschen aus, und wo ist er nun? Das Gesetz der Einheit freilich ist groß, ist allumfassend. Alles im Weltall ist eins; der Unterschied liegt nur im Maßstab. Im unendlich Kleinen finden wir die gleichen Gesetze wie im unendlich Großen. Wie oben, so unten.

Wenn sich die Sonne über den Berggipfeln erhebt, liegt das Tal noch im Dunkeln. Desgleichen erschaut die Vernunft, wenn sie über die menschliche Situation hinausgeht, das Göttliche Licht, während für die, die unten hausen, alles dunkel bleibt. Ich wiederhole nochmals, alles in der Welt ist eins; und da die Vernunft ebenfalls eins, von der Natur des Einen ist, stellt die Vernunft des Menschen ein machtvolles Forschungsinstrument dar.

Da wir nun zum Anfang zurückgekehrt sind; wollen wir auf die Erde hinabsteigen, von der wir ausgingen, und ihre Stelle im Aufbau des Weltalls ermitteln. Schauen Sie her!«

Er machte eine einfache Zeichnung und skizzierte mit einem beiläufigen Hinweis auf die Gesetze der Mechanik das Bauschema des Weltalls. Anhand von Zahlen und Ziffern, aufgereiht in einer strengen und harmonischen Ordnung, wurde die Vielfalt in der Einheit sichtbar. Nach und nach nahmen die Zahlen Bedeutung an, und Vorstellungen, die mir bisher öde erschienen waren, füllten sich mit Leben. Ein und dasselbe Gesetz waltete in allem; die harmonische Entfaltung des Weltalls verfolgte ich mit Verständnis und Freude. Das Schema ging aus von einem Großen Anfang und endete mit der Erde.

Während seiner Darlegung betonte Herr Gurdjieff die Notwendigkeit dessen, was er einen »Schock« nannte, der, von außen kommend, an einer bestimmten Stelle eingreift und die beiden entgegengesetzten Prinzipien zu einer ausgeglichenen Einheit verbindet. Dies entspricht auf dem Gebiet der Mechanik dem Kraftangriffspunkt in einem ausgeglichenen System.

»Wir haben den Punkt erreicht, dem unser irdisches Leben zugeordnet ist«, sagte Herr Gurdjieff, »und vorläufig werden wir nicht weitergehen. Um das soeben Gesagte genauer zu untersuchen und noch einmal die Einheit der Gesetze hervorzuheben, wollen wir eine einfache Skala nehmen und sie auf die Maße des Mikrokosmos anwenden.« Und er bat mich, etwas mir Vertrautes auszusuchen von regelmäßigem Aufbau wie zum Beispiel das Spektrum des weißen Lichtes, die Tonleiter und so fort. Nach einigem Nachdenken wählte ich die Tonleiter.

»Sie haben eine gute Wahl getroffen«, sagte Herr Gurdjieff. »Tatsächlich wurde die Tonleiter in der Form, wie sie jetzt besteht, in alten Zeiten von Menschen mit großem Wissen entworfen, und Sie werden sehen, wie sehr sie zum Verständnis der grundlegenden Gesetze beizutragen vermag.«

Er machte einige Bemerkungen zu den Baugesetzen der Tonleiter und unterstrich besonders die Lücken, wie er sie nannte, die in jeder Oktave zwischen den Tönen E und F und auch zwischen dem H der einen Oktave und dem C der nächsten bestehen. Zwischen diesen Tönen fehlt ein Halbton sowohl bei der aufsteigenden wie auch bei der absteigenden Tonleiter. Während bei der aufsteigenden Entwicklung der Oktave die Töne C, D, F, G und A zum nächsthöheren Ton übergehen können, haben die Töne E und H diese Möglichkeit nicht. Er erklärte, wie diese beiden Lücken nach bestimmten Gesetzen, die aus dem Gesetz der Drei-Einheit folgen, von neuen Oktaven anderer Ordnung ausgefüllt werden, wobei diese neuen Oktaven eine ähnliche Rolle spielen wie die Halbtöne im evolutiven oder im involutiven Verlauf der Oktave. Die Hauptoktave gleiche einem Baumstamm, dem die Zweige der untergeordneten Oktaven entwachsen. Die sieben Haupttöne der Oktave und die zwei Lücken, »Träger neuer Richtungen«, bilden insgesamt die neun Glieder einer Kette oder drei Gruppen von jeweils drei Gliedern.

Hiernach kehrte er zum Aufbauschema des Weltalls zurück und griff jenen »Strahl« heraus, dessen Weg über die Erde verläuft.

Die starke ursprüngliche Oktave, deren Töne von offensichtlich ständig abnehmender Kraft Sonne, Erde und Mond umfassten, löste sich, entsprechend dem Gesetz der Drei-Einheit, unausweichlich in drei untergeordnete Oktaven auf. Die Rolle der Lücken in der Oktave und die Unterschiede in ihrer Natur wurden mir nun vor Augen geführt. Von den beiden Intervallen E–F und H–C ist das eine aktiver – mehr von der Art des Willens –, während das andere die passive Rolle spielt. Die »Schocks« des ursprünglichen Schemas, das mir noch nicht völlig klar war, wirkten sich auch hier aus und erschienen in neuem Licht.

Die Unterteilung dieses »Strahls« machte den Ort, die Rolle und das Schicksal der Menschheit deutlich. Darüber hinaus wurden die Möglichkeiten des Einzelmenschen sichtbar.

»Es mag Ihnen so vorkommen, als wenn wir, auf dem Weg zur Einheit, etwas davon abgewichen wären in Richtung auf die Erforschung der Vielfalt«, sagte Herr Gurdjieff. »Was ich Ihnen jetzt darlege, werden Sie zweifellos verstehen. Zugleich bin ich mir allerdings im Klaren, dass sich dieses Verständnis vor allem auf die Form des Dargelegten bezieht. Versuchen Sie, Ihr Interesse und Ihre Aufmerksamkeit nicht so sehr auf seine Schönheit, Harmonie und Erfindungsfülle zu richten – und selbst dies vollständig zu erfassen sind Sie nicht in der Lage –, sondern auf den Geist, auf den verborgenen Sinn der Worte, ihren inneren Gehalt. Andernfalls sehen Sie nur leblose Formen. Sie werden jetzt eine Facette des Kristalls erblicken; könnte Ihr Auge die Widerspiegelung darin wahrnehmen, so würden Sie der ›Wahrheit‹ sehr nahekommen.«

Danach begann Herr Gurdjieff zu erklären, auf welche Weise die Grundoktaven sich mit den ihnen untergeordneten sekundären Oktaven verbinden und wie diese wiederum Oktaven einer anderen Ordnung hervorbringen und so weiter. Man könnte es mit dem Wachstumsprozess oder vielmehr mit der Gestalt eines Baumes vergleichen. Aus einem kraftvollen Stamm treten große Äste hervor, die wiederum immer kleinere Zweige hervorbringen, an denen dann die Blätter erscheinen. Schon zeichnet sich in den Blättern der Entwicklungsprozess der Adern ab. Und ich muss gestehen, dass meine Aufmerksamkeit in der Tat vor allem von der Harmonie und Schönheit des Systems angezogen wurde.

Nach diesem Vergleich der Oktave mit dem Wachstum der Zweige eines Baumes fügte Herr Gurdjieff hinzu, dass, von einem anderen Gesichtspunkt aus, jeder Ton in jeder Oktave sich als eine ganze Oktave darstelle. Dies gelte überall. Diese »inneren« Oktaven seien mit den ineinandergefügten konzentrischen Jahresringen eines Baumstammes vergleichbar.

~

Abermals klangen Herrn Gurdjieffs Worte wie ein Widerhall meiner eigenen Empfindungen: »Die Vernunft des gewöhnlichen Menschen reicht nicht aus, um ihm die Möglichkeit zu geben, sich das ›Große Wissen‹ zu eigen, es zu seinem unveräußerlichen Gut zu machen. Dennoch besteht im Menschen diese Möglichkeit. Zuerst muss er sich freilich den Staub von den Füßen schütteln. Es gilt, enorme Anstrengungen zu vollbringen und gewaltige Arbeiten zu verrichten, ehe einem die Flügel zuteilwerden, dank derer man so hoch aufzusteigen vermag. Sich dem Strom anheimzugeben und sich von Oktave zu Oktave tragen zu lassen, ist sehr viel leichter. Doch es dauert unendlich länger, als wenn man selbst *will* und selbst *tut.* Der Weg ist schwer und der Aufstieg wird immer steiler, aber die Kräfte nehmen ebenfalls zu. Der Mensch härtet sich ab, und jeder Schritt aufwärts erweitert seinen Horizont. Ja, es *gibt* diese Möglichkeit.«

Und ich sah in der Tat, dass diese Möglichkeit existierte. Wusste ich auch noch nicht, worin sie bestand, so fühlte ich doch, dass sie vorhanden war. Mir fällt es schwer, das in Worte zu fassen, was mir immer verständlicher wurde. Der Geltungsbereich des Gesetzes, das mir jetzt deutlich vor Augen trat, schloss wirklich alles ein; was auf den ersten Blick eine Gesetzesverletzung zu sein schien, war bei genauerer Betrachtung nur eine Bestätigung desselben. Ohne Übertreibung könnte man sagen, dass, wenn »die Ausnahme die Regel bestätigt«, es in Wirklichkeit keine Ausnahmen gibt. Denen, die mich zu verstehen vermögen, würde ich pythagoreisch sagen: Ich erkannte und fühlte, dass Wille und Schicksal – jene zwei Wirkungskreise der Vorsehung – einander widerstrebend koexistieren und dass sie, ohne zu verschmelzen oder sich zu trennen, vermischt bleiben. Ich hege nicht die Hoffnung, dass so widersprüchliche Worte vermitteln oder deutlich machen können, was ich verstand, allein ich finde nichts Besseres.

»Sie sehen«, fuhr Herr Gurdjieff fort, »wer ein umfassendes und vollständiges Verständnis des Oktavensystems, wie man es nennen könnte, besitzt, der besitzt den Schlüssel zum Verständnis der Einheit, da er ja alles Wahrnehmbare, alle Ereignisse, alle Dinge in ihrem Wesen versteht, denn er kennt ihren Ort, ihre Ursachen und ihre Wirkungen.

Und trotzdem handelt es sich nur, wie Sie deutlich sehen, um eine ausführlichere Erläuterung des ursprünglichen Schemas, um eine genauere Darstellung des Gesetzes der Einheit. Alles, was wir gesagt haben und noch sagen werden, ist nichts als eine Entwicklung des Grundgedankens der Einheit. Und in dem vollständigen, klaren und scharfen Bewusstsein um dieses Gesetz gründet eben das Große Wissen, wovon ich sprach.

Wer ein solches Wissen besitzt, für den existieren keine Spekulationen, Vermutungen, Hypothesen; anders ausgedrückt, er kennt alles nach Maß, Zahl und Gewicht. Alles im Weltall ist materiell: *Darum ist das Große Wissen materialistischer als der Materialismus.* Ein Blick auf die Chemie wird das deutlich machen.«

Er erklärte mir, dass die Chemie, welche die »Substanzen« unterschiedlicher Dichte ohne Beachtung des Oktavengesetzes erforscht, einen Fehler begeht, der sich in den Ergebnissen niederschlägt. Wenn man dies weiß und gewisse Korrekturen vornimmt, dann kann man diese Ergebnisse in volle Übereinstimmung bringen mit denen, die sich durch Berechnungen anhand des Oktavengesetzes ergeben. Des Weiteren wies er darauf hin, dass die Vorstellung von Grundstoffen oder Elementen, so wie sie in der modernen Chemie existiert, unannehmbar ist vom Standpunkt der Oktavenchemie – der »objektiven Chemie«. Die Materie ist überall die gleiche; ihre verschiedenen Eigenschaften hängen allein von der Stelle ab, die sie in einer gegebenen Oktave einnimmt, und von der Ordnung, zu der diese Oktave gehört.

Von diesem Gesichtspunkt aus kann der hypothetische Begriff vom Atom als unteilbarem Teilchen eines Grundstoffes oder Elements nicht als Grundlage dienen. Das Atom einer »Substanz« von gegebener Dichte – es ist eine wirkliche Individualität – erweist sich vielmehr als die kleinste Stoffmenge mit all jenen chemischen, physikalischen und kosmischen Eigenschaften, die sie als einen gewissen Ton einer bestimmten Oktave kennzeichnen. So kennt die moderne Chemie zum Beispiel nicht das »Wasseratom«, denn das Wasser ist kein Grundstoff, sondern eine chemische Verbindung aus Wasserstoff und Sauerstoff. Vom Standpunkt der »objektiven Chemie« hingegen ist das »Atom« des Wassers dessen kleinstes, sogar mit dem bloßen Auge sichtbares Volumen. »Das«, fügte Herr Gurdjieff hinzu, »können Sie heute nur in gutem Glauben hinnehmen, ohne einen Beweis. Wer jedoch nach dem Großen Wissen sucht unter der Leitung von jemandem, der es bereits erreicht hat, der muss seinerseits arbeiten, um durch eigene Untersuchungen festzustellen und nachzuweisen, was jene Atome von Substanzen verschiedener Dichte sind.«

All dies zeigte sich mir in mathematischen Ausdrücken. Ich konnte mich überzeugen, dass wirklich alles im Weltall stofflich ist und dass sich alles nach dem Oktavengesetz zahlenmäßig messen lässt. Aus der Grundsubstanz ging eine Reihe von unterschiedlichen Tönen verschiedener Dichte hervor, ausgedrückt in Zahlen, die sich nach bestimmten Gesetzen verbanden. Und was unmessbar schien, wurde gemessen. Die »kosmischen Eigenschaften« der Substanz erhielten eine Bestimmung. Zu meiner großen Überraschung wurden die Atomgewichte einiger chemischer Elemente als Beispiele herangezogen, um die Irrtümer der modernen Chemie zu veranschaulichen. Weiterhin wurde das Aufbaugesetz der Atome bei Stoffen von verschiedener Dichte deutlich.

Auf diese Weise waren wir, ohne dass ich es merkte, zu dem gelangt, was man die »irdische Oktave« nennen könnte, und mithin zu unserem Ausgangspunkt, der Erde.

»Bei allem, was ich Ihnen gesagt habe«, fuhr Herr Gurdjieff fort, »war mein Ziel nicht etwa, Ihnen neue Kenntnisse zu vermitteln. Ich wollte Ihnen vielmehr zeigen, dass die Kenntnis bestimmter Gesetze einem Menschen die Möglichkeit gibt, dort, wo er sich befindet, alles Seiende – vom unendlich Großen bis zum unendlich Kleinen – zu berechnen, zu wiegen und zu messen. Ich sage nochmals: Alles im Weltall ist stofflich. Denken Sie über diese Worte nach und Sie werden zumindest bis zu einem gewissen Grade verstehen, warum ich den Ausdruck ›materialistischer als der Materialismus‹ gebrauchte. [...]

Wir haben jetzt die Gesetze kennengelernt, die das Leben des Makrokosmos lenken, und sind zur Erde zurückgekehrt. Rufen Sie sich noch einmal ins Gedächtnis zurück: ›Wie oben, so unten.‹

Ich glaube, Sie erkennen nun ohne weitere Erklärung die Tatsache an, dass das Leben des einzelnen Menschen – des Mikrokosmos – von diesem gleichen Gesetz gelenkt wird. Gleichwohl wollen wir dies jetzt eingehender untersuchen, und zwar anhand eines einfachen Beispiels, das gewisse Einzelheiten deutlicher hervortreten lässt. Nehmen wir ein besonderes Problem, das Arbeitsschema des menschlichen Organismus, und schauen wir es uns an.«

Herr Gurdjieff zeichnete das Schema des menschlichen Körpers, den er mit einer dreigeschossigen Fabrik verglich, wobei die drei Stockwerke Kopf, Brust und Bauch darstellten.

Zusammengenommen bildet die Fabrik ein Ganzes. Es ist eine Oktave erster Ordnung, ähnlich derjenigen, die uns als Ausgangsbasis für das Studium des Makrokosmos diente. Jedes Geschoss stellt gleichfalls eine ganze Oktave zweiter Ordnung dar, eine Oktave, die der ersten untergeordnet ist. Das heißt, wir haben drei untergeordnete Oktaven, die denen gleichen, die wir in dem Schema vom Aufbau des Weltalls finden. Jedes der drei Geschosse empfängt von außen eine Nahrung von geeigneter Beschaffenheit, assimiliert sie, verbindet sie mit den bereits verarbeiteten Materialien; und auf diese Weise bringt die Fabrik bestimmte Stoffe hervor.

»Hier muss ich auf Folgendes hinweisen«, sagte Herr Gurdjieff, »obwohl die Anordnung dieser Fabrik gut ist und für die Herstellung jener Stoffe durchaus geeignet, wird das Geschäft aufgrund mangelhafter Kenntnisse der Verwaltungsspitze wider alle wirtschaftliche Vernunft betrieben. Was wäre wohl die Lage eines Unternehmens mit ständigen umfangreichen Betriebsunkosten, wenn der Großteil der Produktion nur der Verarbeitung und dem Verbrauch solcher Materialien diente, die der Erhaltung der Fabrik zufließen? Der Rest der Produktion hingegen wird sinnlos vergeudet, man weiß nicht recht wie und wofür. Das Geschäft muss einer wirklichen Sachkenntnis gemäß organisiert werden; dann wirft es einen bedeutsamen Nettoertrag ab, den man nach Belieben ausgeben kann.

Doch kehren wir zu unserem Schema zurück...« Und er erklärte mir, die Nahrung des unteren Geschosses bestehe aus den Speisen (aus dem, was der Mensch isst und trinkt), die Nahrung des mittleren Geschosses sei die Luft, und die des Obergeschosses das, was man als »Eindrücke« bezeichnen könnte.

Jede dieser drei Nahrungsarten, die einen Stoff von gewisser Dichte und gewisser Eigenschaft darstelle, gehöre zu einer Oktave anderer Ordnung.

Hier konnte ich mich nicht zurückhalten zu fragen: »Und das Denken?«

»Das Denken ist stofflich wie alles andere«, antwortete Herr Gurdjieff. »Es gibt Mittel, die es einem ermöglichen, nicht nur sich davon zu überzeugen, sondern auch das Denken wie alle anderen Stoffe zu ›wiegen‹ und zu ›messen‹. Seine Dichte lässt sich bestimmen. Demzufolge kann man das Denken verschiedener Menschen vergleichen oder auch das ein und desselben Menschen zu verschiedenen Zeiten. Alle Eigenschaften des Denkens lassen sich bestimmen. Ich habe Ihnen bereits gesagt: Alles im Weltall ist stofflich.«

Dann erklärte er mir, dass diese drei Nahrungsarten, die an verschiedenen Stellen in den menschlichen Organismus eindringen, dort drei entsprechende Oktaven verursachen, die untereinander durch ein gesetzmäßiges Beziehungssystem verbunden sind: Jede dieser Nahrungen stelle demnach das C der Oktave ihrer eigenen Ordnung dar. Die Gesetze der Oktavenentwicklung seien überall die gleichen.

Zum Beispiel geht das C der Oktave jener Nahrung, die in den Bauch gelangt, durch den entsprechenden Halbton zum D über und verwandelt sich durch den folgenden Halbton ins E. Das E, das keinen Halbton besitzt, kann sich nicht von selbst, durch natürliche Entwicklung, ins F verwandeln. Die Oktave der Nahrung, die in die Brust dringt, kommt ihm hier zu Hilfe. Wie bereits gesagt, ist dies eine Oktave höherer Ordnung, und ihr C, das zweite C, das den notwendigen Halbton besitzt, um zum D überzugehen, nimmt sich sozusagen des E der vorhergehenden Oktave an und lässt es zum F fortschreiten, das heißt, es spielt die Rolle des fehlenden Halbtons und dient als »Schock« für die Entwicklung der ersten Oktave.

»Wir wollen uns im Augenblick nicht damit aufhalten, die Oktave zu untersuchen, die mit dem zweiten C beginnt, noch auch die weitere Oktave, die an einem bestimmten Punkt hinzukommt – das würde die Dinge nur noch komplizierter machen. Wir sehen jetzt, dass die Entwicklung der anfänglichen Oktave dank der Halbtöne sichergestellt ist. F geht zu G (Sol) über. Die Substanz, die sich hier bildet, scheint das Salz* des menschlichen Organismus zu sein. Von diesem Gesichtspunkt aus betrachtet, ist es die wichtigste Substanz, die er hervorbringen kann.« Und hier bediente sich Herr Gurdjieff wieder der Zahlen und ihrer Verbindungen, um seinen Gedanken zu verdeutlichen.

»Die Entwicklung der Oktave lässt darauf das G durch seinen Halbton übergehen zum A und dieses durch seinen Halbton zum H. Hier kommt die Oktave erneut zum Halt. Ein zweiter Schock ist unbedingt notwendig, damit das H zum C einer neuen Oktave des menschlichen Organismus fortschreitet.

Wenn Sie jetzt alles, was ich soeben gesagt habe, mit unserem Gespräch über die Chemie verknüpfen, dann können Sie daraus Schlussfolgerungen ziehen, die einigen Wert besitzen.«

* Im Russischen sind die Wörter »Salz« und »Sol« nahezu gleichlautend [Anmerkung des Übersetzers].

In diesem Augenblick stellte ich ihm, ohne über den Gedanken, der mir in den Sinn kam, nachgedacht zu haben, eine Frage nach der Nützlichkeit des Fastens.

Herr Gurdjieff schwieg. A. warf mir einen vorwurfsvollen Blick zu, und ich fühlte sogleich, wie sehr meine Frage fehl am Platz war. Doch ich hatte keine Zeit; diesen Fehler wieder gutzumachen, denn Herr Gurdjieff fuhr fort: »Ich will Ihnen ein Experiment zeigen, das es Ihnen begreiflich macht…«; nachdem er allerdings einen Blick mit A. gewechselt und ihm einige Worte gesagt hatte, fügte er hinzu: »Nein, besser etwas später.« Und nach kurzem Schweigen sagte er: »Ich sehe, dass Ihre Aufmerksamkeit schon nachgelassen hat, aber ich bin fast mit dem zu Ende gekommen, was ich Ihnen heute sagen wollte. Ich hatte noch die Absicht, die Frage der Entwicklung des Menschen ganz allgemein anzuschneiden, doch das ist vorerst nicht wichtig. Verschieben wir dieses Gespräch auf eine günstigere Gelegenheit.«

»Kann ich daraus entnehmen, dass Sie mir hin und wieder erlauben werden, Sie zu besuchen, um mit Ihnen über bestimmte Fragen zu sprechen, die mich interessieren?«, fragte ich.

»Da wir angefangen haben, miteinander zu reden, bin ich von mir aus einverstanden, das Gespräch fortzusetzen«, sagte Herr Gurdjieff. »Allein das hängt weitgehend von Ihnen ab. Was ich damit meine, wird Ihnen A. im Einzelnen erklären.« Als er bemerkte, dass ich mich zu diesem wandte, fügte er hinzu: »Aber nicht jetzt. Ein andermal. Ich möchte Ihnen jetzt noch Folgendes sagen: Da alles in der Welt eins ist, walten in allem die gleichen Gesetze; infolgedessen kann man sich das Wissen durch ein vollständiges und zweckmäßiges Studium, gleichviel von welchem Ausgangspunkt aus, erwerben – wenn man weiß, wie man ›lernt‹. Was uns am nächsten steht, ist der Mensch, und von allen Menschen sind Sie sich selbst der nächste. Beginnen Sie mit dem Studium Ihrer selbst; entsinnen Sie sich des Spruches: ›Erkenne dich selbst.‹ Vielleicht wird er Ihnen jetzt besser verständlich. Am Anfang wird Ihnen A. helfen, soweit Ihre Kräfte und die seinen es erlauben. Ich rate Ihnen, erinnern Sie sich gut an das Schema vom menschlichen Organismus, das ich Ihnen gab, denn wir werden in der Folge darauf zurückkommen und es jedes Mal vertiefen und erweitern. Und jetzt werden wir Sie eine Weile allein lassen, denn wir haben, A. und ich, eine kleine Angelegenheit zu erledigen. Ich empfehle Ihnen, zerbrechen Sie sich nicht den Kopf über das, wovon wir gesprochen haben; gönnen Sie ihm lieber etwas Ruhe. Selbst wenn Sie einiges vergessen sollten, A. wird Sie später daran erinnern. Natürlich wäre es besser, wenn Sie das nicht nötig hätten. Gewöhnen Sie sich daran, nichts zu vergessen.

Trinken Sie inzwischen eine Tasse Kaffee, das wird Ihnen guttun.«

~

Als sie gegangen waren, folgte ich seinem Rat, goss mir eine Tasse Kaffee ein und setzte mich wieder hin. Ich begriff, dass er aus meiner Frage nach dem Fasten den Schluss gezogen hatte, meine Aufmerksamkeit sei ermüdet. Und ich sah ein, dass mein Denken in der Tat gegen Ende des Gespräches schwächer und enger geworden war. Trotz meines lebhaften Wunsches, die Schemata und Zahlen noch einmal durchzugehen, entschloss ich mich daher, »meinem Kopf eine Ruhepause zu gönnen«, nach Herrn Gurdjieffs Worten; ich hielt die Augen geschlossen und bemühte mich, an nichts zu denken. Aber die Gedanken tauchten gegen meinen Willen auf, und ich musste sie fortwährend vertreiben.

Nach ungefähr zwanzig Minuten trat A. geräuschlos herein und fragte mich: »Nun, wie geht es dir?« Ich hatte nicht Zeit, ihm zu antworten, denn ganz in der Nähe hörte ich die Stimme von Herrn Gurdjieff, der zu jemandem sagte: »Machen Sie es, wie ich Ihnen sagte, und Sie werden sehen, wo der Fehler liegt.« Dann ging der Vorhang an der Tür auseinander, und er kam herein.

Er nahm seinen Platz auf dem Diwan wieder ein und sagte zu mir: »Ich hoffe, dass Sie sich etwas ausgeruht haben. Sprechen wir nunmehr zwanglos und ohne festen Plan über das erste beste Thema.«

Ich sagte ihm, dass ich gern zwei oder drei Fragen gestellt hätte, die in keiner direkten Beziehung zum Gegenstand unseres Gespräches ständen, die mir indes helfen würden, seine Ausführungen besser zu verstehen.

»Sie haben, Sie und A., so viele Beispiele angeführt, die den Daten der modernen Wissenschaft entnommen sind, dass ich nicht umhinkonnte, mir folgende Frage zu stellen: Ist das Wissen, von dem Sie sprechen, für einen ungebildeten Menschen, für einen Unwissenden zugänglich?«

»Von diesen Begriffen habe ich nur deshalb Gebrauch gemacht, weil ich zu Ihnen sprach. Sie haben sie erfasst, weil Sie gewisse Kenntnisse auf diesem Gebiet haben. Ihnen wurde dadurch einiges verständlich. Es waren allerdings nur Beispiele, sie betrafen die Form des Gesprächs und nicht seinen Kern. Formen können sehr verschieden sein. Über Rolle und Bedeutung der modernen Wissenschaft will ich Ihnen diesmal nichts sagen; diese Frage könnte das Thema einer besonderen Unterhaltung sein. Ich will Sie nur auf Folgendes hinweisen: Der kenntnisreichste Gelehrte kann sich als völlig Unwissender erweisen im Vergleich mit einem einfachen, ungebildeten Hirten, der das Wissen besitzt. Dies klingt wie ein Paradox, doch das wesenhafte Verständnis, das dem ersteren lange Jahre hartnäckiger Forschungen abverlangt, erreicht der andere auf unvergleichlich vollständigere Weise an einem einzigen Tag der Meditation. Alles hängt von der Denkweise, von der ›Dichte des Denkens‹ ab. Dieser Ausdruck sagt Ihnen noch nichts, aber später wird er sich von selbst aufhellen. Was möchten Sie noch wissen?«

»Weshalb ist dieses Wissen so sorgfältig verborgen?«, fragte ich.

»Was veranlasst Sie zu dieser Frage?«

»Einige Feststellungen, die ich beim Studium der okkulten Literatur machte«, erwiderte ich.

»Soweit ich es beurteilen kann«, versetzte er, »spielen Sie auf das an, was man ›Initiation‹ oder ›Einweihung‹ nennt. Stimmt es oder nicht?«

Ich bejahte die Frage, und er fuhr fort: »In der Tat gibt es in der okkulten Literatur diesbezüglich vieles Überflüssige und Ungenaue. Es ist am besten, man vergisst all das. Ihre gesamten Forschungen auf diesem Gebiet waren eine gute Gymnastik für Ihren Verstand; darin lag deren Wert – und nur darin. Wie Sie ja selbst zugeben, haben Sie dadurch kein Wissen erlangt.

Beurteilen Sie alles vom Gesichtspunkt des eigenen gesunden Menschenverstandes aus, erarbeiten Sie sich Ihr eigenes Verständnis, und nehmen Sie niemals etwas in gutem Glauben an. Und wenn Sie selbst durch vernünftige, logische Überlegung zu einer unerschütterlichen Überzeugung, zum vollen Verständnis einer Sache gelangt sind, so haben Sie einen gewissen Grad der Einweihung erreicht. Vertiefen Sie sich in diesen Gedanken… Heute haben wir zum Beispiel miteinander gesprochen. Rufen Sie sich dieses Gespräch ins Gedächtnis zurück, denken Sie darüber nach, und Sie werden mit mir darin übereinstimmen, dass ich Ihnen im Grunde nichts Neues gesagt habe. All das wussten Sie schon. Das Einzige, was ich gemacht habe, war, Ordnung in Ihre Kenntnisse und diese in ein System zu bringen; aber die Kenntnisse besaßen

Sie bereits, bevor Sie mit mir zusammentrafen. Das verdanken Sie den Anstrengungen, die Sie auf diesem Gebiet gemacht hatten. Es fiel mir verhältnismäßig leicht, mit Ihnen zu sprechen, und zwar durch ihn« – er wies auf A. –, »weil er mich verstehen gelernt hat und weil er Sie kennt. Durch seine Berichte wusste ich von Ihnen, lange bevor Sie hierherkamen. Ich wusste von Ihren Kenntnissen und der Art, wie Sie sich diese angeeignet hatten. Doch ungeachtet all dieser günstigen Voraussetzungen haben Sie, das kann ich Ihnen versichern, nicht ein Hundertstel von dem aufgenommen, was ich Ihnen darlegte. Allerdings habe ich Ihnen einen Schlüssel gegeben; ich habe Sie hingewiesen auf die Möglichkeit eines neuen Gesichtspunktes, der es Ihnen erlaubt, in Ihre früheren Kenntnisse Licht zu bringen und sie neu zu ordnen. Und durch diese Arbeit, Ihre eigene Arbeit, können Sie ein viel tieferes Verständnis des Dargelegten erreichen. Sie werden sich selbst ›einweihen‹.

Im nächsten Jahr werden wir vielleicht dieselben Dinge sagen; aber bis dahin werden Sie nicht warten, dass Ihnen gebratene Tauben in den Mund fliegen; Sie werden arbeiten, und Ihr Verständnis wird sich wandeln; Sie werden bereits etwas ›eingeweihter‹ sein. Einem Menschen kann man unmöglich etwas geben, das, ohne irgendeine Arbeit seinerseits, sein unveräußerliches Eigentum zu werden vermag; eine derartige ›Einweihung‹ gibt es nicht, doch leider glauben das die Leute nur allzu häufig. Es gibt nur ›Selbsteinweihung‹. Man kann Hinweise geben, lenken, aber nicht ›einweihen‹. Das, worauf Sie in der okkulten Literatur diesbezüglich gestoßen sind, war das Werk von Menschen, die den Schlüssel zu dem verloren hatten, was sie nur aus Büchern und vom Hörensagen kannten und ungeprüft weitergaben.

Alles hat zwei Seiten. Das Studium des Okkultismus bringt als Schulung des Denkens viel ein, aber unglücklicherweise ist es so, dass viel zu viele Menschen, beeinflusst vom Gift des Geheimnisvollen und nach praktischen Ergebnissen strebend, ohne vollständige Kenntnis dessen, was getan, und der Art, wie es getan werden muss, sich unheilbaren Schaden zufügen. Die Harmonie ist gefährdet. Nichts zu tun, ist hundertmal besser, als unwissend zu handeln. Sie haben gesagt, das Wissen sei verborgen. Das stimmt nicht. Es ist nicht verborgen, vielmehr sind die Menschen nicht in der Lage, es zu empfangen. Wenn Sie mit jemandem, der nichts von Mathematik weiß, ein Gespräch über höhere Mathematik begännen, wohin würde das wohl führen? Er würde Sie ganz einfach nicht verstehen. Hier ist die Angelegenheit indes noch komplizierter: Ich für meinen Teil wäre sehr glücklich, könnte ich mit jemandem über die Themen sprechen, die mich interessieren, ohne dass ich dabei eine Anstrengung machen müsste, um mich seinem Verständnis anzupassen. Spräche ich jedoch auf diese Weise zum Beispiel mit Ihnen, Sie würden mich bestenfalls für einen Narren halten...

Die Menschen verfügen über zu wenige Wörter, um gewisse Ideen auszudrücken. Dort allerdings, wo nicht die Wörter von Bedeutung sind, sondern die Quelle, von der sie ausgehen, und der Sinn, den sie enthalten, sollte man einfach sprechen können. Bei fehlendem Verständnis ist das unmöglich. Sie hatten heute selber Gelegenheit, sich davon zu überzeugen. Ich hätte nicht mit jemand anders in der Weise sprechen können, wie ich mit Ihnen gesprochen habe, denn er hätte mich nicht verstanden. Sie haben sich bereits bis zu einem gewissen Grad ›eingeweiht‹. Ehe man mit jemandem spricht, muss man wissen und überblicken, wieweit der Betreffende verstehen kann. Verständnis kommt nur mit der Arbeit.

Darum ist das, was Sie ›verbergen‹ nennen, in Wirklichkeit allein die ›Unmöglichkeit zu geben‹. Sonst wäre alles anders. Und wenn die Wissenden ungeachtet dessen sprächen, so wäre das einfach ein Verlust an Zeit und Energie. Sie sprechen nur, wenn sie erkennen, dass der Zuhörende es versteht.«

»Aber wenn ich zum Beispiel jemandem erzählen wollte, was ich heute von Ihnen gelernt habe, würden Sie etwas dagegen haben?«

»Sehen Sie«, antwortete er mir, »schon zu Beginn unserer Unterhaltung hatte ich an die Möglichkeit einer Fortsetzung gedacht, und daher habe ich Ihnen einige Dinge mitgeteilt, von denen ich zu Ihnen andernfalls nicht gesprochen hätte. Und dies tat ich, obwohl ich wusste, dass Sie noch nicht dafür aufnahmebereit sind, aber ich wollte Ihren Gedanken zu diesen Problemen eine bestimmte Richtung geben. Bei genauerer Betrachtung werden Sie sich selbst davon überzeugen, dass es sich wirklich so verhält, und Sie werden verstehen, wovon ich gesprochen habe. Wenn Sie all das, was ich Ihnen sagte, für sich behalten, wird es für Ihren Gesprächspartner höchst vorteilhaft sein. Hiervon abgesehen, reden Sie, soviel Sie wollen. Sie werden entdecken, wie etwas, das für Sie verständlich und klar ist, denen, die Ihnen zuhören, unverständlich bleibt. In dieser Beziehung sind derartige Gespräche sehr nützlich.«

»Und was würden Sie von der Idee halten, mit einem größeren Kreis von Menschen in Verbindung zu treten, um ihnen gewisse Anleitungen zu geben, die ihnen bei ihrer Suche helfen könnten?«, fragte ich.

»Mir steht zu wenig Zeit zur Verfügung, als dass ich sie den anderen opfern könnte, ohne die Sicherheit zu haben, dass ihnen dergleichen nützt. Ich schätze meine Zeit sehr hoch ein, weil ich sie für meine Arbeit brauche; darum kann und will ich sie nicht unproduktiv vertun. Ich habe es Ihnen übrigens schon gesagt.«

»Nein, ich dachte nicht an neue Bekanntschaften, sondern ich habe mich gefragt, ob man nicht einige Informationen durch die Presse verbreiten könnte. Ich glaube, das würde weniger Zeit in Anspruch nehmen als persönliche Unterhaltungen.«

»Mit anderen Worten, Sie wollen wissen, ob sich diese Ideen in einer Serie von Artikeln nach und nach darstellen ließen?«

»Ja. Ich glaube zwar nicht, dass man alles darstellen kann; aber mir scheint, als wäre es möglich, eine bestimmte Richtung anzugeben, die einen besseren Zugang erlaubte.«

»Sie werfen hier eine höchst interessante Frage auf. Ich habe mit denen, die sich um mich versammeln, oft darüber gesprochen. Es lohnt nicht, Ihnen die Einzelheiten unserer Diskussionen hierüber zu wiederholen. Ich will nur sagen, dass wir schon in diesem Sommer zu einer positiven Antwort kamen. Ich lehnte es nicht ab, an einem solchen Versuch teilzunehmen. Aber der Krieg hat uns daran gehindert.«

Während des kurzen Gespräches, das nun folgte, kam mir plötzlich der Gedanke: Da Herr Gurdjieff sich ja nicht weigerte, die Öffentlichkeit mit einigen seiner Methoden und Anschauungen ausführlicher bekanntzumachen, so könne das Ballett *Der Kampf der Magier* womöglich einen verborgenen Sinn enthalten und sei vielleicht nicht nur ein Werk der Fantasie, sondern ein *Mysterium* (Mysterienspiel).

Ich stellte ihm eine Frage in dieser Richtung, wobei ich erwähnte, dass A. mir eine Inhaltsangabe des Textbuches gegeben habe.

»Mein Ballett ist kein ›Mysterium‹«, erwiderte er. »Meine Absicht war, ein schönes und zugleich interessantes Schauspiel aufzuführen. Gewiss liegt hinter den sichtbaren Formen ein verborgener Sinn, doch ich hatte nicht vor, ihn eigens zu betonen. In diesem Ballett nehmen einige Tänze einen besonders wichtigen Platz ein. Ich möchte Ihnen kurz erklären warum.

Stellen Sie sich vor, man habe zum Studium der Bewegungen der Himmelskörper, sagen wir der Planeten des Sonnensystems, eine besondere Vorrichtung gebaut, die dazu bestimmt ist, die Gesetze dieser Bewegungen darzustellen und sie uns in Erinnerung zu rufen. Auf dieser Vorrichtung befindet sich jeder Planet, dargestellt durch eine Kugel von entsprechender Größe, in einer bestimmten Entfernung von einer mittleren Kugel, welche die Sonne repräsentiert. Wird der Mechanismus in Bewegung gesetzt, so fangen alle Kugeln an, sich um sich selbst zu drehen und sich auf den ihnen zugewiesenen Bahnen fortzubewegen, sodass sie in sichtbarer Form die Gesetze wiedergeben, welche die Bewegungen der Planeten lenken. Dieser Mechanismus ruft uns alles in Erinnerung, was man über das Sonnensystem weiß. Etwas Ähnliches gibt es im Rhythmus gewisser Tänze. Durch die genau festgelegten Bewegungen der Tänzer und durch ihre Kombinationen werden bestimmte Gesetze denen, die sie kennen, vor Augen geführt und begreiflich gemacht. Es sind dies die sogenannten ›heiligen Tänze‹. Während meiner Reisen im Orient war ich oftmals Zeuge solcher Tänze, die in alten Tempeln bei feierlichen Kulthandlungen ausgeführt wurden. Europäer sind zu diesen Zeremonien nicht zugelassen, und daher bleiben sie ihnen unbekannt. Einige solcher Tänze werden in meinem Ballett wiedergegeben.

Darüber hinaus kann ich Ihnen sagen, dass dem *Kampf der Magier* drei Gedanken zugrunde liegen; da ich jedoch nicht damit rechne, dass das Publikum sie versteht, wenn ich das Ballett ohne weitere Erklärung aufführe, stelle ich es einfach als Schauspiel dar.«

Nach einigen zusätzlichen Bemerkungen über das Ballett und die Tänze fuhr er fort: »Das waren in ferner Vergangenheit Ursprung und Bedeutung jener Tänze. Ich frage Sie jetzt: gibt es heute noch in diesem Zweig der Kunst irgendetwas, das auch nur entfernt an dessen einstigen Sinn und Zweck erinnert? Findet man dort etwas anderes als Belanglosigkeit schlechthin?« Und nach kurzem Schweigen, als wartete er auf meine Antwort, sagte er mit traurigem und nachdenklichem Blick: »Die zeitgenössische Kunst hat insgesamt mit der antiken heiligen Kunst nichts mehr gemein. Vielleicht haben Sie schon darüber nachgedacht? Was ist Ihre Meinung hierzu?«

Ich erklärte ihm; dass unter den Fragen, denen mein Interesse gelte, die Frage nach der Kunst einen wichtigen Platz einnehme. Um genau zu sein, dieses Interesse betraf nicht so sehr die Werke selber, das heißt die Ergebnisse der Kunst, als vielmehr ihre Rolle und Bedeutung im Leben der Menschheit. Hierüber hatte ich oft mit Menschen gesprochen, die mir auf diesem Gebiet sachkundiger schienen als ich: Musikern, Bildhauern, Malern, Schriftstellern oder mit anderen, die sich einfach für das Studium der Kunst interessierten. So konnte ich sehr viele, oftmals widersprüchliche Meinungen kennenlernen. Einige Menschen – allerdings waren es nur wenige – sahen die Kunst als Zeitvertreib von Müßiggängern an; die meisten waren hingegen der Ansicht, die Kunst sei heilig und ihre Werke trügen das Siegel Göttlicher Eingebung. Letzten Endes hatte ich mir jedoch keine endgültige Meinung bilden können; deshalb blieb diese Frage auch für mich offen. All das legte ich Herrn Gurdjieff so deutlich wie möglich dar.

Er hörte mir sehr aufmerksam zu und sagte dann: »Sie haben recht. Zu diesem Thema bestehen viele widersprüchliche Meinungen. Und ist das nicht allein schon ein Beweis dafür, dass die Wahrheit unbekannt ist? Dort, wo Wahrheit ist, kann es keine unterschiedlichen Meinungen geben. Im Altertum stand das, was man heute »Kunst« nennt, im Dienst des objektiven Wissens. Und wie wir in Bezug auf die Tänze sagten, waren die Kunstwerke vor allem dazu bestimmt, an die ewigen Gesetze vom Aufbau des Weltalls zu erinnern und sie darzustellen. Diejenigen, die sich der Forschung widmeten und auf diese Weise zur Erkenntnis grundlegender Gesetze gelangten, drückten sie in Kunstwerken aus, so wie man es heute in Büchern macht.« An dieser Stelle zitierte Herr Gurdjieff einige Namen, von denen ich die meisten nicht kannte und die ich vergessen habe. Dann fuhr er fort: »Diese Kunst strebte weder nach ›Schönheit‹ noch nach Ähnlichkeit mit irgendetwas oder irgendjemandem. So ist zum Beispiel die Statue eines Meisters aus früheren Zeiten nicht die Abbildung der Gestalt eines besonderen Menschen oder der Ausdruck einer subjektiven Empfindung; sie ist, an sich, entweder Ausdruck der Erkenntnisgesetze, wie sie sich in den Formen des menschlichen Körpers zeigen, oder ein Mittel zur objektiven Übermittlung eines Gemütszustandes. Die Form, die Handlung, der gesamte Ausdruck sind gesetzmäßig.«

Er schwieg einen Augenblick, als wenn er etwas überlegte, und sagte dann: »Da wir auf die Kunst zu sprechen gekommen sind, möchte ich Ihnen von einer Unterhaltung berichten, der ich neulich beiwohnte, denn sie kann einige Aspekte unseres Gespräches erhellen. Zu meinen Bekannten in Moskau gehört einer meiner Jugendfreunde, ein sehr bekannter Bildhauer. In seiner Bibliothek hatte ich bei meinen Besuchen eine Anzahl von Büchern über hinduistische Philosophie und über den Okkultismus bemerkt, und mir war im Laufe unserer Gespräche deutlich geworden, dass er diesen Fragen ernsthaftes Interesse entgegenbrachte. Da ich sah, wie unbeholfen er seine Forschungen anstellte, und da ich ihm andererseits meine Kenntnisse auf dem Gebiet nicht zeigen wollte, bat ich einen gewissen P., zu dem ich häufig von diesen Themen gesprochen hatte, mit ihm Fühlung aufzunehmen. Eines Tages sagte mir P., das Interesse des Bildhauers an diesen Problemen sei rein theoretisch, in seinem Wesen werde er nicht davon berührt; daher erwarte er, P., nichts Besonderes von diesen Begegnungen. Ich riet ihm, er solle das Gespräch auf ein Thema lenken, das seinem Gesprächspartner vertrauter sei. Während einer scheinbar zufälligen Unterhaltung, bei der ich zugegen war, führte P. die Diskussion also auf das Problem der Kunst und des Schöpferischen.

Der Bildhauer erklärte daraufhin, dass er die Richtigkeit plastischer Formen *fühle,* und sagte zu P.: ›Wissen Sie, weshalb die Gogol-Statue auf dem Arbat-Platz eine übermäßig lange Nase hat?‹ Und er erzählte, er habe bei der Betrachtung der Seitenansicht des Standbildes gefühlt, dass ›der harmonische Verlauf der Linien des Profils‹, wie er sich ausdrückte, an der Nasenspitze gestört sei.

Von dem Wunsch bewegt, die Richtigkeit seines Gefühls zu überprüfen, beschloss er, Gogols Totenmaske zu suchen, und nach mancherlei Nachforschungen entdeckte er sie in Privatbesitz. Er untersuchte sie, wobei er ganz besonders auf die Nase achtete; und diese Untersuchung ergab, dass sich wahrscheinlich beim Abgießen eine kleine Luftblase genau an der Stelle gebildet hatte, wo ›der harmonische Verlauf des Profils‹ gestört war. Der Maskenbildner hatte das Loch mit ungeschickter Hand ausgefüllt und somit die Form der Nase des Schriftstellers verändert. Und der Gestalter des Denkmals, der an der Genauigkeit der Maske nicht zweifelte, hatte Gogol mit einer Nase versehen, die nicht die seine war.

Was soll man dazu sagen? Ist es nicht offensichtlich, dass sich all das nur aus Mangel an wirklicher Kenntnis ereignen konnte?

Der eine bedient sich der Maske, ohne an ihrer Genauigkeit zu zweifeln, der andere, der den Fehler in der Ausführung ›gefühlt‹ hat, sucht nach einer Bestätigung seines Verdachts. Der eine ist nicht besser als der andere. Dabei hätte man, mit Kenntnis der

Proportionsgesetze des menschlichen Körpers, nicht nur die Nasenspitze nach der Maske rekonstruieren, sondern allein von der Nase ausgehend den ganzen Körper genau so wiederherstellen können, wie er gewesen war. Sehen wir uns das im Einzelnen an, damit Sie genau verstehen, was ich sagen will.

Ich habe heute das Oktavengesetz kurz dargestellt. Sie konnten sehen: Die Kenntnis dieses Gesetzes erlaubt es einem, den Ort von allem zu erkennen, und umgekehrt, wenn der Ort bekannt ist, weiß man, was dort bestehen muss und von welcher Qualität es ist. Alles lässt sich berechnen, man muss nur wissen, wie man den Übergang von einer Oktave zur anderen errechnet. Der menschliche Körper trägt wie jede Ganzheit aufeinander abgestimmte Maße in sich. Der Zahl der Töne und Intervalle der Oktave entsprechend besitzt er neun Hauptmaße, die durch Zahlen ausdrückbar sind. Diese Zahlen schwanken bei jedem Menschen erheblich – jedoch innerhalb bestimmter Grenzen. Die neun Hauptmaße bilden eine vollständige Oktave erster Ordnung, gehen sodann in die untergeordneten Oktaven über, welche, durch eine große Ausweitung jenes Systems aufeinanderfolgender Unterordnungen, die Maße aller Teile des menschlichen Körpers bestimmen. Jeder Ton in jeder Oktave ist selber eine ganze Oktave. Folglich gilt es, die Regeln bezüglich der Verbindungen und Wechselbeziehungen zu kennen sowie die des Übergangs von einer Tonleiter zur anderen.

Alles ist miteinander verbunden in einem – unwandelbaren Gesetzen unterworfenen – zusammenhängenden System wechselseitiger Beziehungen. Es ist, als wären um jeden Punkt neun weitere untergeordnete Punkte gruppiert und so fort bis zu den Atomen des Atoms.

Wer die Gesetze des Abstiegs der Oktaven kennt, der kennt zugleich die Gesetze ihres Aufstiegs und kann demzufolge nicht nur von den Hauptoktaven zu den untergeordneten Oktaven fortschreiten, sondern auch umgekehrt. Daher vermag man vom Gesicht aus die Nase zu bestimmen, und umgekehrt lässt sich, von der Nase aus, das ganze Gesicht und sogar der gesamte Körper des Menschen wiederherstellen, und zwar streng und unfehlbar. Es handelt sich nicht um ein Streben nach Schönheit oder Ähnlichkeit. Eine Schöpfung kann nichts anderes sein, als was sie ist.

Dies ist noch genauer als Mathematik, denn hier geht es nicht um Wahrscheinlichkeiten; und es verlangt ein viel umfassenderes und tieferes Studium als das der Mathematik. *Vor allem ist Verständnis vonnöten.* Andernfalls kann man jahrzehntelang über die einfachsten Fragen diskutieren, ohne zu einem Ergebnis zu kommen. An einer einfachen Frage kann sich zeigen, dass ein Mensch die erforderliche Denkhaltung nicht besitzt. Und selbst wenn er die Frage klären möchte, machen fehlende Vorbereitung und Unverständnis im Zuhörenden die Wirkung der Worte, die er vernimmt, zunichte. Ein solches wörtliches Verständnis ist nur allzu verbreitet.

Die ganze Geschichte von Gogols Nase bestätigte mir erneut, was ich seit Langem wusste und wofür ich schon Tausende von Beweisen erhalten hatte. Kürzlich führte ich in Petersburg ein Gespräch mit einem berühmten Komponisten, und dabei konnte ich deutlich bemerken, wie dürftig seine Kenntnisse auf dem Gebiet der wahren Musik waren und wie tief seine Unwissenheit. Erinnern Sie sich an Orpheus, der sich zur Unterweisung des Wissens der Musik bediente, und Sie begreifen, was ich unter *wahrer Musik* oder *heiliger Musik* verstehe.«

Herr Gurdjieff fuhr fort: »Für eine solche Musik wären besondere Bedingungen notwendig – und dann wäre *Der Kampf der Magier* nicht bloß ein Schauspiel. Vorläufig werde ich nur einige Fragmente jener Musik geben, die ich in gewissen Tempeln gehört habe. Übrigens könnte diese Musik dem Zuhörer nichts vermitteln, denn die Schlüssel zu ihr sind verlorengegangen, wenn sie überhaupt jemals im Westen existierten. Der Schlüssel zu allen alten Künsten ist abhandengekommen, und zwar schon seit vielen Jahrhunderten. Darum existiert keine heilige Kunst mehr, das heißt eine Kunst, welche die Gesetze des Großen Wissens verkörpert und so Einfluss ausübt auf den Instinkt der Massen.

Heutzutage gibt es keine Schaffenden mehr. Die gegenwärtigen Priester der Kunst erschaffen nicht – sie ahmen nach. Sie jagen der Schönheit oder Ähnlichkeit nach, wenn nicht gar der sogenannten Originalität, ohne die unerlässlichen Kenntnisse zu besitzen. Unwissend und außerstande, irgendetwas hervorzubringen, tappen sie im Dunkeln, und dennoch bringt ihnen die Menge Verehrung entgegen und hebt sie in den Himmel. Die heilige Kunst ist verschwunden, der Heiligenschein freilich, der ihre Diener umgab, besteht noch immer. All die banalen Worte vom Göttlichen Funken, von Talent, Genie, Schöpfung, heiliger Kunst entbehren jeder Grundlage. Es sind Anachronismen. Was sind denn diese Talente? Wir werden ein andermal darüber sprechen.

Entweder muss man das Handwerk des Schuhmachers »Kunst« nennen, oder man muss die gesamte zeitgenössische Kunst als »Handwerk« bezeichnen. Worin wäre ein Schuster, der modisch elegante Schuhe nach Maß herstellt, einem Künstler unterlegen, der in seiner Arbeit nur noch nach Ähnlichkeit oder Originalität trachtet? Wer das Wissen besitzt, für den kann auch die Schuhherstellung eine heilige Kunst sein, aber ohne das Wissen taugen alle Priester der modernen Kunst weniger als ein Flickschuster.«

Nach diesen letzten, mit Nachdruck ausgesprochenen Worten schwieg er. Auch A. blieb still.

Das Gespräch hatte mich tief beeindruckt. Ich fühlte, wie sehr A. recht gehabt hatte mit seiner Warnung: Um Herrn Gurdjieff zuhören zu können, genüge es nicht, dass man es einfach wünsche.

Mein Denken arbeitete genau und klar. Tausende von Fragen kamen mir in den Sinn, doch nicht eine entsprach vom Niveau her dem, was ich gehört hatte. Und so blieb ich stumm.

Ich blickte zu Herrn Gurdjieff. Er hob langsam den Kopf und sagte: »Ich muss fort. Für heute ist es genug. In einer halben Stunde werden Pferde da sein, die Sie zum Bahnhof bringen. [...] Was unsere nächsten Zusammenkünfte angeht, so wird A. Sie benachrichtigen.« Und zu diesem gewandt, fügte er hinzu: »Seien Sie der Hausherr, bieten Sie unserem Gast ein Frühstück an. Wenn Sie ihn zum Bahnhof begleitet haben, kommen Sie hierher zurück. [...] Also, auf Wiedersehen!«

A. ging durch das Zimmer und zog an einer von der Ottomane verdeckten Schnur. An der Wand ging ein persischer Teppich beiseite und enthüllte ein großes Fenster, wohindurch nun das Licht eines klaren Wintermorgens ins Zimmer flutete.

Es kam für mich völlig unerwartet: Bis zu diesem Augenblick hatte ich nicht ein einziges Mal an die Zeit gedacht. »Wie spät ist es?«, rief ich aus. »Fast neun Uhr«, antwortete A., indem er die Lampen ausmachte. »Wie du siehst, existiert die Zeit hier nicht.«

»Ob Gott oder Mikrobe, das System ist dasselbe. Der einzige Unterschied ist in der Anzahl der Zentren.« Prieuré, 3. April 1923

»Unsere Entwicklung gleicht der eines Schmetterlings. Wir müssen ›sterben‹ und ›wiedergeboren werden‹, gleich dem Ei, das stirbt und zur Raupe wird, der Raupe, die stirbt und zur Puppe wird, der Puppe, die stirbt, damit wiederum der Schmetterling geboren werde. Es ist ein langer Prozess, und der Schmetterling lebt nur ein oder zwei Tage. Doch der kosmische Zweck ist erfüllt. Mit dem Menschen ist es genauso. Wir müssen unsere Puffer vernichten. Kinder haben keine Puffer; darum müssen wir werden wie Kinder.« Prieuré, 2. Juni 1922

Jemandem, der fragte, warum wir geboren werden und warum wir sterben, antwortete Gurdjieff: »Sie wollen es wissen? Um es wirklich zu wissen, müssen Sie leiden. Sie können nicht einmal für einen Franc leiden, und um ein bisschen zu wissen, müssten Sie für eine Million Francs leiden.« Prieuré, 12. August 1924

»Wenn wir lernen, hören wir nur auf unsere eigenen Gedanken. Infolgedessen vermögen wir keine neuen Gedanken zu hören, es sei denn, wir machen von neuen Methoden des Zuhörens und Studierens Gebrauch.« London, 13. Februar 1922

II

»Was bin ich?«

Essentuki, um 1918

BEI DER ERÖRTERUNG VERSCHIEDENER THEMEN HABE ICH bemerkt, wie schwer es ist, das eigene Verständnis weiterzugeben, selbst bei den gewöhnlichsten Themen und gegenüber einem Menschen, den man gut kennt. Unsere Sprache ist zu arm für eine genaue und vollständige Beschreibung. Und ich habe die Entdeckung gemacht, dass dieser Mangel an Verständnis zwischen Mensch und Mensch eine mathematisch geordnete Erscheinung ist, so genau wie das Einmaleins. Verständnis hängt, allgemein betrachtet, von dem ab, was man die »Psyche« der Gesprächspartner nennt, und insbesondere von dem Zustand ihrer Psyche zum gegebenen Zeitpunkt.

Die Richtigkeit dieses Gesetzes lässt sich auf jeder Stufe nachweisen. Um von einem anderen Menschen verstanden zu werden, genügt es nicht, dass sich der Sprechende aufs Sprechen versteht, auch der Zuhörer muss wissen, wie man zuhört. Daher kann ich sagen, dass alle Anwesenden, mit sehr wenigen Ausnahmen, mich für verrückt halten würden, wenn ich in der Weise zu sprechen anfinge, die ich als genau erachte. Da ich jedoch in diesem Augenblick zu meiner Zuhörerschaft, so wie sie ist, sprechen und da diese Zuhörerschaft mir zuhören muss, gilt es zunächst, die Grundlagen für ein gemeinsames Verständnis zu schaffen.

Im Laufe unseres Gespräches müssen wir nach und nach gewisse Anhaltspunkte festlegen, damit sich die Aussprache als wirksam erweist. Was ich Ihnen jetzt vorschlagen möchte, ist, dass Sie versuchen, die Dinge, die Erscheinungen um Sie herum und vor allem sich selbst von einem anderen Blickpunkt aus zu betrachten als von dem, der bei Ihnen üblich oder natürlich ist. Nur zu betrachten, denn was darüber hinausgeht, ist allein mit Einwilligung und unter Mitwirkung des Zuhörers möglich, dann nämlich, wenn er nicht mehr länger passiv zuhört, sondern zu *tun* beginnt, das heißt, wenn er in einen aktiven Zustand eintritt.

Sehr häufig trifft man in Gesprächen auf die mehr oder weniger offen geäußerte Ansicht, der Mensch, so wie wir ihm im gewöhnlichen Leben begegnen, sei gleichsam der Mittelpunkt des Weltalls, die »Krone der Schöpfung« oder zumindest ein großes und bedeutsames Wesen; seine Möglichkeiten wären nahezu unbegrenzt, seine Kräfte beinahe unendlich. Doch dieser Standpunkt schließt eine Anzahl Vorbehalte mit ein: Es heißt, dass hierfür außergewöhnliche Voraussetzungen, besondere Umstände, Eingebung, Offenbarung und so weiter nötig seien.

Wenn wir allerdings diese Vorstellung vom Menschen untersuchen, sehen wir sofort, dass sie aus einer Ansammlung von Merkmalen besteht, die nicht einem einzelnen Menschen eigen sind, sondern einer gewissen Anzahl wirklicher oder imaginärer Individuen. Einem solchen Menschen begegnen wir nie im wirklichen Leben, weder in der Gegenwart noch als historischer Gestalt in der Vergangenheit. Denn jeder Mensch hat seine Schwächen, und schauen Sie genau hin, so zerfällt das Trugbild der Größe und Macht.

Das Interessanteste ist freilich nicht, dass die Leute andere Menschen mit diesem Trugbild behängen, sondern dass sie es aufgrund einer Eigentümlichkeit ihrer Psyche, wenn nicht in seiner Gesamtheit, so doch teilweise, als Spiegelung auf sich selbst übertragen. Und auch wenn sie beinahe Nullen sind, sie bilden sich ein, jenem Kollektivbild zu entsprechen oder nicht weit davon entfernt zu sein.

Doch wenn ein Mensch gegen sich selbst aufrichtig zu sein versteht – nicht aufrichtig, wie das Wort gewöhnlich verstanden wird, sondern schonungslos aufrichtig –, dann wird er sich bei der Frage: »Was sind Sie?«, auf keine beruhigende Antwort verlassen. Ohne daher abzuwarten, dass Sie von sich aus der Erfahrung, von der ich spreche, nähergekommen sind, und damit Sie besser verstehen, was ich meine, schlage ich vor, dass sich jeder von Ihnen die Frage vorlegt: »Was bin ich?« Ich bin fast sicher, dass fünfundneunzig Prozent von Ihnen verwirrt mit einer Gegenfrage antworten werden: »Was wollen Sie damit sagen?«

Dies beweist doch nur, dass ein Mensch sich diese Frage sein ganzes Leben über nicht gestellt hat und es als selbstverständlich ansieht, dass er »etwas« ist und sogar etwas sehr Wertvolles, etwas, was er nie in Zweifel gezogen hat. Gleichzeitig ist er aber außerstande, einem anderen zu erklären, was denn dieses Etwas ist, ja sogar außerstande, die geringste Vorstellung davon zu vermitteln, weil er es selbst nicht weiß. Und wenn er es nicht weiß, ist nicht der Grund dafür einfach der, dass dieses »Etwas« gar nicht existiert, sondern nur als vorhanden angenommen wird? Ist es nicht seltsam, dass die Leute sich selbst, das heißt der Erkenntnis ihrer selbst, so wenig Beachtung schenken? Ist es nicht seltsam, dass sie mit so viel törichter Selbstgefälligkeit die Augen schließen vor dem, was sie wirklich sind, und ihr Leben in der angenehmen Überzeugung zubringen, sie stellten etwas Wertvolles dar? Sie sehen nicht die unerträgliche Leere hinter der prächtigen Fassade, die ihre Selbsttäuschung errichtete, und werden nicht gewahr, dass diese Fassade nur einen rein konventionellen Wert besitzt.

Zwar ist es nicht immer so. Nicht jedermann sieht derart oberflächlich. Es gibt suchende Menschen, die sich nach der Wahrheit des Herzens sehnen und sie zu finden sich bemühen, die den Versuch machen, die Probleme des Lebens zu lösen, zum Wesen der Dinge und Erscheinungen vorzudringen und sich selbst zu ergründen. Wenn ein Mensch vernünftig überlegt und nachdenkt, so muss er unausweichlich zu sich zurückkommen und zunächst eine Lösung finden für die Frage nach dem, was er ist, sowie für die Frage nach seinem Platz in der Welt um ihn herum. Denn wenn er dies nicht weiß, so fehlt ihm der Schwerpunkt in seiner Suche. Die Worte des Philosophen Sokrates: »Erkenne dich selbst«, bleiben das Motto all derer, die nach dem wahren Wissen und dem Sein suchen.

Ich habe soeben ein neues Wort gebraucht: »Sein«. Um sicherzustellen, dass wir alle dasselbe darunter verstehen, muss ich einige Erläuterungen geben.

Wir haben uns gefragt, ob das, was ein Mensch von sich selbst denkt, dem entspricht, was er in Wirklichkeit ist, und Sie haben sich die Frage gestellt, was Sie sind. Hier ist ein Arzt, ein Ingenieur, ein Maler. Sind diese wirklich so, wie wir glauben, dass sie sind? Können wir die Persönlichkeit eines jeden als identisch ansehen mit dem Beruf, mit der Erfahrung, die ihm dieser Beruf oder seine Vorbereitung vermittelt hat?

Jeder Mensch kommt gleichsam als unbeschriebenes Blatt Papier auf die Welt; aber die Leute und die Verhältnisse, von denen er umgeben ist, wetteifern miteinander darum, dieses Blatt zu beschmutzen und mit allen möglichen Kritzeleien zu bedecken. Erziehung, Morallehren, Informationen, die wir »Wissen« nennen, kommen hinzu – Pflichtbewusstsein, Ehrgefühl, Gewissen und so fort. Und alle Welt verkündet die Unwandel- und Unfehlbarkeit der Methoden, deren sie sich bedient, um diese Reiser an den Stamm der menschlichen »Persönlichkeit« zu pfropfen. Allmählich wird das Blatt schmutzig, und je mehr es mit angeblichen »Kenntnissen« besudelt ist, als desto intelligenter gilt der Mensch. Je mehr Inschriften es an der Stelle mit dem Titel »Pflicht« gibt, als umso ehrenhafter wird deren Besitzer angesehen; und so verhält es sich mit allem. Und da das derart beschmutzte Blatt sieht, dass man seine Unreinheit für ein Verdienst hält, betrachtet es diese als kostbar. Das ist ein Beispiel dafür, was wir mit dem Namen »Mensch« bezeichnen, wobei wir ihm häufig sogar noch Wörter wie »Talent« und »Genie« hinzufügen. Gleichwohl hat unser »Genie« den ganzen Tag über schlechte Laune, wenn es morgens beim Aufwachen nicht seine Pantoffeln neben dem Bett findet.

Der Mensch ist nicht frei, weder in seinen Äußerungen noch in seinem Leben. Er kann nicht sein, was er sein möchte oder zu sein glaubt. Dem Bild, das er sich von sich selbst macht, sieht er nicht ähnlich, und die Worte »der Mensch, die Krone der Schöpfung« lassen sich nicht auf ihn anwenden.

»Mensch« – das klingt stolz; allein wir müssen uns fragen, um welche Art Mensch es sich handelt. Gewiss nicht um den Menschen, der sich über jede Lappalie entrüstet, banalen Dingen Beachtung schenkt und sich in alles um ihn her verwickeln lässt. Um sich zu Recht »Mensch« nennen zu können, muss man ein Mensch sein, und »ein Mensch zu sein« ist nur möglich dank Selbsterkenntnis und Arbeit an sich selbst, in der Richtung, die durch die Selbsterkenntnis offenkundig wird.

Haben Sie jemals zu beobachten versucht, was in Ihnen vorgeht, wenn Ihre Aufmerksamkeit nicht auf ein bestimmtes Problem konzentriert ist? Ich nehme an, dass die meisten von Ihnen mit diesem Zustand vertraut sind, auch wenn ihn wohl nur wenige systematisch betrachtet haben. Wahrscheinlich kennen Sie die Weise, wie unser Denken infolge zufälliger Assoziationen abläuft, wenn es zusammenhanglose Szenen und Erinnerungen vorbeiziehen lässt, wenn alles, was in unser Bewusstseinsfeld gerät oder es auch nur leicht berührt, in uns jene zufälligen Assoziationen hervorruft. Der

Gedankenfaden scheint sich ununterbrochen abzuwickeln und Bruchstücke von Bildern aus früheren Wahrnehmungen zusammenzufügen, die aus verschiedenen Aufzeichnungen in unserem Gedächtnis stammen. Und während sich diese Aufzeichnungen drehen und abspulen, webt unser Denkapparat aus diesem Material unaufhörlich sein Gedankengespinst. In der gleichen Weise ziehen die Aufzeichnungen unserer Gefühle vorbei – angenehme und unangenehme, Freude und Kummer, Zuneigung und Abneigung. Jemand lobt Sie, und Sie sind erfreut; jemand tadelt Sie, und Ihre gute Laune ist dahin. Etwas Neues zieht Sie an, und Sie vergessen sofort, was noch einen Augenblick zuvor Sie so sehr ansprach. Allmählich fesselt Sie Ihr Interesse derart an diese neue Sache, dass Sie von Kopf bis Fuß darin versinken; und auf einmal besitzen Sie sie gar nicht mehr, Sie sind verschwunden, in die Sache eingebunden und darin aufgegangen; in Wirklichkeit besitzt die Sache Sie und hält Sie gefangen, und diese Verblendung, dieser Hang, sich betören zu lassen, ist in mannigfaltigen Formen die Eigentümlichkeit eines jeden von uns. Sie fesselt uns und hindert uns daran, frei zu werden. Darüber hinaus raubt sie uns Kraft und Zeit und nimmt uns jede Möglichkeit zu Objektivität und Freiheit – zwei wesentliche Eigenschaften für den, der dem Weg der Selbsterkenntnis zu folgen beschließt.

Wenn wir nach Selbsterkenntnis streben, so müssen wir danach trachten, frei zu werden. Die Selbsterkenntnis und die Entwicklung seiner selbst stellen eine Aufgabe von solcher Bedeutung und Wichtigkeit dar und verlangen eine derart gesteigerte Anstrengung, dass es unmöglich ist, sie auf gewohnte Weise, unter anderem, zu versuchen. Der Mensch, der diese Aufgabe unternimmt, muss ihr den höchsten Stellenwert in seinem Leben zugestehen, welches übrigens nicht so lange währt, dass er es sich leisten könnte, es mit nichtigen Dingen zu vertun.

Was anderes gibt einem Menschen die Möglichkeit, seine Zeit nutzbringend seiner Suche zu widmen, wenn nicht die Freiheit von jeglichem Verhaftetsein?

Freiheit und Ernsthaftigkeit. Nicht jene Ernsthaftigkeit mit gerunzelter Stirn, geschürzten Lippen, sorgfältig beherrschten Gebärden und durch die Zähne sickernden Worten, sondern die Ernsthaftigkeit, welche Entschlossenheit und Beharrlichkeit in der Suche, Intensität und Ausdauer bedeutet, sodass ein Mensch sogar in der Ruhe seine Hauptaufgabe fortsetzt.

Stellen Sie sich die Frage: Sind Sie frei? Viele mögen geneigt sein, mit »ja« zu antworten, wenn sie sich in einem Zustand relativer materieller Sicherheit befinden, ohne Sorgen um den morgigen Tag, und wenn sie im Hinblick auf ihren Lebensunterhalt oder die Wahl ihrer Lebensverhältnisse von niemandem abhängen. Doch ist das Freiheit? Ist es nur eine Frage der äußeren Umstände?

~

Sie besitzen viel Geld, Sie leben im Luxus und erfreuen sich der allgemeinen Achtung und Wertschätzung. An der Spitze der bedeutsamen Unternehmen, die Sie beaufsichtigen, befinden sich fähige Männer, die Ihnen treu ergeben sind. Mit einem Wort, Sie sind auf Rosen gebettet. Sie halten sich für völlig frei, denn letzten Endes steht Ihnen Ihre gesamte Zeit zur Verfügung. Sie betätigen sich als Förderer der Künste, Sie regeln Weltprobleme bei einer Tasse Kaffee und vielleicht sind Sie sogar an der Entwicklung verborgener geistiger Kräfte interessiert. Das Geistesleben ist Ihnen nicht fremd, und Sie sind in philosophischen Vorstellungen zu Hause. Sie sind gebildet und belesen, und dank Ihrer ausgedehnten Kenntnisse auf den verschiedensten Gebieten gelten Sie als kluger Mann, der sich in allen möglichen Angelegenheiten einen Weg zu bahnen weiß. Sie sind der Inbegriff des kultivierten Menschen. Kurz gesagt, Sie sind zu beneiden.

Heute Morgen wachten Sie auf unter dem Einfluss eines unangenehmen Traumes. Das leichte Unbehagen verschwand rasch, hinterließ jedoch seine Spuren: eine Art von Schlaffheit und Unsicherheit in den Bewegungen. Sie gehen zum Spiegel, um sich die Haare zu kämmen, und lassen aus Versehen die Bürste fallen. Kaum haben Sie sie aufgehoben und abgewischt, da entgleitet sie Ihnen erneut. Mit leichter Ungeduld heben Sie sie nun auf, und da fällt sie Ihnen ein drittes Mal aus der Hand. Sie versuchen, sie in der Luft zu ergreifen, doch sie fliegt gegen den Spiegel. Vergeblich springen Sie ihr nach. Krach! Ein sternförmiges Bündel von Sprüngen prangt auf dem alten Spiegel, der Ihr ganzer Stolz war. Zum Teufel…! Die alte Leier des Missmutes beginnt sich zu drehen. Sie empfinden das Bedürfnis, Ihre Verärgerung an jemandem auszulassen. Wie Sie entdecken, dass Ihr Diener vergessen hat, die Zeitung neben Ihren Morgenkaffee zu legen, ist Ihre Geduld zu Ende und Sie beschließen, dass ein derartiger Taugenichts nicht länger in Ihrem Haus bleiben kann.

Nun ist es an der Zeit, auszugehen. Da der Tag schön ist und Sie nicht sehr weit zu fahren brauchen, entschließen Sie sich, zu Fuß zu gehen, während das Auto Ihnen langsam folgt. Die strahlende Sonne hat eine besänftigende Wirkung auf Sie. Ein Menschenauflauf an der Straßenecke erregt Ihre Aufmerksamkeit. Sie gehen näher heran und sehen einen Mann bewusstlos auf dem Fußweg liegen. Mit Hilfe der Passanten setzt ihn jemand in ein Taxi, und man schafft ihn ins Krankenhaus. Achten Sie darauf, wie das seltsam bekannte Gesicht des Taxifahrers in Ihren Assoziationen mit dem Unfall, den Sie letztes Jahr hatten, verbunden ist und Sie daran erinnert. Sie kehrten von einer fröhlichen Geburtstagsfeier nach Hause zurück. Wie gut hatte doch der Kuchen geschmeckt! Dieser verdammte Diener, der Ihre Morgenzeitung vergaß, hat Ihnen das ganze Frühstück verdorben. Warum sollte man es jetzt nicht nachholen? Schließlich sind Kaffee und Kuchen äußerst wichtig! Hier ist gerade das berühmte Café, in das Sie manchmal mit Ihren Freunden gehen. Aber warum haben Sie sich eigentlich an jenen Unfall erinnert? Die Unannehmlichkeiten von heute Morgen hatten Sie sicherlich fast vergessen... Und jetzt, schmecken Kaffee und Kuchen wirklich so gut?

Sieh da! Zwei junge Damen am Tisch nebenan. Was für eine bezaubernde Blondine! Sie wirft Ihnen einen Blick zu und flüstert ihrer Freundin ins Ohr: »Der sagt mir unwahrscheinlich zu.« Bestimmt keines Ihrer Missgeschicke ist es noch wert, dass Sie sich dabei aufhalten oder sich darüber ärgern. Muss man Sie eigens darauf hinweisen, wie sehr sich Ihre Stimmung wandelte als Sie die Bekanntschaft der hübschen Blondine machten, und dass jene Stimmung die ganze Zeit über fortbestand, die Sie mit ihr verbrachten? Mit einem Lied auf den Lippen gehen Sie nach Hause, und sogar der zerbrochene Spiegel ruft bei Ihnen nur ein Lächeln hervor. Aber... die Angelegenheit, derentwegen Sie heute Morgen aus dem Hause gingen? Erst jetzt erinnern Sie sich daran... Das ist gut...! Doch, was soll's? ... Man kann noch immer telefonieren.

Sie nehmen den Hörer ab und die Telefonistin gibt Ihnen eine falsche Nummer. Sie wählen ein zweites Mal, und der Irrtum wiederholt sich. Ein Mann erklärt Ihnen grob, dass Sie ihm ganz schön stinken – Sie erwidern, dass Sie nichts dafürkönnten, es folgt ein heftiger Wortwechsel, und Sie erfahren mit Erstaunen, dass Sie ein Flegel sind, ein Idiot, und dass, wenn Sie noch einmal anrufen...

Ein Teppich, der sich unter Ihren Füßen verzogen hat, bringt Sie in Harnisch, und Sie sollten einmal hören in welchem Ton Sie den Diener zurechtweisen, der Ihnen einen Brief bringt. Dieser Brief kommt von einem Mann, den Sie schätzen und dessen Meinung Ihnen wichtig ist. Der Inhalt der Mitteilung ist so schmeichelhaft, dass sich Ihre Verärgerung allmählich legt, um jenem köstlichen Gefühl der Verlegenheit Platz zu machen, das Schmeicheleien hervorrufen. In höchst angenehmer Stimmung lesen Sie den Brief zu Ende.

Ich könnte so fortfahren, Ihren Tagesablauf zu beschreiben – oh, Sie freier Mensch! Vielleicht meinen Sie, dass ich übertreibe? Nein, es ist eine Reihe dem Leben abgelauschter Momentaufnahmen.

Dies war ein Tag eines bedeutenden und sogar international bekannten Mannes, ein Tag, den er noch am selben Abend rekonstruierte und beschrieb als ein lebendiges Beispiel für assoziative Gedanken und Gefühle.

Wo ist demnach die Freiheit, wenn die Leute und Dinge einen Menschen dermaßen in ihrer Gewalt haben, dass er darüber seine Stimmung, seine Geschäfte und sich selbst vergisst? Kann ein Mensch, der solchen Veränderungen unterworfen ist, eine irgendwie ernste Haltung gegenüber seiner Suche einnehmen?

Sie verstehen jetzt besser, dass ein Mensch nicht notwendigerweise das ist, was er zu sein scheint, und dass es nicht auf die äußeren Umstände und Tatsachen ankommt, sondern auf die innere Beschaffenheit des Menschen und seine Haltung zu diesen Tatsachen.

Vielleicht gilt jedoch alles soeben Gesagte nur für die Assoziationen, die durch ihn hindurchziehen? Vielleicht ist die Situation in Bezug auf das, was er »weiß«, ganz anders?

Aber ich frage Sie, wenn Sie aus irgendeinem Grund mehrere Jahre hindurch nicht in der Lage wären, Ihre Kenntnisse praktisch anzuwenden, was würde davon übrigbleiben? Wahrscheinlich nichts anderes als Materialien, die sich mit der Zeit verflüchtigen und verschwinden. Erinnern Sie sich an das unbeschriebene Blatt Papier. In der Tat lernen wir im Laufe unseres Lebens fortwährend etwas Neues, und die Ergebnisse dieses Lernens nennen wir »Kenntnisse«. Doch erweisen wir uns nicht recht häufig trotz dieser Kenntnisse als dem wirklichen Leben fernstehend und infolgedessen als schlecht angepasst? Wir sind halbgebildet wie Kaulquappen oder noch öfters nur einfach »ausgebildet«, das heißt im Besitz von einigen Informationen über vielerlei, aber all das bleibt verschwommen und unangemessen. Und tatsächlich sind es nur

Informationen: Wir können es nicht »Wissen« nennen. Wirkliches Wissen ist das unveräußerliche Eigentum eines Menschen; es kann weder mehr noch weniger sein. Denn ein Mensch »weiß« nur, wenn er selbst jenes Wissen »ist«.

Was Ihre Überzeugungen angeht – haben Sie sie niemals sich verändern sehen? Sind nicht auch die Überzeugungen wie alles in uns Schwankungen unterworfen? Wäre es nicht richtig, sie eher »Meinungen« zu nennen als »Überzeugungen«, da sie doch von unserer Laune ebenso abhängig sind wie von unserem Informationsstand oder vielleicht einfach vom Zustand unserer Verdauung in einem bestimmten Augenblick?

Jeder von Ihnen ist nur ein banales Beispiel für einen belebten Automaten. Sie glauben, eine »Seele« und sogar ein »Geist« seien nötig, um das zu tun, was Sie tun, oder so zu leben, wie Sie leben. Vielleicht genügt jedoch ein Schlüssel, um die Triebfeder Ihres Mechanismus aufzuziehen. Die Nahrung, die Sie täglich zu sich nehmen, trägt dazu bei, dass diese Triebfeder aufgezogen wird und die nutzlosen Kapriolen Ihrer Assoziationen sich unaufhörlich erneuern. Aus diesem Hintergrund treten einige zusammenhanglose Gedanken hervor, und Sie versuchen, daraus ein Ganzes zu machen und dieselben als wertvoll und als etwas Eigenes hinzustellen. Mit Gefühlen und Empfindungen, Stimmungen und Erfahrungen verfahren wir ebenso und schaffen aus all dem das Wahngebilde eines inneren Lebens. Wir heißen uns »bewusste und vernunftbegabte Wesen« und reden von Gott, dem ewigen Leben und anderen erhabenen Themen; wir sprechen von allem, was man sich vorstellen kann, wir urteilen und erörtern, bestimmen und bewerten, aber wir unterlassen es, von uns selbst zu sprechen und von unserem wirklichen objektiven Wert. Denn wir sind alle überzeugt, dass wir, sollte uns etwas fehlen, es sicherlich erwerben können.

Wenn es mir durch diese Ausführung gelungen ist, sei es auch nur in geringem Maße, deutlich zu machen, in welchem Chaos jenes Wesen lebt, das wir »Mensch« nennen, dann sind Sie imstande, selbst eine Antwort zu finden auf die Frage, was ihm fehlt, was er erwarten kann, falls er so bleibt, wie er ist, und was er dem Wert, den er selbst darstellt, an Wertvollem hinzufügen kann.

Ich sagte schon, dass es Menschen gibt, die es nach Wahrheit hungert und dürstet. Wenn diese über die Probleme des Lebens nachdenken und gegen sich selbst aufrichtig sind, so gewinnen sie rasch die Überzeugung, dass es ihnen nicht mehr möglich ist, so zu leben, wie sie gelebt haben, noch auch solches zu sein, was sie bisher waren; dass sie um jeden Preis einen Ausweg aus dieser Lage finden müssen und dass ein Mensch seine verborgenen Kräfte und Fähigkeiten nur dann entwickeln kann, wenn er seine Maschine von all dem Unrat befreit, wodurch sie im Laufe des Lebens verschmutzt wurde. Um diese Säuberung auf zweckmäßige Weise vorzunehmen, muss er sehen, was es wo und wie zu reinigen gilt; dies von selbst zu sehen, ist allerdings nahezu unmöglich. Um Derartiges wahrzunehmen, muss man von außen hinschauen; und dafür bleibt die gegenseitige Hilfe unerlässlich.

Wenn Sie sich an das Beispiel für Identifizierung, das ich Ihnen gab, erinnern, so begreifen Sie, wie blind ein Mensch ist, wenn er sich mit seinen Stimmungen, Gefühlen und Gedanken in eins setzt. Aber ist denn unsere Abhängigkeit auf Dinge beschränkt, die sich auf Anhieb beobachten lassen? Das heißt auf Dinge, die so stark hervortreten, dass sie einfach ins Auge fallen müssen. Entsinnen Sie sich an das, was wir über den Charakter der Leute sagten, wobei wir sie grob in gute und böse unterteilten? In dem Maße, wie ein Mensch sich zu erkennen beginnt, entdeckt er in sich unaufhörlich neue Bereiche der Mechanität – sagen wir Automatismen – Bereiche, wo sein Wille, sein »ich will« keine Macht hat und wo alles so verworren und subtil ist, dass er ohne Hilfe und maßgebende Führung durch einen Wissenden sich darin unmöglich zurechtfinden kann.

Kurz zusammengefasst, die Lage der Dinge im Hinblick auf die Selbsterkenntnis ist folgende: Um etwas zu tun, muss man Bescheid wissen – aber um Bescheid zu wissen, muss man herausfinden, wie man zum Wissen gelangt; und das können wir nicht von selbst entdecken.

Doch es gibt einen anderen Aspekt der Suche: die Entwicklung seiner selbst. Sehen wir uns einmal an, wie sich die Dinge hierbei darstellen. Eins steht fest: Ein Mensch, der auf sich selbst gestellt ist, kann sich das Wissen, wie er sich entwickeln, und noch weniger, was er in sich entwickeln soll, nicht aus den Fingern saugen.

Vielmehr wird er nach und nach, indem er suchenden Menschen begegnet, mit ihnen spricht und Bücher über Selbstentwicklung liest, in den Bereich dieser Fragen hineingezogen.

Aber was wird er dort finden? Vor allem einen Abgrund von schamloser Scharlatanerie, die nur auf Geldgier beruht, das heißt dem Verlangen, sich dadurch ein bequemes Leben zu machen, dass man leichtgläubige Leute, die ihrem geistigen Unvermögen zu entkommen suchen, zum Narren hält. Ehe er die Spreu vom Weizen trennen gelernt hat, vergeht viel Zeit, in welcher sein Drang, die Wahrheit zu entdecken, Gefahr läuft zu flackern und zu erlöschen oder aber zu entarten. Seines Spürsinns beraubt, lässt er sich dann womöglich in ein Labyrinth hineinziehen, das geradewegs auf den Hörnern des Teufels mündet. Gelingt es dem Menschen, sich aus diesem ersten Sumpfloch herauszuziehen, dann droht er in einen neuen Morast zu fallen, den des Pseudowissens.

Die Wahrheit wird ihm hierbei in einer so verschwommenen und unverdaulichen Form dargereicht, dass sie den Eindruck eines pathologischen Deliriums hervorruft. Man zeigt ihm Wege und Mittel zur Entwicklung verborgener Kräfte und Fähigkeiten, die, so verspricht man ihm, wenn er beharrlich bleibt, ihm ohne große Schwierigkeiten Macht und Herrschaft über alles verleihen, über die beseelten Geschöpfe ebenso wie über die tote Materie und die Elemente. Alle diese, auf den verschiedensten Theorien beruhenden Systeme sind außerordentlich verführerisch, zweifellos gerade wegen ihrer Unbestimmtheit. Ganz besonders ziehen sie die halbgebildeten Menschen an, die auf dem Gebiet der Realwissenschaften nur eine oberflächliche Ausbildung haben.

Da die meisten Probleme, vom Standpunkt der esoterischen und der okkulten Theorien aus untersucht, über die Grenzen der für die moderne Wissenschaft zugänglichen Begriffe hinausgehen, sehen diese Theorien die Wissenschaft oftmals von oben herab an. Auch wenn sie einerseits der empirischen Wissenschaft Gerechtigkeit widerfahren lassen, so setzen sie doch andererseits deren Bedeutung herab und lassen den Eindruck aufkommen, als sei die Wissenschaft ein Fehlschlag und sogar noch Schlimmeres.

Wozu dann noch auf die Universität gehen und sich über den offiziellen Lehrbüchern abmühen, wenn einen Theorien dieser Art in den Stand setzen, auf alles andere Wissen herabzublicken und über wissenschaftliche Fragen ein unwiderrufliches Urteil zu fällen?

Aber es gibt etwas Wesentliches, wozu das Studium dieser Theorien noch weniger verhilft als selbst die Wissenschaft, ich meine die Objektivität auf dem Gebiet des Wissens. Ein solches Studium läuft darauf hinaus, dass es das Gehirn des Menschen umnebelt, seine Fähigkeit zu gesundem Denken und Urteilen mindert und ihn somit zur Psychopathie führt. Das ist die Wirkung dieser Theorien auf den halbgebildeten Menschen, der sie für echte

Offenbarungen hält. Übrigens ist ihre Wirkung auf die Wissenschaftler gar nicht sehr verschieden, wenn diese auch nur leicht vom Gifthauch der Unzufriedenheit mit den bestehenden Verhältnissen befallen sind.

Unsere Denkmaschine hat die Eigenheit, von allem, was man will, überzeugt zu sein, wenn sie nur wiederholt und beharrlich in der entsprechenden Richtung beeinflusst wird. Eine Sache, die anfangs unsinnig erscheinen mag, ist am Ende scheinbar vernünftig, vorausgesetzt, dass man sie mit genügender Eindringlichkeit und Überzeugung wiederholt. Der eine Mensch wird stereotype Redewendungen, die ihm im Gedächtnis geblieben sind, nachsprechen, der andere zur Rechtfertigung seiner Behauptungen nach spitzfindigen Beweisen und Paradoxa suchen. Alle beide sind gleichermaßen zu bedauern. All diese Theorien treffen Feststellungen, die sich gleich Dogmen nicht überprüfen lassen – auf alle Fälle nicht mit den Mitteln, die uns zur Verfügung stehen.

Alsdann werden Mittel und Methoden zur Entwicklung seiner selbst empfohlen, die zu einem Zustand führen sollen, in welchem jene Feststellungen nachprüfbar seien. Grundsätzlich ließe sich nichts dagegen einwenden. Doch die konsequente Anwendung dieser Methoden kann für den allzu eifrigen Sucher die Gefahr mit sich bringen, dass er zu höchst unerwünschten Ergebnissen gelangt. Ein Mensch, der den okkulten Theorien anhängt und sich auf diesem Feld für begabt ansieht, wird der Versuchung nicht widerstehen können, die von ihm erforschten Methoden praktisch durchzuführen, das heißt, von der Theorie zur Tat überzugehen. Vielleicht handelt er umsichtig, vermeidet jene Methoden, die nach seiner Auffassung Gefahren mit sich bringen, und wählt die verlässlicheren und echten Verfahren. Vielleicht legt er auch größte Sorgfalt an den Tag. Freilich, die Versuchung, sich ihrer zu bedienen, der allseitige Hinweis auf die Notwendigkeit, von ihnen Gebrauch zu machen, sowie das Herausstellen ihrer Ergebnisse als Wunderzeichen, während ihre schlechten Seiten verborgen bleiben, all das wird ihn veranlassen, sie auszuprobieren.

Vielleicht entdeckt er hierdurch Methoden, die für ihn ungefährlich sind. Womöglich zieht er sogar einigen Nutzen daraus. In den meisten Fällen jedoch sind die Methoden der Selbstentwicklung, die entweder als Mittel oder als Zweck zum Versuch angeboten werden, widersprüchlich und unverständlich. Da sie auf eine so komplizierte und wenig bekannte Maschine wie den menschlichen Organismus treffen sowie auf jene eng damit verbundene Seite unseres Lebens, die wir »Psyche« nennen, so können der geringste Ausführungsfehler, der kleinste Missgriff, der geringste Überdruck unheilbare Schäden an der Maschine verursachen. Wohl dem, der mehr oder weniger unversehrt einem solchen Wespennest entrinnt!

Leider beenden die meisten derer, die sich mit der Entwicklung geistiger Kräfte und Fähigkeiten abgeben, ihre Karriere in einer Irrenanstalt oder ruinieren ihre Gesundheit und ihre Psyche derart, dass sie zu vollständigen, dem Leben gegenüber anpassungsunfähigen Krüppeln werden. Ihre Reihen erhalten durch jene Verstärkung, die sich aus Sehnsucht nach dem Geheimnisvollen und Wunderbaren vom Pseudo-Okkultismus angezogen fühlen. Dann gibt es auch die außergewöhnlich willensschwachen Menschen, die als Versager im Leben davon träumen, zum Zwecke der persönlichen Bereicherung in sich die Macht und Fähigkeit zur Unterjochung anderer zu entwickeln. Und schließlich sind da noch jene Menschen, die ganz einfach nach Abwechslung im Leben suchen, nach einem Mittel, ihre Sorgen zu vergessen oder eine Ablenkung vom ewigen Einerlei des Alltags zu finden und so jedem Konflikt zu entgehen.

In dem Maße, wie ihre Hoffnungen schwinden, die Eigenschaften zu erlangen, auf die sie rechneten, verfallen sie leicht in mehr oder weniger vorsätzliche Scharlatanerie. Ich erinnere mich an das klassische Beispiel eines gewissen Suchers nach psychischer Kraft, eines wohlhabenden, sehr belesenen Mannes, der auf der Suche nach allem Wunderbaren in der Welt herumfuhr. Er machte am Ende Bankrott und verlor zugleich alle Illusionen über seine Forschungen.

Als er sich daraufhin nach neuen Erwerbsmitteln umsah, kam ihm der Gedanke, von seinem Pseudowissen Gebrauch zu machen, das ihn so viel Geld und Energie gekostet hatte. Gesagt, getan. Er schrieb ein Buch mit einem jener Titel, welche die Deckel der Bücher über Okkultismus schmücken, so etwas wie »Lehrgang zur Entwicklung der verborgenen Kräfte im Menschen«.

Das Werk in Form von sieben Vorträgen bildete eine kurze Enzyklopädie der geheimen Methoden zur Entwicklung des Magnetismus, der Hypnose, der Telepathie, des Hellsehens, der Hellhörigkeit, des Flugs in die Astralwelt, des Schwebens und anderer verlockender Fähigkeiten. Werbewirksam auf den Markt gebracht, wurde das Buch zu einem unwahrscheinlich hohen Preis zum Verkauf angeboten, wenngleich man schließlich den hartnäckigeren und sparsameren Käufern einen durchaus nennenswerten Nachlass (von bis zu fünfundneunzig Prozent) gewährte, unter der Bedingung, dass sie die Lektüre ihren Freunden empfahlen.

Aufgrund des allgemeinen Interesses an diesen Problemen übertraf der Erfolg alle Erwartungen des Autors. Es dauerte nicht lange, da erhielt er zahlreiche Briefe von Käufern, die ihn in begeisterten, ehrerbietigen, hochachtungsvollen Worten anredeten mit »Lieber Meister« und »Weiser Mentor« und die tiefste Dankbarkeit zum Ausdruck brachten für seine bemerkenswerte Darstellung wertvollster Kenntnisse, die sie in die Lage versetzt hätten, erstaunlich schnell verschiedene okkulte Fähigkeiten zu entwickeln.

Bald hatte er eine ansehnliche Sammlung solcher Briefe, und jeder war für ihn eine Überraschung. Schließlich erreichte ihn ein Brief, der ihn davon in Kenntnis setzte, dass es dank seiner Methode jemandem in nicht ganz einem Monat gelungen sei zu schweben. Das brachte den Topf zum Überlaufen.

Hier nun Wort für Wort, was er damals sagte: »Ich bin höchst erstaunt über die Absurdität dessen, was sich hier abspielt. Ich habe als Verfasser dieses Werkes keine sehr klare Vorstellung von der Natur der Erscheinungen, mit denen ich mich in dem Lehrbuch befasse. Und diese Idioten finden sich in diesem Wischiwaschi nicht nur zurecht, sondern bringen es auch fertig, etwas daraus zu entnehmen. Und jetzt hat ein Superidiot dadurch sogar fliegen gelernt. Was für ein Blödsinn... Zum Teufel mit ihm! Man wird ihm bald mitten im Schwebezustand die Zwangsjacke überziehen. Und das geschieht ihm recht. Ohne solche Dummköpfe geht es uns bestimmt besser.«

Meine Herren Okkultisten, wissen Sie, die Schlussfolgerungen dieses Verfassers eines Handbuches über Psychoentwicklung richtig zu würdigen? Dabei ist es nicht ausgeschlossen, dass man in einem derartigen Werk durch Zufall auch etwas finden kann, denn es geschieht häufig, dass ein Mensch, trotz seiner Unwissenheit, über vielerlei Dinge mit merkwürdiger Genauigkeit zu sprechen vermag, ohne dabei zu wissen, wie er es macht. Daneben sagt er freilich so viel Unsinn, dass alle Wahrheiten, die er möglicherweise ausspricht, vollkommen verschüttet sind und es ganz und gar unmöglich ist, die Wahrheitsperle aus diesem Berg von Dummheiten herauszufinden.

»Woher kommt diese eigenartige Fähigkeit?«, mögen Sie fragen. Der Grund dafür ist sehr einfach. Wie schon gesagt, besitzen wir kein Wissen, das uns gehört, das heißt Wissen, welches das Leben selber gewährt und das uns nicht fortgenommen werden kann. Unser gesamtes Wissen, das nur aus Informationen besteht, kann wertvoll sein oder auch nicht. Da wir es wie ein Schwamm aufsaugen, sind wir in der Lage, es mühelos wiederzugeben sowie logisch und überzeugend darüber zu sprechen, auch wenn wir nichts davon verstehen. Genauso leicht kann man es verlieren, denn es ist ja nicht unser eigen, sondern wurde in uns hineingeschüttet wie eine Flüssigkeit in ein Gefäß. Wahrheitskrumen sind überall verstreut; und für die Wissenden und Verstehenden ist es verwunderlich zu sehen, in welcher Nähe zur Wahrheit die Menschen leben und wie blind sie gleichwohl sind und unfähig, diese zu ergründen. Für den Menschen, der nach ihr sucht, ist es ratsam, sich lieber überhaupt nicht in die dunklen Labyrinthe menschlicher Dummheit und Unwissenheit zu begeben, als sich dort ganz allein hineinzuwagen. Denn ohne Anleitung und Erklärung eines Wissenden kann er bei jedem Schritt unversehens eine Störung an seiner Maschine erleiden, die ihn anschließend zwingen würde, sehr viel mehr Zeit für deren Reparatur aufzuwenden, als er für die Beschädigung brauchte.

Was würden Sie von einem strammen Burschen halten, der sich als »ein Wesen von engelhaftem Sanftmut« vorstellt und hinzufügt, »niemand in seiner Umgebung sei imstande, über sein Verhalten zu urteilen, da er auf einer vergeistigten Ebene lebe, auf die sich die Maßstäbe des körperlichen Lebens nicht anwenden ließen?« In der Tat hätte dieses Verhalten schon seit Langem der Untersuchung durch einen Psychiater bedurft. Es ist ein Mann, der täglich stundenlang gewissenhaft und ausdauernd an sich »arbeitet«, das heißt, der alle seine Anstrengungen zur Vertiefung und Festigung einer psychischen Missbildung benutzt, die sich bereits als so ernst erweist, dass er nach meiner Überzeugung bald in eine Verrücktenanstalt eingeliefert wird.

Ich könnte Hunderte von Beispielen fehlgeleiteter Sucher nennen und Ihnen zeigen, wohin so etwas führt. Ich könnte Ihnen bekannte Leute des öffentlichen Lebens nennen, die durch den Okkultismus verrückt geworden sind, die unter uns leben und uns durch ihr exzentrisches Wesen in Erstaunen versetzen. Ich könnte Ihnen genau sagen, welche Methode sie aus dem Gleichgewicht gebracht hat, das heißt, auf welchem Gebiet sie »gearbeitet« und »sich entwickelt« haben und wie und warum diese Methode ihre Psyche in Mitleidenschaft gezogen hat.

Aber diese Frage würde, für sich genommen, das Thema eines langen Gespräches darstellen, und aus Zeitmangel kann ich mir nicht erlauben, jetzt dabei zu verweilen.

~

Je mehr ein Mensch der Hindernisse und Betrügereien gewahr wird, die ihm bei jedem Schritt in diesem Gebiet auflauern, desto mehr gewinnt er die Überzeugung, dass man dem Weg der Selbstentwicklung unmöglich nach aufs Geratewohl erteilten Anleitungen von Zufallsbekanntschaften folgen kann oder nach den sporadischen Auskünften aus Lektüre und flüchtigen Gesprächen.

Gleichzeitig beginnt er, zunächst als schwachen Schimmer, dann immer deutlicher, das lebendige Licht der Wahrheit zu erkennen, das die Menschheit die Jahrhunderte hindurch unaufhörlich erleuchtete. Die Ursprünge der Einweihung verlieren sich in grauer Vorzeit. Von Epoche zu Epoche jedoch treten aus Kulten und Mysterien große Kulturen und Zivilisationen hervor, die, in ständigem Wandel begriffen, aufblühen und verschwinden, um dann erneut zu erscheinen.

Das Große Wissen wird in langer Folge von Zeitalter zu Zeitalter, von Volk zu Volk weitergegeben. Die großen Zentren der Einweihung in Indien, Assyrien, Ägypten, Griechenland erleuchten die Welt mit hellem Licht. Die verehrten Namen der großen Eingeweihten, der lebenden Träger der Wahrheit überliefert man ehrfurchtsvoll von Geschlecht zu Geschlecht. Die mit Hilfe symbolischer Schriften und Legenden festgehaltene Wahrheit wird, um ihrer Erhaltung willen, der Masse der Menschen anvertraut in Form von Sitten und Zeremonien, mündlichen Überlieferungen, Denkmälern, heiliger Kunst und mithin durch die geheime Botschaft in Tänzen, Musik, Skulptur und vielerlei Riten. Wer sie sucht, dem teilt man sie nach bestimmten Prüfungen offen mit, und in der Kette der Wissenden bleibt sie durch mündliche Weitergabe unverfälscht erhalten. Aber nach einer gewissen Zeit verschwinden die Einweihungszentren eins nach dem anderen, und das alte Wissen zieht sich in unterirdische Kanäle zurück, verbirgt sich vor den Blicken der Suchenden.

Die Träger dieses Wissens verbergen sich ebenfalls und bleiben ihrer Umgebung unbekannt, doch sie leben weiter. Ab und zu treten vereinzelte Ströme an die Oberfläche als Zeichen dafür, dass selbst in unserer Zeit der machtvolle Strom des alten Wissens vom Sein irgendwo in der Tiefe fließt.

Sich zu diesem Strom durchzuarbeiten, ihn zu finden, das ist Aufgabe und Ziel der Suche; denn wenn ein Mensch ihn gefunden hat, dann kann er sich getrost dem Weg anvertrauen, auf den er sich begibt; danach braucht er nur noch zu »wissen«, um zu »sein« und zu »tun«. Auf diesem Weg ist ein Mensch nicht völlig allein; in schwierigen Augenblicken erhält er Unterstützung und Anleitung, denn alle, die diesem Weg folgen, sind durch eine ununterbrochene Kette verbunden.

Vielleicht besteht das einzige positive Ergebnis all seiner Irrfahrten auf den verschlungenen Pfaden und Wegen des Okkultismus darin, dass er, wenn er die Fähigkeit zu gesundem Denken und Urteilen bewahrt, jenes besondere Unterscheidungsvermögen in sich entwickelt, welches man »Spürsinn« nennen kann. Die Wege der Psychopathie und des Irrtums weist er zurück und hält unermüdlich nach echten Wegen Ausschau. Und hierbei gilt wie für die Selbsterkenntnis das bereits zitierte Prinzip: »Um zu tun, muss man Bescheid wissen, aber um Bescheid zu wissen, muss man herausfinden, wie man zum Wissen gelangt.«

Ein Mensch, der mit seinem ganzen Wesen, mit seinem ganzen inneren Sinn auf der Suche ist, gelangt unweigerlich zu der Überzeugung, dass er, um »herauszubekommen, wie man zum Wissen gelangt und somit zum Tun«, zunächst jemanden finden muss, bei dem er lernen kann, was wirkliches »Tun« bedeutet, das heißt, er muss einen erfahrenen Menschen finden, der es auf sich nimmt, ihn geistig zu leiten, und sein Lehrer wird.

Und hier ist der Spürsinn des Menschen wichtiger als alles andere. Er wählt sich selbst einen Lehrer. Eine unerlässliche Bedingung ist natürlich, dass er einen Wissenden zum Lehrer wählt; anderenfalls ist der ganze Sinn seiner Wahl vertan. Wer weiß, wohin Sie ein unwissender Lehrer führen kann!

Jeder Suchende auf dem Weg der Selbstentwicklung träumt von einem Wissenden als Lehrer. Er träumt von ihm, doch nur selten fragt er sich objektiv und aufrichtig, ob er selbst würdig sei, geführt zu werden. Ob er bereit sei, dem Weg zu folgen.

Gehen Sie einmal bei sternenklarer Nacht hinaus und richten Sie den Blick auf jene Millionen von Welten über Ihnen. Denken Sie daran, dass sich auf jeder davon vielleicht Milliarden von Wesen drängen, die Ihnen ähnlich, ja womöglich nach der Beschaffenheit Ihnen überlegen sind. Schauen Sie auf die Milchstraße. Die Erde kann man in dieser Unendlichkeit nicht einmal »ein Sandkorn« nennen. Sie löst sich darin auf, verschwindet und mit ihr Sie selbst. Wo sind Sie? Wer sind Sie? Was wollen Sie? Wohin wollen Sie? Ist nicht das, was Sie unternehmen, reiner Unsinn?

Fragen Sie sich im Anblick dieser Welten nach Ihren Zielen und Hoffnungen, nach Ihren Absichten und den Mitteln zu deren Verwirklichung, nach den Forderungen, die an Sie gestellt werden können, und fragen Sie sich, wieweit Sie denselben nachzukommen bereit sind.

Eine lange und schwierige Reise steht Ihnen bevor; Sie begeben sich in ein seltsames und unbekanntes Land. Der Weg ist unendlich lang. Sie wissen nicht, ob Sie sich unterwegs ausruhen können, noch, wo dies möglich ist. Sie müssen auf das Schlimmste gefasst sein. Nehmen Sie alles mit, was notwendig ist für die Reise. Sehen Sie zu, dass Sie nichts vergessen, denn hinterher ist es zu spät, einen Fehler zu korrigieren: Sie haben keine Zeit, zurückzugehen und das Vergessene zu holen. Schätzen Sie Ihre Kräfte ab. Reichen diese für die gesamte Reise? Wann können Sie frühestens aufbrechen?

Erinnern Sie sich daran: Je länger Sie unterwegs sind, um so mehr Vorräte müssen Sie mitnehmen, dadurch verlängert sich sowohl Ihre Reisezeit wie auch die Vorbereitungszeit. Und jede Minute ist kostbar. Hat man einmal beschlossen aufzubrechen, weshalb dann noch Zeit verlieren?

Rechnen Sie nicht mit der Möglichkeit einer Rückkehr. Dieser Versuch könnte Sie teuer zu stehen kommen. Der Führer hat sich nur verpflichtet, Sie hinzugeleiten, und wenn Sie zurückwollen, braucht er Sie nicht zurückzubegleiten. Sie sind sich dann selbst überlassen, und wehe Ihnen, wenn Sie schwach werden oder den Weg verlieren: Sie werden niemals zurückkehren. Und selbst wenn Sie zurückfinden, so bleibt die Frage: Kommen Sie heil und gesund zurück?

Allerlei unangenehme Erlebnisse lauern dem einsamen Wanderer auf, der den Weg und die dort üblichen Verhaltensregeln nicht gut kennt. Beachten Sie, dass Ihr Gesichtssinn die Eigenschaft hat, ferne Gegenstände so darzustellen, als wären sie nahe. Sonst täuschen Sie sich über die Nähe des angestrebten Zieles und übersehen, von seiner Schönheit geblendet und in Unkenntnis des Umfangs Ihrer Kräfte, die Hindernisse auf dem Weg; Sie bemerken nicht die zahlreichen Gräben, die quer über den Pfad verlaufen. Auf einer grünen Wiese voll blühender Blumen verbirgt dichtes Gras einen tiefen Abgrund. Wie leicht kann man stolpern und hineinstürzen, wenn die Augen nicht genau auf den Schritt gerichtet sind, den man gerade macht.

Vergessen Sie nicht, Ihre ganze Aufmerksamkeit auf das zu konzentrieren, was Sie unmittelbar umgibt. Kümmern Sie sich nicht um ferne Ziele, wenn Sie nicht in den Abgrund fallen wollen.

Doch vergessen Sie Ihr Ziel nicht. Erinnern Sie sich fortgesetzt daran, und halten Sie den Drang danach in sich lebendig, damit Sie die richtige Richtung nicht verlieren. Und sind Sie einmal unterwegs, so seien Sie aufmerksam; das, was Sie durchquert haben, bleibt zurück und wird nicht wiederkehren: Was Sie in dem Augenblick nicht beobachten, werden Sie nie mehr beobachten.

Seien Sie nicht zu neugierig und verlieren Sie keine Zeit mit dem, was zwar Ihre Aufmerksamkeit auf sich zieht, jedoch nicht der Mühe wert ist. Die Zeit ist kostbar und darf nicht für Dinge vergeudet werden, die in keiner direkten Beziehung zu Ihrem Ziel stehen.

Entsinnen Sie sich, wo Sie sind und warum Sie hier sind. Schonen Sie sich nicht, und denken Sie daran, dass keine Anstrengung vergeblich ist.

Und jetzt können Sie sich auf den Weg begeben.

Für ein genaues Studium ist eine genaue Sprache erforderlich

New York, Februar 1924

EIN GENAUES STUDIUM BEDARF EINER GENAUEN SPRACHE. Unsere gewöhnliche Sprache freilich, in der wir unser Wissen und Verständnis mitteilen und Bücher schreiben, ist nicht dazu geeignet, irgendetwas genau auszudrücken. Eine ungenaue Redeweise kann einem genauen Wissen nicht förderlich sein. Die Wörter unserer Sprache sind zu verschwommen und unpräzise und die Bedeutungen, die man ihnen gibt, zu veränderlich und willkürlich.

Sobald jemand ein Wort ausspricht, gibt er ihm jeweils die eine oder andere besondere Bedeutung, er erweitert oder betont diesen oder jenen Aspekt des Wortes, häufig engt er dessen ganze Bedeutung auf ein einziges Gegenstandsmerkmal ein, das heißt, er bezeichnet mit dem Wort nicht alle Eigenschaften, sondern irgendein äußeres Kennzeichen, das auf den ersten Blick in die Augen springt. Sein Gesprächspartner legt demselben Wort eine andere Nuance bei, fasst es in einem anderen, zuweilen ganz entgegengesetzten Sinn auf. Schließt sich nun ein dritter Mensch dem Gespräch an, so gibt auch er dem Wort eine eigene Auslegung. Und wenn zehn Leute miteinander sprechen, dann gibt ihm abermals jeder eine persönliche Bedeutung, sodass dasselbe Wort zehn verschiedene Bedeutungen hat.

Und die Menschen, die auf diese Weise reden, sind der Meinung, sie wären in der Lage, einander zu verstehen, und könnten Gedanken austauschen!

Man kann ohne Bedenken sagen: Die Sprache unserer Zeitgenossen ist so unvollkommen, dass diese, ganz gleich bei welchem Thema, aber vor allem auf wissenschaftlichem Gebiet, nie sicher sein können, dass sie die gleichen Vorstellungen mit denselben Wörtern bezeichnen.

Im Gegenteil, man kann sich fast darauf verlassen, dass sie jedes Wort anders verstehen und, während sie scheinbar von demselben Thema sprechen, in Wirklichkeit von ganz anderen Dingen reden.

Außerdem wandelt sich bei jedem Menschen die Bedeutung, die er den eigenen Worten gibt, je nach seinen Gedanken und Stimmungen, den Bildern, die er damit verbindet, und entsprechend den Einwendungen und der Einstellung seines Gesprächspartners, denn durch eine unwillkürliche Nachahmung oder Gegenrede kann er unversehens die Bedeutung der Wörter, die er gebraucht, verändern. Schließlich vermag kein Mensch genau zu bestimmen, was er mit dem oder jenem Wort meint, ob die Bedeutung dieses Wortes gleichbleibt oder veränderbar ist und aus welchem Grund.

Sprechen mehrere Menschen miteinander, so spricht jeder auf seine Art, und keiner versteht die anderen.

Ein Professor hält eine Vorlesung, ein Gelehrter schreibt ein Buch, und die Zuhörer und Leser folgen nicht den Autoren, sondern vielmehr den Verbindungen, welche deren Worte mit ihren eigenen augenblicklichen Gedanken, Begriffen, Launen und Gefühlen eingehen.

Die Menschen von heute sind sich bis zu einem gewissen Grad der Unbeständigkeit ihrer Sprache bewusst. Jeder Zweig der Wissenschaft entwickelt eine eigene Terminologie, eine eigene Nomenklatur, eine eigene Sprache. Auf dem Gebiet der Philosophie versucht man, ehe man ein Wort verwendet, genau anzugeben, in welchem Sinn es gebraucht wird; aber trotz aller Bemühungen, den Wörtern eine dauerhafte Bedeutung zu verleihen, hat bisher niemand irgendetwas erreicht. Jeder Autor glaubt sich verpflichtet, eine eigene Terminologie zu entwickeln, er verändert die seiner Vorgänger und widerspricht sodann derjenigen, die er selbst festgelegt hat. Kurz gesagt, jeder leistet seinen Beitrag zur allgemeinen Verwirrung.

Diese Lehre gibt uns den Grund dafür an. Die Wörter, die wir verwenden, haben keine dauerhafte Bedeutung und können sie nicht haben.

Wir haben keinerlei Möglichkeit, den Sinn und die besondere Nuance, die wir jedem Wort geben, die Beziehung, in der wir es verwenden, deutlich zu machen, und wir versuchen es übrigens auch gar nicht; ganz im Gegenteil, wir möchten einem Wort stets unsere persönliche Auslegung zuweisen und es ständig in jenem Sinn gebrauchen, was allerdings unmöglich ist, da ja ein und dasselbe Wort zu verschiedenen Zeiten und in wechselnden Zusammenhängen verschiedene Bedeutungen hat.

Unsere falsche Verwendung der Wörter und die Eigenart der Wörter selber haben sie zu Instrumenten gemacht, die für einen genauen Ausdruck und genaues Wissen untauglich sind, ganz abgesehen davon, dass wir für viele vernunftmäßig erfassbare Begriffe keine entsprechenden Wörter oder Ausdrücke besitzen. Einem genauen Ausdruck des Denkens und Wissens kann allein die Sprache der Zahlen dienlich sein; doch diese Sprache lässt sich nur zu Bezeichnung und Vergleich von Größen benutzen. Nun unterscheiden sich die Dinge aber nicht nur durch ihr Ausmaß; sie vom Standpunkt der Quantität aus zu bestimmen, reicht daher für eine genaue Kenntnis und Analyse nicht aus. Wir wissen nicht, wie sich die Sprache der Zahlen hinsichtlich der Eigenschaften der Dinge verwenden lässt. Wenn wir es wüssten und alle Eigenschaften der Dinge durch Zahlen in Bezug auf eine bestimmte unwandelbare Zahl bezeichnen könnten, so wäre dies eine genaue Sprache.

~

Die Lehre, deren Grundsätze wir hier darlegen wollen, stellt sich unter anderem die Aufgabe, unser Denken näher an eine streng mathematische Bestimmung der Dinge und Ereignisse heranzuführen und den Menschen die Möglichkeit zu geben, sich selbst zu verstehen und einander zu verstehen.

Wenn wir ein sehr geläufiges Wort wählen und die vielfältigen Bedeutungen zu erkennen versuchen, die es annimmt, je nachdem wer es verwendet und worauf es sich bezieht, so sehen wir, warum alles, was die Menschen sagen und denken, derart unbeständig und widersprüchlich ist. Abgesehen von den verschiedenen Bedeutungen, die jedes Wort haben kann, entspringen die Verwirrung und Widersprüchlichkeit vornehmlich der Tatsache, dass die Menschen sich selbst niemals klarmachen, in welcher genauen Bedeutung sie dieses oder jenes Wort verwenden; es wundert sie nur, dass die anderen nicht verstehen, was ihnen selbst doch so einleuchtet.

Wenn wir das Wort »Welt« zum Beispiel vor zehn Zuhörern aussprechen, so versteht ein jeder das Wort auf seine Art. Wären die Menschen in der Lage, die eigenen Gedanken wahrzunehmen und niederzuschreiben, sie würden feststellen, dass dieses Wort keine bestimmte Vorstellung in ihnen hervorruft, sondern dass ihnen einfach ein wohlbekanntes Wort in den Ohren geklungen hat – ein vertrauter Laut, dessen Sinn angeblich jedem bekannt ist. Es ist, als wenn sich jedermann beim Hören dieses Wortes sagte: »Ah, die

Welt... Ich weiß, was das ist.« Natürlich weiß er in Wirklichkeit überhaupt nichts davon. Doch das Wort ist ihm vertraut, und so kommen ihm diesbezüglich weder Frage noch Antwort in den Sinn: Sie gelten als vorausgesetzt. Eine Frage entsteht nur in Bezug auf ein neues und unbekanntes Wort, und dann bemüht sich der Mensch sogleich, das unbekannte Wort durch ein bekanntes zu ersetzen, und genau das nennt er »verstehen«.

Fragen wir nun jenen Menschen, was er unter »Welt« verstehe, so wird ihn diese Frage in große Verlegenheit bringen. Wenn er das Wort »Welt« gewöhnlich im Gespräch gebraucht oder hört, fragt er sich nicht, was es bedeute, da er ein für alle Mal entschieden hat, er wisse es und jeder Mensch wisse es. Jetzt sieht er zum ersten Mal, dass er es nicht weiß und niemals darüber nachgedacht hat; doch bei dem Gedanken an seine Unwissenheit vermag und versteht er nicht auszuharren. Der Mensch besitzt kein hinreichendes Beobachtungsvermögen und ist hierbei gegen sich selbst nicht aufrichtig genug. So wird er sich schnell wieder fangen, das heißt sich selbst betrügen; und indem er in aller Eile aus vertrautem Gedanken- oder Erkenntnismaterial sich eine Bestimmung des Wortes »Welt« ins Gedächtnis ruft beziehungsweise neu bildet oder aber die erste beste Bestimmung, die ihm in den Sinn kommt, von jemand anders übernimmt, gibt er sie als sein eigenes Verständnis aus, selbst wenn er nie in der Weise über das Wort »Welt« nachgedacht und keine Ahnung hat, was er tatsächlich dazu dachte.

Ein Mensch, der sich für Astronomie interessiert, wird sagen, die »Welt« bestehe aus ungeheuer vielen Sonnen, die, umgeben von Planeten, unermesslich weit voneinander entfernt sind und die sogenannte Milchstraße bilden, jenseits deren, in noch größeren Entfernungen und jeder Erforschung sich entziehend, wahrscheinlich weitere Sterne und weitere Welten liegen.

Wer sich für Physik interessiert, wird von der Welt der Schwingungen und elektrischen Entladungen sprechen, von der Energietheorie oder von der Analogie zwischen der Welt der Atome und Elektronen und der Welt der Sonnen und Planeten.

Ein zur Philosophie neigender Mensch wird anfangen, von der Unwirklichkeit und Scheinhaftigkeit der gesamten sichtbaren Welt zu sprechen, die durch unsere Sinne und Gefühle in Raum und Zeit entstehe. Er wird sagen: Die Welt der Atome und Elektronen, die Erde mit ihren Bergen und Meeren, ihrem Tier- und Pflanzenleben, die Menschen und Städte, die Sonne, die Sterne und die

Milchstraße, sie alle gehören zur Welt der Phänomene, einer trügerischen, künstlichen, durch unsere eigenen Vorstellungen hervorgerufenen Scheinwelt. Jenseits dieser Welt, jenseits der Grenzen unserer Erkenntnis bestehe eine uns unverständliche Welt der Noumena, von der die phänomenale Welt nur Schatten und Abglanz sei.

Wer sich mit der modernen Theorie der Mehrdimensionalität des Raumes vertraut gemacht hat, wird sagen, dass die Welt gewöhnlich als eine unendliche dreidimensionale Kugel gelte, dass in Wirklichkeit allerdings eine dreidimensionale Welt als solche nicht existieren könne, sondern nur den imaginären Schnitt durch eine andere – vierdimensionale – Welt darstelle, von der alle Vorkommnisse, deren Zeuge wir sind, ausgegangen seien und wohin sie zurückkehrten.

Ein Mensch, dessen Weltanschauung in einem religiösen Dogma gründet, wird sagen, die Welt sei die Schöpfung Gottes und hänge von Dessen Willen ab; und jenseits der sichtbaren Welt, wo unser Leben nur kurz sei und durch alle möglichen Umstände und Zufälle bedingt, gebe es eine unsichtbare Welt, wo das Leben ewig währe und wo der Mensch Belohnung oder Bestrafung für alles empfange, was er in diesem Leben getan habe.

Ein Theosoph wird sagen, dass die Astralwelt die sichtbare Welt nicht als Ganzes umfasse, sondern dass es sieben Welten gebe, die sich wechselseitig durchdrängen und aus immer feinerem Stoff beständen.

Ein Bauer in Russland oder in irgendeinem orientalischen Land wird sagen: Die Welt sei die Dorfgemeinschaft, zu der er gehört. Es ist die Welt, die ihm am nächsten steht. Bei öffentlichen Versammlungen redet er seine Mitbürger sogar als »die Welt« an.

Alle diese Bestimmungen des Wortes »Welt« haben ihre Vorzüge und Nachteile; ihr Hauptfehler besteht darin, dass jede das ausschließt, was ihr widerspricht, während sie nur einen einzigen Aspekt der Welt beschreibt und diese nur von einem einzigen Blickwinkel aus betrachtet. Eine einwandfreie Bestimmung wäre diejenige, die alle diese einzelnen Verständnisweisen in sich vereinigt, dabei die Stelle einer jeden bezeichnet und die einem zugleich erlaubt, in jedem Fall genau anzugeben, über welchen Aspekt der Welt man spricht, von welchem Blickpunkt aus und in welcher Hinsicht.

Diese Lehre erklärt: Wenn die Frage »Was ist die Welt?« in der richtigen Weise erörtert würde, so könnten wir sehr genau festlegen, was wir unter diesem Wort verstehen. Und diese aus einem richtigen Verständnis hervorgehende Bestimmung würde alle Weltansichten und alle Zugangsweisen zu der Frage einschließen. Wären die Menschen sich erst einmal über diese Bestimmung einig, dann könnten sie im Gespräch über die Welt einander verstehen. Nur von diesem Ausgangspunkt aus ist man in der Lage, über die Welt zu sprechen.

Wie soll man jedoch diese Bestimmung finden? Diese Lehre weist darauf hin, dass es zunächst gilt, so einfach wie möglich an die Frage heranzugehen; das heißt, wir müssen die geläufigsten Ausdrücke verwenden, wenn wir von der Welt sprechen, und uns fragen, von welcher Welt wir sprechen, mit anderen Worten, unsere Beziehung zu dieser Welt wie auch diese Welt in ihrer Beziehung zu uns betrachten. Wir werden dann feststellen, dass wir beim Gespräch über die Welt zumeist von der Erde, der Erdkugel oder vielmehr von ihrer Oberfläche sprechen. Denn das ist die Welt, in der wir leben.

Betrachten wir nun die Beziehung der Erde zum Weltall, so sehen wir, dass einerseits der Erdsatellit in ihre Einflusssphäre mit einbezogen ist und dass die Erde andererseits einen Teil der Planetenwelt unseres Sonnensystems bildet. Die Erde ist einer der kleineren Planeten, die um die Sonne kreisen. Ihre Masse bildet einen fast belanglosen Bruchteil der Gesamtmasse der Planeten des Sonnensystems, und diese Planeten üben auf das Leben der Erde und auf alle dort lebenden Organismen einen sehr großen Einfluss aus. Einen viel größeren Einfluss, als unsere Wissenschaft es sich vorstellt. Das Leben der Menschen als Einzelwesen und als Gemeinschaften sowie das Leben der Menschheit hängen in vielem von den Einflüssen der Planeten ab.

Aber auch die Planeten haben ein Leben, so wie wir ein Leben auf der Erde haben. Die Planetenwelt wiederum ist ein Teil des Sonnensystems, und zwar ein ganz und gar unbedeutender Teil, weil die Masse aller Planeten zusammengenommen viel geringer ist als die Masse der Sonne.

Die Sonnenwelt ist ebenfalls eine Welt, in der wir leben. Die Sonne gehört ihrerseits zur Sternenwelt, zu der gewaltigen Ansammlung von Sonnen, welche die Milchstraße bildet.

Auch die Sternenwelt ist eine Welt, in der wir leben. Als Ganzes genommen, stellt die Sternenwelt, selbst nach der Definition der modernen Astronomen, ein selbständiges Wesen dar, das eine bestimmte Form hat und von einem Raum umgeben ist, über dessen Grenzen hinaus die wissenschaftliche Forschung nicht vorzudringen vermag. Die Astronomie vermutet allerdings, dass in unermesslichen Entfernungen von unserer Sternenwelt weitere derartige Ansammlungen existieren können. Stimmen wir dieser Hypothese zu, so können wir sagen, unsere Sternenwelt mache einen wesentlichen Bestandteil der Gesamtheit dieser Welten aus. Diese Ansammlung von Welten, anders gesagt »alle Welten«, sind gleichfalls eine Welt, in der wir leben.

Die Wissenschaft kann nicht darüber hinausgehen, doch das philosophische Denken sieht jenseits aller Welten das höchste Grundprinzip, das heißt das Absolute, welches in der hinduistischen Terminologie bekannt ist als das Brahma.

Alles, was über die Welt gesagt wurde, lässt sich durch ein einfaches Diagramm ausdrücken: deuten wir die Erde durch einen kleinen Kreis an, den wir mit dem Buchstaben A bezeichnen. In den Kreis A zeichnen wir einen kleineren Kreis, den Mond darstellend, dem wir den Buchstaben B zuweisen. Um den Kreis der Erde ziehen wir einen größeren Kreis, der jene Welt bedeutet, zu der die Erde gehört, und den wir mit dem Buchstaben C kennzeichnen. Um diesen zeichnen wir einen Kreis, der die Sonne vorstellt und dem wir den Buchstaben D geben; dann um diesen Kreis einen weiteren, der die Sternenwelt darstellt, den wir mit dem Buchstaben E versehen, und danach der Kreis aller Welten mit dem Buchstaben F. Dieser ist in dem Kreis G enthalten, der das philosophische Prinzip aller Dinge, das Absolute, bedeutet.

Das Diagramm zeigt sieben konzentrische Kreise. Wenn ein Mensch sich dieses Diagramm gegenwärtig hält, dann ist er beim Aussprechen des Wortes »Welt« jederzeit imstande, genau zu bestimmen, von welcher Welt er spricht und in welcher Beziehung er dazu steht.

Wie wir später sehen werden, hilft uns dieses gleiche Diagramm, die folgenden Bestimmungen der Welt zu verstehen und miteinander zu verbinden: die astronomische, die philosophische, die physikalische und physikalisch-chemische sowie die mathematische (der mehrdimensionalen Welt) und die theosophische (einander durchdringender Welten) und noch andere.

Dies erklärt auch, weshalb die Menschen, beim Gespräch über die Welt, einander nie verstehen können. Wir leben gleichzeitig in sechs Welten, genauso wie wir auf der und der Etage von dem und dem Haus in der und der Straße der und der Stadt in dem und dem Staat und auf dem und dem Erdteil leben.

Wenn ein Mensch von dem Ort spricht, wo er lebt, ohne anzugeben, ob er sich auf die Etage, die Stadt oder den Erdteil bezieht, so werden ihn seine Gesprächspartner sicherlich nicht verstehen. Nun sprechen aber die Menschen immer in dieser Weise, sobald es sich um Dinge handelt, die keine praktische Bedeutung haben; und wie wir bei dem Beispiel der »Welt« sahen, bezeichnen sie mit ein und demselben Wort ohne weiteres eine Reihe von Begriffen, die in der gleichen Beziehung zueinander stehen wie ein winziger Bruchteil zu einem gewaltigen Ganzen. Während doch eine genaue Ausdrucksweise stets sehr präzise angeben sollte, in Bezug worauf der Begriff Anwendung findet und was er in sich einschließt, das heißt, aus welchen Teilen er besteht und zu welcher Gesamtheit er als ein Bestandteil derselben gehört.

Von der Logik her ist das einsehbar und scheint unumgänglich, aber leider kommt es nie dazu, aus dem einfachen Grund, weil die Menschen die verschiedenen Bestandteile und Beziehungen eines Begriffes zumeist nicht kennen und nicht herauszufinden vermögen.

Die Relativität jeden Begriffes deutlich zu machen, nicht nur im Sinne der allgemeinen abstrakten Idee, dass alles in der Welt relativ sei, sondern durch genaue Angabe, worin und wie er mit dem Übrigen in Relation, in Beziehung, stehe – dies ist eine wichtige Funktion der Prinzipien dieser Lehre.

~

Nehmen wir jetzt den Begriff »Mensch«, so entdecken wir hierbei das gleiche Missverständnis, wir sehen, dass dieselben Widersprüche darin verfrachtet sind. Beim Gebrauch des Wortes »Mensch« glaubt jedermann zu verstehen, was es bedeutet, aber in Wirklichkeit versteht es jeder auf seine Art – und jeder auf andere Weise.

Der gelehrte Naturforscher sieht im Menschen eine vervollkommnete Affenart und bestimmt ihn durch den Bau der Zähne und so weiter.

Der religiöse Mensch, der an Gott glaubt und an das Leben im Jenseits, sieht im Menschen eine unsterbliche Seele, gefangen in einer vergänglichen irdischen Hülle, die, von Versuchungen heimgesucht, den Menschen in Gefahr bringt.

Der Volkswirtschaftler betrachtet den Menschen als Erzeuger und Verbraucher.

Alle diese Standpunkte scheinen einander entgegengesetzt zu sein, sich zu widersprechen, nichts miteinander zu tun zu haben.

Das Problem wird noch komplizierter durch die Tatsache, dass wir unter den Menschen vielerlei Unterschiede feststellen, die so groß und hervorstechend sind, dass es einen oft seltsam anmutet, den allgemeinen Ausdruck »Mensch« zur Bezeichnung von Wesen so verschiedenen Schlages verwendet zu sehen.

Und falls wir uns zuletzt selbst fragen, was ein Mensch sei, so sehen wir, dass wir die Frage nicht beantworten können. Wir wissen nicht, was der Mensch ist.

Weder anatomisch noch physiologisch noch psychologisch noch wirtschaftlich kann irgendeine Bestimmung als hinreichend gelten, da sie sich ja gleichermaßen auf alle Menschen bezieht, ohne die Unterschiede zu berücksichtigen, die wir gleichwohl unter ihnen beobachten.

Diese Lehre weist uns darauf hin, dass unser Informationsmaterial über den Menschen zur Bestimmung dessen, was er ist, durchaus genügt. Nur verstehen wir es nicht, in einfacher Weise an das Thema heranzugehen.

Der Mensch ist ein Wesen, das »tun« kann, sagt diese Lehre. Tun bedeutet: bewusst und aus eigenem Willen handeln. Und wir müssen eingestehen, dass wir keine vollständigere Bestimmung des Menschen zu finden vermögen.

Die Tiere unterscheiden sich von den Pflanzen durch die Fähigkeit zur Fortbewegung. Und wenn auch die an einem Felsen haftende Molluske oder einige Algen, die gegen den Strom schwimmen können, dieses Gesetz zu brechen scheinen, bleibt es dennoch völlig richtig: Eine Pflanze kann weder jagen, um sich zu ernähren, noch einem Stoß ausweichen, noch sich vor ihren Verfolgern verbergen.

Der Mensch unterscheidet sich vom Tier durch seine Fähigkeit zu bewusster Handlung, durch seine Fähigkeit zum Tun. Dies können wir nicht leugnen und wir sehen, dass diese Bestimmung allen Anforderungen genügt. Sie erlaubt uns, die Menschen gegen eine Reihe anderer Wesen, die dieses Vermögen zu bewusstem Handeln nicht besitzen, abzuheben und sie zugleich nach dem Bewusstseinsgrad ihrer Handlungen einzustufen.

Ohne Übertreibung können wir sagen: Alle Unterschiede, die uns an den Menschen auffallen, lassen sich auf die Unterschiede im Bewusstseinsniveau ihrer Handlungen zurückführen. Und wenn uns die Menschen als derart verschieden erscheinen, so deshalb, weil die Handlungen einiger von ihnen, unserer Ansicht nach, zutiefst bewusst sind, während es uns bei anderen Menschen so vorkommt, als überträfen ihre Handlungen an Unbewusstheit sogar die Steine, die zumindest auf äußere Erscheinungen richtig reagieren. Und um das Ganze noch komplizierter zu machen, fügt es sich, dass ein und derselbe Mensch neben anscheinend völlig bewussten Willensakten häufig andere, ganz und gar tierische, mechanische und unbewusste Reaktionen zeigt. Daher erscheint uns der Mensch als ein ungewöhnlich kompliziertes Wesen. Unsere Lehre bestreitet diese Kompliziertheit und schlägt uns eine für den Menschen sehr schwierige Aufgabe vor.

Der Mensch ist der, der »tun« kann, doch unter den gewöhnlichen Menschen wie auch unter denen, die als außergewöhnlich gelten, gibt es nicht einen einzigen, der »tun« kann. Bei ihnen »tut sich« alles von Anfang bis Ende; es gibt nichts, was sie zu »tun« in der Lage wären.

Im persönlichen, im familiären und gesellschaftlichen Leben, auf dem Gebiet der Politik, Wissenschaft, Kunst, Philosophie und Religion »tut sich« alles von Anfang bis Ende; niemand kann etwas »tun«. Wenn zwei Personen, die ein Gespräch über den Menschen beginnen, sich einig sind über die Bestimmung des Menschen als ein zum »Tun« fähiges Wesen, so werden sie sich immer verstehen. Vorausgesetzt natürlich, dass sie die Bedeutung des Wortes »tun« hinreichend geklärt haben.

Zum »Tun« bedarf es einer sehr hohen Seins- und Wissensstufe. Der Durchschnittsmensch versteht nicht einmal, was dieses Wort bedeutet, weil für ihn und um ihn herum alles »sich allemal tut« und »sich allemal getan hat«. Und trotzdem kann der Mensch »tun«.

Ein schlafender Mensch kann nicht »tun«. Bei ihm tut sich alles im Schlaf. Schlaf ist hier nicht im wörtlichen Sinn als organischer Schlaf zu verstehen, sondern als ein Zustand assoziativen Existierens. Der Mensch muss zuerst aufwachen. Erwacht, sieht er ein, dass er so, wie er ist, nicht zu »tun« vermag. Er muss willentlich sterben. Stirbt er, so kann er wiedergeboren werden. Das Wesen jedoch, das nun geboren ist, muss heranwachsen und lernen. Wenn es herangewachsen ist und sich auskennt, dann kann es »tun«.

Wenn wir das soeben Gesagte analysieren, nämlich dass der Mensch nichts »tun« kann und dass alles »sich in ihm tut«, so stellen wir fest, dass dies mit dem übereinstimmt, was die empirische Wissenschaft sagt. Für diese ist der Mensch ein sehr komplizierter Organismus, der sich auf dem Wege der Evolution aus dem einfachsten Organismus entwickelte und der in der Lage ist, in sehr komplexer Weise auf äußere Eindrücke zu reagieren. Diese Reaktionsfähigkeit ist beim Menschen so kompliziert, und die Gegenbewegungen können von den Ursachen, die sie hervorriefen und bedingten, so weit entfernt sein, dass seine Handlungen oder zumindest ein Teil davon einem naiven Beobachter völlig willentlich und selbständig vorkommen.

Tatsächlich ist der Mensch nicht einmal zur kleinsten unabhängigen oder spontanen Handlung fähig. Alles in ihm ist nur das Ergebnis äußerer Einflüsse und nichts anderes. Der Mensch ist ein Prozess, ein Umspannwerk von Kräften. Stellen wir uns einmal einen Menschen vor, der von Geburt an allen Eindrücken entzogen sei und den irgendein Wunder am Leben erhalten habe; er ist nicht zu der geringsten Handlung oder Bewegung imstande. In Wirklichkeit könnte er nicht leben, da er weder atmen noch sich ernähren könnte. Das Leben ist eine sehr komplexe Handlungsfolge – Atmung, Ernährung, Stoffwechsel, Wachstum von Zellen und Geweben, Reflexe, Nervenimpulse und so weiter. Für einen Menschen ohne äußere Eindrücke könnte nichts von all dem existieren, und noch weniger könnte er jene Handlungen vollbringen, die gemeinhin als willentlich und bewusst angesehen werden.

Vom positivistischen Standpunkt aus unterscheidet sich daher der Mensch vom Tier nur durch die größere Komplexität seiner Reaktionen auf äußere Eindrücke und durch den größeren Zeitabstand zwischen Eindruck und Reaktion. Aber gleich dem Tier ist der Mensch unfähig zu unabhängigen, von ihm ausgehenden Handlungen; und was man beim Menschen »Willen« nennen kann, ist nichts anderes als die Resultante seiner Wünsche.

Dies ist der positivistische Standpunkt. Allerdings vertreten ihn nur sehr wenige Menschen aufrichtig und konsequent. Die meisten Leute bilden sich zwar ein und versichern den anderen, dass sie auf dem Boden einer streng positivistisch-wissenschaftlichen Weltanschauung ständen, in Wirklichkeit jedoch machen sie sich ein Theoriengemisch zu eigen; das heißt, sie erkennen die positivistische Sicht der Dinge nur bis zu einem gewissen Grad an, nämlich bis zu dem Punkt, von wo ab diese allzu streng wird und nur noch wenig Tröstliches bietet. So behaupten sie einerseits, alle körperlichen und psychischen Vorgänge im Menschen seien ihrem Wesen nach nur Reflexe, und andererseits bestätigen sie ihm unabhängiges Bewusstsein, ein geistiges Prinzip und freien Willen.

Der Wille ist, vom Gesichtspunkt dieser Lehre aus betrachtet, eine bestimmte Verbindung aus einigen eigens entwickelten Eigenschaften, die in einem zum Tun fähigen Menschen vorhanden sind. Der Wille ist das Kennzeichen eines Wesens von sehr hoher Seinsstufe im Vergleich zu der eines Durchschnittsmenschen. Nur Menschen mit einem solchen Sein können tun. Alle anderen sind bloß Automaten, die wie einfache Maschinen oder aufziehbares Spielzeug durch äußere Kräfte in Bewegung gesetzt werden und so lange funktionieren, wie die aufgezogene Triebfeder in ihnen abläuft, die jedoch außerstande sind, zu deren Kraft irgendetwas hinzuzufügen.

So erkennt die Lehre, von der ich spreche, an, dass im Menschen große Möglichkeiten ruhen, weit größere als die, welche die positivistische Wissenschaft zugibt, aber sie spricht dem Menschen, wie er heute ist, allen Wert als unabhängiges und willensstarkes Wesen ab.

~

Der Mensch, so wie wir ihn kennen, ist eine Maschine. Diesen Gedanken der Mechanität des Menschen muss man gut verstehen und sich vergegenwärtigen, um seine ganze Bedeutung zu erfassen, und all die Folgen bedenken, die sich daraus ergeben.

Zunächst sollte jedermann seine eigene Mechanität verstehen. Doch dieses Verständnis kann nur das Ergebnis einer richtig durchgeführten Selbstbeobachtung sein. Und was die Selbstbeobachtung anbelangt, so ist sie nicht so einfach, wie es auf den ersten Blick erscheinen mag. Deshalb erachtet die Lehre das Studium der Prinzipien einer richtigen Selbstbeobachtung für grundlegend. Ehe ein Mensch freilich zum Studium dieser Prinzipien übergehen kann, muss er den Entschluss fassen, gegen sich selbst ganz und gar aufrichtig zu sein, das heißt, die Augen vor nichts zu verschließen, sich von keiner Feststellung abzuwenden, wohin sie ihn auch führen mag, vor keiner Folgerung zurückzuweichen und sich durch keine im Voraus aufgerichteten Mauern zurückhalten zu lassen. Wer es nicht gewohnt ist, in dieser Richtung zu denken, braucht oft viel Mut, um die Ergebnisse und Schlussfolgerungen hinzunehmen, zu denen er gelangt. Diese erschüttern die gesamte Denkweise des Menschen und rauben ihm seine angenehmsten und teuersten Illusionen. Vor allem sieht er seine völlige Ohnmacht und Hilflosigkeit gegenüber buchstäblich allem, was ihn umgibt. Alles ergreift von ihm Besitz, alles hat ihn in der Gewalt. Er besitzt nichts, hat nichts in seiner Gewalt. Die Dinge ziehen ihn an oder sind ihm zuwider. Sein ganzes Leben ist nichts anderes als blinde Ergebenheit gegenüber dessen Anziehungen oder Widerwärtigkeiten. Des Weiteren sieht er, wenn er sich nicht vor den Schlussfolgerungen fürchtet, wie sich das gebildet hat, was er seinen »Charakter«, seinen »Geschmack« und seine »Gewohnheiten« nennt, kurz gesagt, wie seine Persönlichkeit und Individualität entstanden sind.

Doch wie ernsthaft und ehrlich ein Mensch die Selbstbeobachtung auch durchführt, sie allein vermag ihm kein völlig wahrheitsgetreues Bild seines inneren Mechanismus zu geben.

Die hier dargelegte Lehre liefert die allgemeinen Bauprinzipien dieses Mechanismus, und mit Hilfe der Selbstbeobachtung kann sie der Mensch überprüfen. Die erste Forderung dieser Lehre ist die, dass nichts in gutem Glauben angenommen wird. Das Bauschema der menschlichen Maschine soll dem Menschen nur als Plan für seine eigene Arbeit dienen, die für ihn der eigentliche Schwerpunkt bleibt.

Diesem Schema zufolge wird der Mensch mit einem Mechanismus geboren, der zum Empfang verschiedenartiger Eindrücke dient. Die Wahrnehmung einiger dieser Eindrücke setzt schon vor der Geburt ein. Später, während er heranwächst, treten immer mehr Empfangsgeräte in Erscheinung und vervollkommnen sich.

Die Bauart dieser Empfangsgeräte ist in allen Teilen des Mechanismus die gleiche. Sie erinnert an die der unbespielten Wachswalzen eines Edison-Phonographen. Auf diesen Walzen und Trommeln werden vom ersten Lebenstag an, und sogar vorher, alle jemals empfangenen Eindrücke aufgezeichnet. Der Mechanismus umfasst zudem eine automatische Vorrichtung, dank der alle neu empfangenen Eindrücke mit den gleichartigen, früher aufgezeichneten Eindrücken in Verbindung stehen. Zugleich erfolgt auch eine chronologische Klassifizierung.

So findet sich jeder irgendwann erlebte Eindruck an mehreren Stellen auf mehreren Walzen verzeichnet. Und auf diesen Walzen bleibt er unversehrt erhalten. Was wir »Gedächtnis« nennen, ist eine sehr unvollkommene Vorrichtung, durch die wir nur über einen geringen Teil unseres Eindrucksbestandes verfügen können.

Doch die einmal erlebten Eindrücke verschwinden niemals; auf den Walzen, worin sie eingezeichnet sind, bleiben sie erhalten.

Bei zahlreichen hypnotischen Erfahrungen wurde anhand unwiderlegbarer Beispiele festgestellt, dass sich der Mensch an alles erinnert, was er erlebt hat, bis hin zu den kleinsten Einzelheiten. Er entsinnt sich aller Besonderheiten seiner Umwelt und selbst der Gesichter und Stimmen von Leuten, die ihn in seiner frühen Kindheit umgaben, also zu einer Zeit, da er noch, wie es schien, ein unbewusstes Wesen war.

Demnach ist es mittels Hypnose durchaus möglich, alle diese Walzen zum Drehen zu bringen, selbst die, die in den tiefsten Tiefen des Mechanismus vergraben sind.

Es kommt allerdings vor, dass diese Walzen infolge eines sichtbaren oder geheimen Schocks ganz von allein ablaufen und dass dadurch anscheinend seit Langem vergessene Szenen, Bilder oder Gesichter plötzlich wieder an die Oberfläche steigen.

Das gesamte psychische Leben des Menschen bedeutet nichts anderes, als dass auf diesen Walzen aufgezeichnete Eindrücke vor dem inneren Blick ablaufen. Alle Eigentümlichkeiten der Weltanschauung, alle charakteristischen Züge der Individualität eines Menschen hängen von der Reihenfolge ab, in der diese Aufzeichnungen gemacht wurden, und von der Beschaffenheit der Walzen, die er in sich trägt.

Nehmen wir an, irgendein Eindruck sei gleichzeitig mit einem anderen, der nichts damit zu tun hat, empfangen und aufgezeichnet worden, zum Beispiel: Ein Mensch habe zum Zeitpunkt einer intensiven psychischen Erschütterung wie Angst oder Sorge ein fröhliches Tanzlied vernommen. Dieses Lied wird in ihm stets das gleiche negative Gefühl hervorrufen, und umgekehrt wird ihn das Angstgefühl an jenes Tanzlied erinnern. Dies nennt die Wissenschaft »assoziatives Denken und Fühlen«; doch die Wissenschaft begreift nicht, in welchem Maße der Mensch durch diese Assoziationen gefesselt ist, ohne sich jemals davon freimachen zu können. Natur und Umfang dieser Assoziationen bestimmen unumschränkt das Weltbild des Menschen.

Wir können jetzt fast begreifen, weshalb die Leute einander nicht verstehen, wenn sie vom Menschen reden. Um einigermaßen ernsthaft über dieses Thema zu sprechen, muss man vieles wissen, andernfalls wird der Begriff »Mensch« zu unbestimmt und verworren. Nur wenn man die Grundprinzipien des menschlichen

Mechanismus von Grund auf kennt, vermag man genau anzugeben, über welche Seite und über welche Eigenschaft man spricht. Wer diese Prinzipien nicht kennt, wird nur sich selbst und die Zuhörer in Verwirrung bringen. Ein Gespräch zwischen mehreren Personen, das den Menschen zum Thema hat, ohne ihn jedoch zu bestimmen und ohne anzudeuten, um welchen Menschen es geht, ist niemals ein ernsthaftes Gespräch, sondern einfach eine Aneinanderreihung sinnloser Worte. Wenn wir also verstehen wollen, was der Mensch ist, so heißt es zunächst anerkennen, dass es mehrere Kategorien von Menschen gibt, und verstehen, worin sie sich voneinander unterscheiden. Als Erstes müssen wir uns freilich klar machen, dass wir es nicht wissen.

Der Mensch ist ein vielfältiges Wesen

London, 1922

DER MENSCH IST EIN VIELFÄLTIGES WESEN. WENN WIR GEwöhnlich von uns sprechen, sprechen wir von »ich«. Wir sagen: »Ich« mache dies, »ich« denke das, »ich« möchte jenes tun. Aber das ist ein Irrtum.

Ein solches »Ich« gibt es nicht, oder vielmehr gibt es in jedem von uns Hunderte, ja Tausende kleiner »Ichs«. Wir sind in uns geteilt, doch die Vielfalt unseres Wesens können wir nur durch Beobachtung und Studium erkennen. In einem gewissen Augenblick handelt in mir ein »Ich«, im nächsten Augenblick ist es ein anderes »Ich«. Die »Ichs« in uns sind widersprüchlich, und darum funktionieren wir nicht harmonisch.

Gemeinhin leben wir nur mit einem winzigen Teil unserer Funktionen und unserer Kraft, weil wir uns nicht klarmachen, dass wir Maschinen sind, und die Natur und das Funktionieren unseres Mechanismus nicht kennen.

Wir sind Maschinen. Wir werden völlig von äußeren Umständen regiert. Unter dem Druck äußerer Umstände gehen wir bei unseren Handlungen stets den Weg des geringsten Widerstandes.

Versuchen Sie es selbst: Können Sie Ihre Gefühle beherrschen? Nein. Sie können versuchen, diese zu unterdrücken oder ein Gefühl durch ein anderes zu verdrängen. Aber Sie können sie nicht lenken. Die Gefühle lenken uns.

Oder Sie beschließen, etwas zu tun – Ihr intellektuelles »Ich« mag einen derartigen Entschluss fassen. Wenn es jedoch zur Ausführung kommt, überraschen Sie sich womöglich, wie Sie genau das Gegenteil tun.

Begünstigen die Umstände Ihren Entschluss, dann führen Sie ihn möglicherweise aus; sind die Umstände hingegen ungünstig, so werden Sie alles tun, was diese Ihnen auferlegen. Sie haben keine Macht über Ihre Handlungen. Sie sind eine Maschine, und äußere Umstände lenken Ihre Handlungen ohne Rücksicht auf Ihre Wünsche.

Ich sage nicht: *Niemand* kann seine Handlungen beherrschen. Ich sage: *Sie* können es nicht, weil Sie geteilt sind. In Ihnen gibt es zwei Teile, einen starken und einen schwachen Teil. Wenn Ihre Stärke zunimmt, so nimmt auch Ihre Schwäche zu und wird zu einer negativen Kraft, *es sei denn, Sie lernen, sie anzuhalten.* Lernten wir, unsere Handlungen zu beherrschen, so wäre alles anders. Wenn eine bestimmte Seinsstufe erreicht ist, können wir wirklich jeden Teil von uns steuern. Doch so wie wir heute sind, können wir nicht einmal das tun, wozu wir uns entschlossen haben.

~

An dieser Stelle griff ein Theosoph ein und behauptete, wir könnten die Bedingungen verändern.

Antwort: Die Bedingungen ändern sich nie. Es sind stets dieselben. Es gibt keine wirkliche Veränderung, sondern nur eine Abwandlung der Umstände.

~

Frage: Ist das keine Veränderung, wenn ein Mensch besser wird?

Antwort: Der Menschheit bedeutet ein Mensch nichts. Ein Mensch wird besser, ein anderer wird schlechter; es läuft aufs Gleiche hinaus.

~

Frage: Aber ist das Aufrichtigwerden für einen Lügner nicht ein Fortschritt?

Antwort: Nein, es ist das Gleiche. Anfangs lügt er mechanisch, weil er nicht die Wahrheit sagen kann. Denn sagt er mechanisch die Wahrheit, weil ihm das nun leichter fällt. Wahrheit und Lüge sind für uns nur dann von Wert, wenn wir sie zu beherrschen vermögen. So wie wir sind, können wir nicht »moralisch« sein, weil wir mechanisch sind.

Die Moral ist relativ – subjektiv, widersprüchlich und mechanisch. Für uns gilt das Gleiche. Der körperbetonte Mensch, der gefühlsbetonte Mensch, der Verstandesmensch, jeder hat eine Sammlung sittlicher Grundsätze, die mit seiner Natur in Einklang stehen.

Die Maschine ist bei jedem Menschen in drei grundlegende Teile, in drei Zentren, aufgeteilt.

Beobachten Sie sich einmal zu irgendeinem Zeitpunkt und fragen Sie sich: »Woher stammt das ›Ich‹, das in diesem Augenblick arbeitet? Gehört es zum Denkzentrum, zum Gefühlszentrum oder zum Bewegungszentrum?« Sie werden wahrscheinlich entdecken, dass es ganz anders ist als das, was Sie sich vorstellen, doch es gehört zu einem der drei.

~

Frage: Gibt es keinen absoluten Moralkodex, der für alle gleichermaßen verbindlich wäre?

Antwort: Doch. Wenn wir uns all der Kräfte bedienen können, bei denen die Steuerung der Zentren liegt, dann sind wir imstande, »moralisch« zu sein. Einstweilen jedoch, solange wir nur von einem Teil unserer Funktionen Gebrauch machen, können wir nicht »moralisch« sein. Bei allem, was wir machen, handeln wir mechanisch, und Maschinen vermögen nicht, moralisch zu sein.

~

Frage: Die Lage scheint hoffnungslos.

Antwort: Ganz richtig. Sie ist hoffnungslos.

~

Frage: Wie können wir uns dann ändern und alle unsere Kräfte gebrauchen?

Antwort: Das ist etwas anderes. Die Hauptursache unserer Schwäche ist das Unvermögen, unseren Willen auf alle drei Zentren zugleich zu lenken.

~

Frage: Können wir unseren Willen zumindest auf eines davon lenken?

Antwort: Gewiss; zuweilen tun wir das auch. Mitunter sind wir sogar in der Lage, ein Zentrum für eine Weile zu beherrschen, mit ganz und gar ungewöhnlichen Ergebnissen.

Er erzählte die Geschichte von einem Gefangenen, der, um seiner Frau eine Mitteilung zukommen zu lassen, eine Papierkugel durch ein hohes und schwer erreichbares Fenster wirft. Es ist das einzige Mittel, die Freiheit wiederzuerlangen. Wenn ihm der Wurf beim ersten Mal missglückt, hat er nie mehr eine Chance. Es gelingt ihm auf Anhieb, durch vollkommene Beherrschung seines körperlichen Zentrums, sodass er etwas zu vollbringen vermag, wozu er sonst niemals imstande gewesen wäre.

~

Frage: Kennen Sie jemanden, der diese höhere Seinsebene erreicht hat?

Antwort: Ob ich nun mit Ja oder mit Nein antworte, es führt zu nichts. Sage ich Ja, so können Sie es nicht nachprüfen, und sage ich Nein, so sind Sie dadurch nicht klüger. Es geht nicht darum, dass Sie mir glauben. Ich bitte Sie, nichts zu glauben, was Sie nicht selbst überprüfen können.

~

Frage: Wenn wir vollkommen mechanisch sind, wie können wir dann zur Selbstbeherrschung gelangen? Kann eine Maschine sich selbst beherrschen?

Antwort: Sehr richtig: natürlich nicht. Wir können uns nicht selbst verändern, wir vermögen uns nur etwas zu modifizieren. Allerdings können wir durch Hilfe von außen verändert werden. Den esoterischen Theorien zufolge zerfällt die Menschheit in zwei Kreise: einen großen äußeren Kreis, der alle Menschenwesen umfasst, und, in der Mitte, einen kleinen Kreis von Menschen mit Wissen und Verständnis. Die wirkliche Unterweisung, die als einzige uns zu verändern vermag, kann nur von dieser Mitte kommen; und das Ziel dieser Lehre ist es, uns für die Aufnahme einer solchen Unterweisung vorzubereiten. Von selbst können wir uns nicht verändern. Dergleichen kann nur von außen kommen.

Alle Religionen verweisen auf die Existenz eines gemeinsamen Wissenszentrums. In allen heiligen Schriften ist das Wissen vorhanden. Aber die Leute wollen es nicht kennenlernen.

~

Frage: Besitzen wir nicht bereits eine Vielzahl von Kenntnissen?

Antwort: Doch, zu vielerlei Kenntnisse. Unsere heutigen Kenntnisse beruhen auf Sinneswahrnehmungen – wie bei den Kindern. Wenn wir die richtige Art von Wissen erwerben wollen, so müssen wir uns verändern. Durch Entwicklung unseres Wesens können wir zu einem höheren Bewusstseinszustand gelangen. Ein Wandel im Wissen entspringt einer Veränderung im Sein. Kenntnis an sich ist nichts. Zunächst müssen wir Selbsterkenntnis erlangen, und mit Hilfe dieser Selbsterkenntnis werden wir lernen, wie man sich verändern kann – falls wir uns überhaupt verändern möchten.

~

Frage: Und diese Veränderung muss dennoch von außen kommen?

Antwort: Ja. Wenn wir für ein neues Wissen bereit sind, kommt es zu uns.

~

Frage: Kann man durch Überlegungen seine Gefühle wandeln?

Antwort: Ein Zentrum unserer Maschine vermag nicht, ein anderes Zentrum zu verändern. Zum Beispiel: In London bin ich gereizt, Wetter und Klima machen mich missmutig und verstimmt, während ich in Indien gut gelaunt bin. Daher sagt mir mein Verstand, ich sollte nach Indien fahren, wo ich von dieser Gereiztheit loskomme. Andererseits sehe ich, dass ich in London Arbeit finde. In den Tropen wäre das nicht so leicht möglich; folglich wäre ich aus einem anderen Grund gereizt. Sie sehen, das Gefühl besteht unabhängig von der Überlegung, und Sie können das eine nicht vermittels des anderen verändern.

~

Frage: Was ist ein höherer Seinszustand?

Antwort: Es gibt mehrere Bewusstseinszustände:

1. den Schlaf, in dem unsere Maschine weiterhin funktioniert, allerdings bei sehr geringem Druck;
2. den Wachzustand, in dem wir uns im Augenblick befinden; diese beiden Zustände sind die einzigen, die der Durchschnittsmensch kennt;
3. das, was man »Bewusstsein seiner selbst« nennt. Es ist der Augenblick, da der Mensch seiner selbst und seiner Maschine gewahr wird. Wir erfahren es blitzartig, ausschließlich blitzartig. Es gibt Augenblicke, da Sie nicht nur dessen, was Sie gerade tun, gewahr werden, sondern auch Ihrer selbst, im Tun begriffen. Sie sehen das »Ich« und zugleich das »Hier« des »Ich bin hier«, den Zorn und zugleich das »Ich«, das zornig ist. Wenn Sie wollen, nennen wir das »Erinnerung seiner selbst«.

Wenn Sie nun vollständig und fortgesetzt das »Ich« gewahren sowie das, was es tut, und um welches »Ich« es sich handelt, werden

Sie sich Ihrer selbst bewusst. Das Sich-seiner-selbst-bewusst-Sein ist der dritte Zustand.

~

Frage: Ist es nicht leichter, wenn man passiv ist?

Antwort: Doch, aber unnütz. Sie müssen Ihre Maschine beobachten, während sie arbeitet.

Es gibt Zustände jenseits des dritten Bewusstseinszustandes, doch darüber brauchen wir uns jetzt nicht zu unterhalten. Nur wer den höchsten Seinszustand erreicht hat, ist ein vollkommener Mensch. Die anderen sind bloß teilweise Menschen.

Die notwendige äußere Hilfe wird entweder von Lehrern kommen oder von der Lehre, der ich folge.

Die Ausgangspunkte für die Selbstbeobachtung sind:

1. Wir sind nicht »eins«.
2. Wir beherrschen uns selbst nicht. Wir beherrschen nicht unseren Mechanismus.
3. Wir erinnern uns nicht unserer selbst. Wenn ich sage: »Ich lese ein Buch«, und nicht weiß, dass »ich« gerade lese, so ist das *eine* Sache. Bin ich mir jedoch bewusst, dass »ich« lese, so ist das Selbsterinnerung.

~

Frage: Macht das einen nicht zynisch?

Antwort: Ganz bestimmt. Wenn Sie sich mit der Einsicht abfinden, dass Sie und alle Menschen Maschinen sind, dann werden Sie ganz einfach zynisch werden. Wenn Sie hingegen Ihre Arbeit fortsetzen, so werden Sie aufhören, zynisch zu sein.

Frage: Warum?

Antwort: Weil Sie eine Wahl zu treffen, zu entscheiden haben, ob Sie völlig mechanisch oder aber völlig bewusst werden wollen.

~

Frage: Gibt es keine anderen Wege, um zum Ziel zu gelangen?

Antwort: In England, nein. Im Orient ist es anders. Es gibt verschiedene Methoden für verschiedene Arten von Menschen. Doch Sie müssen einen Lehrer finden.

Sie allein können sich für das entscheiden, was Sie machen wollen. Suchen Sie in Ihrem Herzen zu ergründen, was Sie sich am meisten wünschen, und wenn Sie dazu fähig sind, so werden Sie wissen, was Sie zu tun haben.

Denken Sie gut darüber nach, und gehen Sie dann darauf los.

Die einseitige Entwicklung des Menschen

Paris, August 1922

BEI JEDEM DER HIER ANWESENDEN IST EINE SEINER INNEREN Maschinen, die untereinander keine Verbindung haben, besser entwickelt als die anderen. Nur derjenige, bei dem alle drei Maschinen gleichermaßen entwickelt sind, kann »ein Mensch ohne Anführungsstriche« genannt werden.

Eine einseitige Entwicklung ist allemal schädlich. Selbst wenn ein Mensch Wissen besitzt und alles weiß, was er zu tun hat, so bleibt dieses Wissen nutzlos und kann sogar Unheil anrichten.

Jeder von Ihnen ist missgebildet. Wer allein die Persönlichkeit entwickelt hat, ist eine Missgestalt. Man kann ihn unmöglich einen »vollkommenen Menschen« nennen – er ist ein Viertel, ein Drittel eines Menschen. Dasselbe gilt für einen Menschen mit entwickeltem Wesen oder für jemanden mit entwickelten Muskeln. Auch derjenige kann nicht als »vollkommener Mensch« bezeichnet werden, dessen mehr oder weniger entwickelte Persönlichkeit mit einem gleichfalls recht gut entwickelten Körper zusammengeht, während sein Wesen völlig verkümmert ist. Kurz: Ein Mensch, bei dem nur zwei der drei Maschinen entwickelt sind, kann nicht »Mensch ohne Anführungszeichen« heißen. Ein derart einseitig entfalteter Mensch hat in einem bestimmten Bereich viele Wünsche, und zwar Wünsche, die er nicht zu befriedigen und auf die er auch nicht zu verzichten vermag. Sein Leben wird dadurch kümmerlich. Für diesen Zustand voll vergeblicher, halbbefriedigter Wünsche kann ich keinen besseren Ausdruck finden als »Onanie«. Vom Ideal einer vollständigen, harmonischen Entwicklung aus betrachtet, ist dieser einseitige Mensch eine Null.

Das Aufnehmen äußerer Eindrücke hängt vom Rhythmus der äußeren Reize ab sowie vom Funktionsrhythmus der Sinne. Eine richtige Aufnahme der Eindrücke ist nur dann möglich, wenn diese Rhythmen miteinander harmonieren.

Wenn ich oder jemand anders zwei Aussagen macht, dann wird in der einen eine gewisse Auffassung geäußert, in der anderen eine andere. Jede meiner Aussagen hat einen bestimmten Rhythmus. Habe ich zwölf Wörter auszusprechen, so nimmt mancher meiner Zuhörer einige Wörter – sagen wir drei – mit dem Körper auf, sieben mit der Persönlichkeit und zwei mit dem Wesen. Da die Maschinen nicht miteinander verbunden sind, zeichnet jede nur einen Teil des Gesagten auf, sodass, wenn sich der Zuhörer daran zu erinnern sucht, der allgemeine Eindruck verloren ist und sich nicht wiederherstellen lässt. Das Gleiche geschieht, wenn ein Mensch einem anderen etwas mitteilen will. Wegen der fehlenden Verbindung zwischen den Maschinen kann er nur einen Teil seiner selbst ausdrücken.

Jeder Mensch sehnt sich nach etwas, doch zunächst muss er all das herausfinden und überprüfen, was in ihm falsch oder nicht vorhanden ist; und er muss daran denken, dass ein Mensch niemals Mensch sein kann, solange er nicht die richtigen Rhythmen in sich hat.

Nehmen wir das Aufnehmen von Tönen. Ein Ton erreicht die Empfangsgeräte aller drei Maschinen gleichzeitig. Doch aufgrund der Unterschiede im Rhythmus hat nur eine Maschine die Zeit, den Eindruck aufzunehmen, denn die Aufnahmefähigkeit der anderen Maschinen ist langsamer. Wenn der Mensch den Ton mit seinem Denken vernimmt und ihn nicht schnell genug dem Körper weiterleitet, für den dieser Ton bestimmt war, dann verdrängt der nächste Ton, der ebenfalls für den Körper bestimmt ist, den ersten vollständig, und das angestrebte Ergebnis wird nicht erzielt.

Wenn ein Mensch sich zu etwas entschließt, zum Beispiel einem Gegenstand oder irgendjemandem einen Schlag zu versetzen, und wenn der Körper diesen Entschluss im entscheidenden Augenblick nicht ausführt, weil er nicht schnell genug war, um ihn rechtzeitig aufzunehmen, so wird der Schlag sehr schwach ausfallen oder er kommt überhaupt nicht zustande. Wie die Wahrnehmungen des Menschen, so können auch seine Handlungen nie vollständig sein.

Kummer, Freude, Hunger, Kälte, Neid und die anderen Gefühle und Empfindungen erfährt der Durchschnittsmensch nur mit einem Teil seines Wesens, und nicht mit seiner Gesamtheit.

Erste Kontakte

New York, 13. Februar 1924

FRAGE: WAS IST DIE METHODE DES INSTITUTS?

Antwort: Es ist eine subjektive Methode, das heißt, sie berücksichtigt die individuellen Eigenheiten eines jeden. Es gibt nur eine allgemeine, für alle geltende Regel: die Beobachtung. Die hat jeder nötig. Und nicht etwa um sich zu verändern, sondern um sich zu sehen. Jeder Mensch hat seine Eigenheiten, seine Gewohnheiten, die er im Allgemeinen nicht sieht. Er muss sie sehen; auf diese Weise kann er »viele Amerikas entdecken«. Jeder kleine Umstand hat seine besondere Ursache. Wenn Sie Material über sich selbst gesammelt haben, kann man sprechen; im Augenblick ist das, was wir sagen, rein theoretisch.

Wenn wir eine Seite besonders betonen, so müssen wir auf die eine oder andere Weise ein Gegengewicht dazu schaffen. Durch den Versuch, uns zu beobachten, üben wir uns in der Konzentration, was sogar im gewöhnlichen Leben sehr nützlich sein kann.

~

Frage: Welche Rolle spielt das Leiden in der Selbstentwicklung?

Antwort: Es gibt zwei Arten des Leidens: die bewusste und die unbewusste. Nur ein Narr leidet unbewusst. Im Leben gibt es zwei Flüsse, zwei Richtungen. Beim ersten betrifft das Gesetz nur den Fluss, nicht die Wassertropfen. Wir sind Wassertropfen. Ein Tropfen ist bald an der Oberfläche, bald auf dem Grund. Das Leiden hängt von der Lage ab, in der er sich befindet. In diesem Fluss ist das Leiden völlig unnütz, weil es zufällig ist und unbewusst.

Parallel zu diesem Fluss gibt es einen anderen. Der Tropfen des ersten Flusses hat die Möglichkeit, in den zweiten überzugehen. In diesem Fluss gibt es eine andere Art von Leiden: Der Tropfen leidet heute, weil er gestern nicht genug gelitten hat. Hier waltet das Gesetz des Vergeltens. Der Tropfen kann auch im Voraus leiden. Früher oder später muss alles bezahlt werden. Für den Kosmos gibt es keine Zeit. Das Leiden kann freiwillig sein: Man kann für gestern leiden und um sich auf morgen vorzubereiten. Oder man kann einfach deshalb leiden, weil man sich unglücklich fühlt.

Allein das freiwillige Leiden ist wertvoll.

~

Frage: War Christus ein Lehrer, der eine Schulausbildung empfangen hatte, oder war er ein zufälliges Genie?

Antwort: Ohne Wissen hätte er weder sein können, was er war, noch tun können, was er tat. Es steht fest, dass dort, wo er war, das Wissen existierte.

~

Frage: Wenn wir nur Maschinen sind, welchen Sinn hat dann Religion?

Antwort: Für die einen ist Religion ein Gesetz, eine Anleitung, eine Richtung. Für andere ist sie ein Polizist.

~

Frage: Was bedeutete jene Aussage in einem früheren Vortrag, dass die Erde lebendig sei?

Antwort: Nicht nur wir sind lebendig. Ist ein Teil lebendig, dann ist auch das Ganze lebendig. Das gesamte Weltall ist gleichsam eine Kette, und die Erde ist ein Glied in dieser Kette. Wo es Bewegung gibt, dort gibt es Leben.

~

Frage: Es wurde gesagt, wer nicht sterbe, könne nicht wiedergeboren werden?

Antwort: Alle Religionen sprechen von einem Tod, der während unseres Lebens auf Erden eintreten muss. Dieser Tod hat der Wiedergeburt vorauszugehen. Doch was muss sterben? Das falsche Vertrauen auf das eigene Wissen, die Selbstliebe und der Egoismus. Unser Egoismus gehört zerbrochen. Es gilt einzusehen, dass wir sehr komplizierte Maschinen sind und dass dieser Zerstörungsprozess notwendigerweise eine lange und schwierige Aufgabe darstellt. Ehe ein wirkliches Wachstum möglich wird, muss unsere Persönlichkeit sterben.

~

Frage: Lehrte Christus Tänze?

Antwort: Ich war nicht dabei, um es zu sehen. Man muss zwischen Tänzen und Gymnastik unterscheiden – es sind verschiedene Dinge. Wir wissen nicht, ob seine Jünger tanzten; was wir allerdings wissen, ist, dass man dort, wo Christus seine Ausbildung erhielt, »heilige Gymnastik« lehrte.

Frage: Liegt in den katholischen Zeremonien und Riten irgendein Wert beschlossen?

Antwort: Das katholische Ritual habe ich nicht studiert, aber ich kenne gut die Rituale der griechischen Kirche, und in diesen gibt es hinter der Form und dem Zeremoniell eine wirkliche Bedeutung. Jede Zeremonie, die unverändert weiterbefolgt wird, behält ihren Wert. Die Rituale waren gleich den alten Tänzen ein Führer, ein Buch, worin die Wahrheit niedergeschrieben war. Um sie zu verstehen, braucht man freilich einen Schlüssel.

Die alten Volkstänze haben gleichfalls eine Bedeutung – einige enthalten sogar Rezepte zur Herstellung von Marmelade.

Eine Zeremonie ist ein Buch, worin vielerlei niedergeschrieben ist. Wer es versteht, kann es lesen. Eine einzige Zeremonie ist oftmals inhaltsreicher als hundert Bücher. Im Leben verändert sich alles, doch die Sitten und Zeremonien bleiben unverändert bestehen.

~

Frage: Gibt es die Wiederverkörperung der Seele, die Seelenwanderung?

Antwort: Die Seele ist ein Luxus. Es ist noch niemand jemals mit einer voll entwickelten Seele geboren worden. Bevor wir von der Wiederverkörperung sprechen können, müssen wir wissen, von welchem Menschen wir sprechen, von welcher Seele und von welcher Wiederverkörperung. Nach dem Tod kann sich eine Seele sofort auflösen oder aber nach einer gewissen Zeit. Zum Beispiel kann eine Seele sich in den Grenzen der Erde kristallisieren und dort verbleiben, gleichwohl für die Sonne nicht kristallisiert sein.

~

Frage: Können Frauen genauso gut arbeiten wie Männer?

Antwort: Einige Seiten sind bei den Männern höher entwickelt, andere bei den Frauen. Bei den Männern ist es der intellektuelle Bereich, den wir »A« nennen wollen; bei den Frauen das Gefühl oder »B«. Die Arbeit im Institut betrifft zuweilen mehr die Richtung A, in welchem Fall es für B sehr schwierig ist. Zu anderen Zeiten bezieht sie sich mehr auf die Richtung B und wird daher für A schwieriger. Doch für ein richtiges Verständnis ist die Verschmelzung von A und B unerlässlich; sie bringt eine Kraft hervor, die wir »C« nennen.

Ja, die Chancen sind für Männer und Frauen die gleichen.

Selbstbeobachtung

New York, 13. März 1924

DIE SELBSTBEOBACHTUNG IST SEHR SCHWIERIG. JE MEHR SIE es versuchen, umso mehr werden Sie dies einsehen.

Im Augenblick sollten Sie sich darin üben, und zwar nicht um eines Ergebnisses willen, sondern um zu verstehen, dass Sie sich nicht beobachten können. Bisher haben Sie sich eingebildet, sich zu sehen und zu kennen.

Ich spreche von objektiver Selbstbeobachtung. Objektiv betrachtet, sind Sie nicht in der Lage, sich auch nur eine Minute lang zu sehen, handelt es sich doch hierbei um eine andere Funktion, um die Funktion des Meisters.

Wenn es Ihnen scheint, als könnten Sie sich fünf Minuten lang beobachten, so ist es falsch; ob zwanzig Minuten oder eine Minute, das ist ganz gleich. Wenn Sie einfach feststellen, dass Sie sich nicht beobachten können, dann ist es richtig. Ihr Ziel ist es, dorthin zu gelangen.

~

Um dieses Ziel zu erreichen, müssen Sie es immer wieder versuchen. Falls Sie es versuchen, so wird das Ergebnis nicht Selbstbeobachtung im eigentlichen Sinn des Wortes sein. Aber schon der Versuch verstärkt Ihre Aufmerksamkeit; Sie werden lernen, sich besser zu konzentrieren. Später wird dies alles von Nutzen sein. Nur dann werden Sie anfangen können, sich Ihrer selbst zu erinnern.

Heute verfügen Sie nur über eine teilweise Aufmerksamkeit, die sich entweder auf den Körper oder aufs Gefühl erstreckt.

Wenn Sie gewissenhaft arbeiten, so erinnern Sie sich Ihrer selbst nicht etwa mehr, sondern weniger, weil die Selbsterinnerung vieles verlangt. Sie ist nicht so leicht, sie fordert ihren Preis.

Die Übung der Selbstbeobachtung genügt für Jahre. Versuchen Sie nichts anderes. Wenn Sie gewissenhaft arbeiten, werden Sie sehen, was Sie brauchen.

Wie kann man Aufmerksamkeit erlangen?

New York, 9. Dezember 1930

FRAGE: WIE KANN MAN AUFMERKSAMKEIT ERLANGEN?

Antwort: Niemand besitzt Aufmerksamkeit. Ihr Ziel muss es sein, diese zu erwerben. Selbstbeobachtung ist nur möglich, wenn man zur Aufmerksamkeit fähig ist. Fangen Sie mit Kleinigkeiten an.

~

Frage: Mit welchen Kleinigkeiten können wir beginnen? Was sollen wir tun?

Antwort: Ihre Nervosität und Unruhe machen jeden, bewusst oder unbewusst, darauf aufmerksam, dass Sie keine Autorität haben, also ein armer Tropf sind. Wenn Sie sich unaufhörlich derart bewegen, können Sie unmöglich jemand sein. Das Erste, was Sie tun müssen, ist, mit diesen Bewegungen aufzuhören. Das sollte Ihr Ziel, Ihr Gott sein. Bitten Sie sogar Ihre Familie, Ihnen dabei zu helfen. Danach können Sie vielleicht Aufmerksamkeit erlangen. Dies wäre ein Beispiel, das Ihnen zeigt, was »tun« bedeutet.

Ein anderes Beispiel: Wer den Ehrgeiz hat, ein Pianist zu werden, kann diesen Beruf nur nach und nach erlernen. Wenn Sie Melodien spielen wollen, ohne zuvor geübt zu haben, dann werden Sie niemals wirkliche Melodien spielen können. Was Sie dann spielen, ist ein unleidlicher Missklang, der Sie nur verhasst macht. Dasselbe gilt auf psychologischem Gebiet: Um irgendetwas zu erreichen, ist lange Praxis notwendig.

Versuchen Sie, zunächst ganz kleine Sachen auszuführen. Wenn Sie sofort etwas Großes angehen, werden Sie nie etwas werden; Ihre Äußerungen werden ebenfalls missliche Wirkungen haben und Sie unbeliebt machen.

~

Frage: Was muss ich tun?

Antwort: Es gibt zwei Arten des Handelns – das automatische Handeln und das zielbewusste Handeln. Nehmen Sie eine Kleinigkeit, die Sie jetzt nicht zu tun vermögen, und machen Sie daraus

Ihr Ziel, Ihren Gott. Lassen Sie nichts dazwischenkommen. Zielen Sie nur darauf ab. Wenn es Ihnen gelingt, dann ist es mir möglich, Ihnen eine größere Aufgabe zu geben. Im Augenblick sind bei Ihnen die Augen größer als der Magen. Sie streben nach zu großen Dingen, die Sie niemals werden tun können. Ein anomaler Appetit bringt Sie von den kleinen Dingen ab, die Sie ausführen könnten. Unterdrücken Sie diesen Appetit, vergessen Sie die großen Dinge. Setzen Sie sich zum Ziel, mit einer kleinen Gewohnheit zu brechen.

~

Frage: Ich glaube, mein größter Fehler ist mein vieles Reden. Wäre der Versuch, nicht so viel zu reden, eine gute Aufgabe?

Antwort: Für Sie ist es ein sehr gutes Ziel. Sie verderben sich alles mit Ihrem Gerede. Es schadet sogar Ihren Geschäften. Wenn Sie zu viel reden, haben Ihre Worte kein Gewicht. Versuchen Sie, dies zu überwinden. Gelingt es Ihnen, so wird Ihnen großer Segen zuteil. Es ist wirklich ein sehr gutes Ziel. Allerdings ist es eine große Sache, nicht eine kleine. Ich verspreche Ihnen: Falls es Ihnen gelingt, so werde ich davon erfahren, auch wenn ich nicht hier bin, und werde Ihnen Hilfe schicken, damit Sie wissen, welches der nächste Schritt ist.

~

Frage: Wäre es eine gute Aufgabe, die Äußerungen der anderen zu ertragen?

Antwort: Die Äußerungen anderer zu ertragen, ist etwas Großes. Es ist vielleicht das Letzte für einen Menschen. Nur ein vollkommener Mensch ist dazu in der Lage. Fangen Sie damit an, dass Sie es sich zum Ziel setzen, *eine* Äußerung von jemandem zu ertragen, den Sie heute nicht ertragen können, ohne aufgebracht zu sein. Wenn Sie es »wollen«, dann »können« Sie es. Ohne es zu wollen, können Sie es niemals. Der Wunsch ist das Machtvollste auf der Welt. Mit einem bewussten Wunsch erlangt man alles.

~

Frage: Ich erinnere mich häufig an mein Ziel, aber ich habe nicht die Energie, das zu tun, was ich meinem Gefühl nach tun sollte.

Antwort: Der Mensch hat nicht die Energie, um die Ziele zu erreichen, die er sich gesetzt hat, weil seine gesamte Kraft, die er des Nachts im passiven Zustand erwirbt, an negative Gefühle verschwendet wird, das heißt an automatische Äußerungen, das Gegenteil von positiven, willentlichen Äußerungen.

Für diejenigen unter Ihnen, die sich bereits automatisch an ihr Ziel zu erinnern vermögen, aber nicht die Kraft haben, es zu erreichen: Setzen Sie sich ganz allein mindestens eine Stunde lang hin; entspannen Sie alle Ihre Muskeln; lassen Sie Ihre Assoziationen ablaufen, ohne jedoch darin aufzugehen. Sagen Sie ihnen: »Wenn ihr mich jetzt machen lasst, was ich will, dann erfülle ich euch später eure Wünsche.« Betrachten Sie Ihre Assoziationen so, als gehörten diese jemandem anders, damit Sie sich nicht damit identifizieren.

Nach einer Stunde nehmen Sie ein Blatt Papier, und darauf schreiben Sie Ihr Ziel. Machen Sie dieses Papier zu Ihrem Gott. Alles andere sei unwichtig. Ziehen Sie es alle Tage aus der Tasche, und lesen Sie es immer wieder. Auf diese Weise wird es zu einem Teil von Ihnen, zunächst theoretisch, dann wirklich.

Befolgen Sie diese Übung des ruhigen Dasitzens und der Muskelentspannung, um Energie zu gewinnen. Und nur wenn nach einer Stunde alles in Ihnen ruhig ist, treffen Sie Ihre Entscheidung. Lassen Sie sich nicht von Assoziationen fesseln. Sich ein willentliches Ziel zu setzen und es zu erreichen, verleiht Magnetismus und die Fähigkeit zum »Tun«.

~

Frage: Was ist Magnetismus?

Antwort: In einer echten Gruppe ließe sich eine wirkliche Antwort auf diese Frage geben. Sagen wir so: Der Mensch hat in sich zwei Substanzen, die Substanz der aktiven Elemente des physischen Körpers und die Substanz, die aus den aktiven Elementen der astralen Materie besteht.

Die beiden bilden durch Verbindung eine dritte Substanz. Diese Mischsubstanz sammelt sich einerseits in gewissen Teilen des Menschen an und bildet andererseits um ihn herum eine Atmosphäre, ähnlich derjenigen, die einen Planeten umgibt.

Die Atmosphäre eines Planeten gewinnt oder verliert durch die Einwirkung anderer Planeten unaufhörlich Substanzen. Wie ein Planet von anderen Planeten, so ist der Mensch von anderen Menschen umgeben. Wenn zwei Atmosphären innerhalb gewisser Grenzen zusammentreffen und diese Atmosphären einander »sympathisch« sind, entsteht zwischen ihnen eine Verbindung, die gesetzmäßige Ergebnisse hervorbringt. Etwas ist im Umlauf. Die Größe der Atmosphäre bleibt die gleiche, aber die Qualität verändert sich. Der Mensch kann seine Atmosphäre beherrschen.

Es ist wie bei der Elektrizität, die einen positiven und einen negativen Teil hat. Der eine oder der andere Teil kann vergrößert werden, was dazu führt, dass ein Strom fließt. Alles hat positive und negative Elektrizität. Im Menschen können die Wünsche und Nichtwünsche positiv und negativ sein. Der Astralstoff stellt sich stets dem physischen Stoff entgegen.

In alten Zeiten konnten die Priester durch Segnung Krankheiten heilen. Einige Priester mussten ihre Hände auf den Kranken legen. Andere vermochten auf kurze Entfernung zu heilen, wieder andere auf große Entfernung. Der »Priester« war ein Mensch, der Mischsubstanzen hatte und sich ihrer bedienen konnte, um andere zu heilen. Der Priester war ein Magnetiseur. Den Kranken mangelt es an Mischsubstanzen, an Magnetismus, an »Leben«.

Diese Mischsubstanzen sind sichtbar, wenn sie konzentriert werden. Eine Aura, ein Lichthof, ist etwas Wirkliches, und an heiligen Orten oder in Kirchen kann man sie bisweilen beobachten.

Mesmer hat die Verwendung dieser Substanz wiederentdeckt. Um sie verwenden zu können, muss man sie zunächst erwerben.

Dasselbe gilt für die Aufmerksamkeit.

Aufmerksamkeit erlangt man nur durch bewusste Arbeit und absichtliches Leiden, durch freiwilliges Vollbringen kleiner Handlungen.

Machen Sie ein kleines Ziel zu Ihrem Gott, das wird Sie zum Erwerb von Magnetismus führen. Der Magnetismus lässt sich wie Elektrizität konzentrieren und in einen Strom verwandeln.

Inneres Leben und äußeres Leben

New York, 22. Februar 1924

JEDER VON IHNEN BRAUCHT DRINGEND EINE BESONDERE Übung, sowohl um die Arbeit weiterzuführen als auch um sich im äußeren Leben zu bewähren.

Wir haben zwei Leben, ein inneres und ein äußeres Leben, und demzufolge haben wir zwei Arten des Sich-Richtens. Wir richten uns fortwährend nach etwas.

Sie schaut mich an. Innerlich empfinde ich eine Abneigung gegen sie, ich bin über sie verärgert, dennoch bleibe ich äußerlich höflich. Ich bin gezwungenermaßen höflich, weil ich sie brauche. Innerlich bin ich, was ich bin, aber äußerlich zeige ich mich anders. Dies ist äußeres Sich-Richten. Jetzt sagt sie, ich sei ein Dummkopf. Das bringt mich in Wut. Die Tatsache, dass ich wütend bin, ist ein Ergebnis, doch was in mir vorgeht, ist ein inneres Sich-Richten.

Das innere Sich-Richten und das äußere Sich-Richten sind verschieden. Wir müssen lernen, die beiden Arten des Sich-Richtens, das innere und das äußere, einzeln zu beherrschen. Wir wollen uns nicht nur innerlich wandeln, sondern auch äußerlich.

Als sie mir gestern einen unfreundlichen Blick zuwarf, war ich verärgert. Aber heute verstehe ich: Wenn sie mich so angeschaut hat, dann vielleicht deshalb, weil sie dumm ist; oder weil sie etwas über mich erfahren oder gehört hatte. Und heute will ich ruhig bleiben. Sie ist eine Sklavin, und innerlich sollte ich nicht über sie aufgebracht sein. Von heute an will ich im Inneren ruhig sein.

Äußerlich will ich heute höflich sein, doch wenn nötig, kann ich verärgert erscheinen. Äußerlich geht es darum, dass ich das tue, was für sie und für mich das Beste ist. Ich habe mich nach etwas zu richten; jedoch das innere Sich-Richten und das äußere Sich-Richten müssen verschieden sein.

Beim Durchschnittsmenschen entspringt die äußere Haltung der inneren Haltung. Wenn ich sie höflich finde, dann bin ich auch höflich. Doch diese Haltungen sollten getrennt sein.

Innerlich sollten wir frei sein von dem Sich-Richten; hingegen sollten wir äußerlich weit über das bisher Praktizierte hinausgehen. Der gewöhnliche Mensch ist den inneren Bewegungen ausgeliefert.

Wenn wir von Wandel sprechen, meinen wir natürlich die Notwendigkeit eines inneren Wandels. Äußerlich bedarf es, falls alles in Ordnung ist, keiner Veränderung. Ist nicht alles in Ordnung, so bedarf es womöglich auch keiner Veränderung, weil es sich vielleicht um eine Originalität handelt. Was unvermeidlich bleibt, ist der innere Wandel.

Bisher haben wir nichts verändert; von heute an wollen wir uns ändern. Allein wie soll man sich ändern? Zunächst müssen wir das Unnütze abtrennen, aussondern, beseitigen und etwas Neues bauen. Im Menschen gibt es vieles Gute und vieles Schlechte. Wenn wir alles beseitigen, dann müssen wir später wieder etwas herbeischaffen.

Hat ein Mensch Mängel im äußeren Bereich, so muss er sie beheben. Wer schlecht erzogen ist, sollte eine gute Erziehung erwerben. Doch dies betrifft das Leben.

Die Arbeit braucht nichts Äußerliches. Sie bedarf nur des Inneren. Äußerlich sollten wir auf allen Gebieten eine Rolle spielen; der Mensch muss äußerlich ein Schauspieler sein, sonst wird er den Erfordernissen des Lebens nicht gerecht. Der eine Mensch liebt eine Sache; der andere eine andere Sache: Wollen Sie mit beiden befreundet sein und verhalten Sie sich ihnen gegenüber auf ein und dieselbe Weise, dann wird es einem von beiden missfallen. Sie sollten sich gegenüber jedem in der Weise benehmen, die ihm persönlich gefällt.

Aber innerlich muss es anders sein.

So wie die Dinge heute liegen, vor allem in unserer Zeit, richtet sich jeder Mensch auf völlig mechanische Weise. Wir reagieren auf alles, was uns von außen berührt. Wir gehorchen Befehlen... Sie ist freundlich, und daher bin ich freundlich; sie ist böse, also bin ich böse. Ich bin so, wie sie will, dass ich bin, ich bin eine Marionette. Aber auch sie ist eine mechanische Marionette. Auch sie gehorcht mechanisch Befehlen und tut, was ein anderer von ihr will.

Wir müssen aufhören, innerlich zu reagieren. Ist jemand gegen uns grob, so dürfen wir innerlich nicht reagieren. Wem dies gelingt, der wird freier sein. Es ist sehr schwierig.

~

Der Mensch ist gleichsam ein Pferdegespann.* Das Pferd, das in uns ist, gehorcht den von außen kommenden Befehlen. Unser Verstand ist zu schwach, um in uns zu handeln: Selbst wenn er den Befehl zum Anhalten gibt, hält im Inneren nichts an.

Wir erziehen ausschließlich unseren Verstand. So wissen wir, wie wir uns gegen diesen oder jenen zu benehmen haben. »Guten Tag.« »Wie geht es Ihnen?« Doch dies weiß nur der Kutscher. Hoch oben auf seinem Sitz hat er alles gelesen, was ihm diesbezüglich in die Hände fiel. Das Pferd hingegen hat überhaupt keine Erziehung erhalten. Nicht einmal das Alphabet hat man ihm beigebracht, es kennt keine Sprache, war niemals auf der Schule. Gleichwohl war es durchaus imstande zu lernen – aber wir haben es vollkommen vergessen... So wuchs es auf als ein vernachlässigtes Waisenkind. Es kennt nur zwei Wörter: »rechts« und »links«.

Was ich über den inneren Wandel sagte, bezieht sich einzig und allein auf die Notwendigkeit einer Veränderung beim Pferd. Verändert sich das Pferd, dann können wir uns ändern, sogar äußerlich. Verändert sich das Pferd nicht, so bleibt alles beim Alten, gleichviel wie lange wir studieren.

Wenn Sie ruhig in Ihrem Zimmer sitzen, ist es leicht, sich zum Wandel zu entschließen. Doch sobald Sie jemandem begegnen, beginnt das Pferd, sich zu sträuben.

In uns haben wir ein Pferd. Das Pferd muss sich verändern.

Falls jemand meint, das Studium seiner selbst werde ihm helfen, und er sei in der Lage, sich zu wandeln, so irrt er sich gewaltig. Auch wenn er alle Bücher läse, Jahrhunderte lang studierte, alle Erkenntnisse sich aneignete, alle Mysterien ergründete – es würde zu nichts führen.

Weil alle diese Kenntnisse nur dem Kutscher gehören. Und der kann trotz seines Wissens den Wagen nicht ohne das Pferd ziehen – er ist zu schwer.

Vor allem müssen Sie sich klarmachen, dass Sie nicht Sie selbst sind. Sie können sich darauf verlassen, glauben Sie mir. Sie sind das Pferd. Wenn Sie arbeiten möchten, so müssen Sie zunächst dem Pferd eine Sprache beibringen, in der Sie mit ihm sprechen, ihm Ihr Wissen mitteilen und ihm so auch die Notwendigkeit einer Veränderung seiner Neigung beweisen können. Gelingt Ihnen

* Vergleiche G.I. Gurdjieff: *Beelzebubs Erzählungen für seinen Enkel,* Basel: Sphinx Verlag, 1981, Seite 1271 ff.

das, dann wird das Pferd seinerseits, mit Ihrer Hilfe, zu lernen anfangen.

Aber der Wandel ist nur innerlich möglich.

Was nun den Wagen angeht, so wurde sein Vorhandensein völlig vergessen. Dennoch macht er einen Teil, und einen wichtigen Teil des Gespannes aus. Er hat sein eigenes Leben, das die Grundlage unseres Lebens darstellt. Er hat seine eigene Psychologie. Er denkt, ist hungrig, hat Wünsche, nimmt an der gemeinsamen Arbeit teil. Auch er hätte erzogen, zur Schule geschickt werden sollen, doch weder seine Eltern noch jemand anders kümmerten sich darum. Nur der Kutscher wurde ausgebildet. Er kennt Sprachen, weiß, wo sich die und die Straße befindet. Freilich kann er sich nicht ganz allein dorthin begeben.

Ursprünglich wurde unser Wagen zur Verwendung in einer gewöhnlichen Stadt gebaut; alle mechanischen Teile waren so konstruiert, dass sie sich für die Landstraße eigneten. Der Wagen hat viele kleine Räder. Der Gedanke war der, dass die Unebenheiten der Fahrbahn das Schmieröl gleichmäßig verteilen und so die Räder einfetten würden. Allerdings war all dies für einen Typus von Stadt berechnet, in welchem die Straßen nicht allzu eben sind. Inzwischen hat sich die Stadt verändert, doch das Wagenmodell ist das gleiche geblieben. Es war zum Transport von Gepäck gebaut worden, aber heutzutage befördert es Fahrgäste. Der Wagen verkehrt ständig auf ein und derselben Straße, dem »Broadway«. Durch langes Nichtbenutzen sind einige Teile rostig geworden. Wenn er hin und wieder einen anderen Weg einschlagen muss, hat er fast immer eine Panne, die dann eine mehr oder weniger bedeutsame Überholung notwendig macht. Mehr schlecht als recht vermag er noch auf dem »Broadway« zu verkehren, um jedoch auf einer anderen Straße zu fahren, müsste er zunächst umgebaut werden.

Jeder Wagen hat eine ihm eigene Schwungkraft; in einem gewissen Sinn könnte man indes sagen, dass unser Wagen sie verloren habe. Und dabei kann er nicht ohne Schwungkraft arbeiten.

Darüber hinaus vermag das Pferd nur, sagen wir, fünfzig Kilo zu ziehen, während der Wagen hundert Kilo laden kann. Deshalb können sie, selbst wenn sie es wünschen, nicht zusammenarbeiten.

Manche Fahrzeuge sind so defekt, dass man nichts mehr mit ihnen anfangen kann. Sie lassen sich gerade noch verkaufen. Andere sind wohl noch reparierbar. Doch das verlangt viel Zeit, denn einige Teile sind sehr schadhaft. Da gilt es, die Mechanik auseinanderzunehmen, alle Metallteile in Öl zu legen, zu reinigen und dann wieder zusammenzusetzen. Einige davon müssen ersetzt werden. Bestimmte Teile sind billig und leicht zu erstehen, aber bei anderen ist der Preis zu hoch. Manchmal ist es preiswerter, einen neuen Wagen zu kaufen, als den alten zu reparieren.

Es ist durchaus möglich, dass alle hier Anwesenden nur mit einem Teil ihrer selbst wünschen und wünschen können. Wiederum ist es nur der Kutscher, der wünscht, denn er hat etwas gelesen, hat etwas gehört. Er besitzt viel Fantasie und fliegt in seinen Träumen sogar zum Mond.

Ich wiederhole: Wer glaubt, er könne etwas an sich selbst bewirken, der irrt sich gewaltig. Innerlich etwas zu ändern, ist sehr schwierig. Was Sie wissen, ist das Wissen des Kutschers. Ihre gesamten Kenntnisse sind nur Manipulationen. Eine wirkliche Veränderung ist überaus schwierig, schwieriger, als eine Million Dollar auf der Straße zu finden.

~

Frage: Warum wurde das Pferd nicht erzogen?

Antwort: Der Großvater und die Großmutter vergaßen es nach und nach, und alle Verwandten vergaßen es. Erziehung erfordert Zeit, erfordert Leiden: Das Leben wird dadurch unruhiger. Anfangs unterließen sie seine Erziehung aus Trägheit und später haben sie nicht einmal mehr daran gedacht.

Auch hier ist das Gesetz der Drei am Werk. Zwischen dem positiven und dem negativen Prinzip muss es Reibung, Leiden, geben. Leiden führt zum dritten Prinzip. Es ist hundertmal leichter, passiv zu sein, sodass sich das Leiden und sein Ergebnis außerhalb von uns und nicht in uns abspielt. Ein inneres Ergebnis tritt ein, wenn alles *in* Ihnen abläuft.

Wir sind zuweilen aktiv, zu anderen Zeiten passiv. Eine Stunde lang sind wir aktiv, eine andere Stunde passiv. Wenn wir aktiv sind, geben wir uns aus; wenn wir passiv sind, ruhen wir. Wenn jedoch alles in Ihnen abläuft, können Sie sich nicht ausruhen, das Gesetz wirkt ständig. Selbst wenn Sie nicht leiden, sind Sie doch nicht ruhig.

Jeder Mensch verabscheut das Leiden, jeder möchte Ruhe finden. Jeder wählt das, was ihm leichtfällt, was ihn am wenigsten stört, jeder versucht, nicht zu viel zu denken.

Nach und nach fanden unser Großvater und unsere Großmutter Geschmack daran, sich auszuruhen. Jeden Tag etwas mehr:

am ersten Tag fünf Minuten, am nächsten Tag zehn Minuten und so weiter. Bald verbrachten sie die Hälfte ihrer Zeit in der Ruhe. Und das Gesetz ist dergestalt, dass, wenn eine Sache um eine Einheit zunimmt, eine andere Sache um eine Einheit abnimmt. Wo mehr ist, dort wird etwas hinzugefügt; und wo weniger ist, dort wird etwas abgezogen. Allmählich unterließen unser Großvater und unsere Großmutter die Erziehung des Pferdes. Und heutzutage denkt keiner mehr daran.

~

Frage: Wie kann man mit der inneren Wandlung beginnen?

Antwort: Mein Rat ist das, was ich über das Sich-Richten sagte. Sie müssen dem Pferd zunächst eine neue Sprache beibringen, es vorbereiten für den Wunsch nach einem Wandel.

Wagen und Pferd sind miteinander verbunden. Pferd und Kutscher stehen ebenfalls in Verbindung, und zwar durch die Zügel. Das Pferd kennt zwei Wörter: »rechts« und »links«. Mitunter ist der Kutscher nicht in der Lage, dem Pferd Befehle zu geben, weil die Zügel die Eigenart haben, entweder sich zu verdicken oder sich zu dehnen. Sie bestehen nicht aus Leder. Wenn sich unsere Zügel dehnen, kann der Kutscher das Pferd nicht lenken. Das Pferd kennt nur die Sprache der Zügel. Der Kutscher kann noch so sehr schreien: »Nach rechts, Canaille«, das Pferd rührt sich nicht. Zieht er die Zügel, so versteht ihn das Pferd. Vielleicht hat auch das Pferd eine Sprache, aber es ist nicht die des Kutschers. Möglicherweise ist es Arabisch...

Eine ähnliche Situation herrscht zwischen Pferd und Wagen aufgrund der Deichsel. Dies macht eine weitere Erklärung erforderlich.

Wir haben in uns eine Art Magnetismus, der nicht nur aus einer Substanz besteht, sondern aus mehreren. Er bildet sich in uns, wenn die Maschine arbeitet, und stellt einen wichtigen Teil unserer Beschaffenheit dar.

Als wir von der Nahrung sprachen, erwähnten wir nur eine einzige Oktave. Es handelt sich hierbei jedoch um drei Oktaven. Eine gewisse Oktave erzeugt eine Substanz, die anderen erzeugen andere Substanzen. Wenn die Maschine mechanisch arbeitet, wird die erste Substanz hergestellt. Bei unterbewusster Arbeit entsteht eine andere Substanz. Gibt es keine unterbewusste Arbeit, so wird diese Substanz nicht produziert. Und wenn wir bewusst arbeiten, erzeugen wir eine dritte Substanz.

Untersuchen wir nun diese drei Substanzen. Die erste entspricht der Deichsel, die zweite den Zügeln, die dritte derjenigen Substanz, die es dem Kutscher ermöglicht, die Stimme des Fahrgastes zu hören. Sie wissen, dass sich der Ton im Vakuum nicht ausbreitet; eine gewisse Substanz muss vorhanden sein.

Wir müssen den Unterschied verstehen zwischen einem zufälligen Fahrgast und dem Herrn des Wagens. Das »Ich« ist der Herr, wenn wir ein »Ich« haben. Wenn wir keins haben, so gibt es jederzeit im Wagen jemanden, der dem Kutscher Befehle erteilt. Zwischen Fahrgast und Kutscher besteht eine Substanz, die es dem Kutscher erlaubt zu hören. Ob diese Substanz vorhanden ist oder nicht, hängt von vielen Zufälligkeiten ab. Sie kann fehlen. Ist sie vorhanden, dann kann der Fahrgast dem Kutscher Befehle geben, aber der Kutscher ist womöglich nicht in der Lage, dem Pferd zu befehlen – manchmal kann er es, manchmal nicht. Diese Substanz entsteht aus vielerlei Dingen. Heute vermögen Sie es nicht, morgen vermögen Sie es. Alles hängt von der vorhandenen Substanz ab.

Eine dieser Substanzen bildet sich, wenn wir leiden. Wir leiden, sobald wir nicht länger mechanisch ruhig sind. Es gibt verschiedene Arten des Leidens. Zum Beispiel: Ich möchte Ihnen gerne etwas erzählen, habe aber das Gefühl, dass ich besser nichts sage. Eine Seite von mir möchte erzählen, die andere möchte Schweigen bewahren. Der Kampf erzeugt eine Substanz. Nach und nach sammelt sich diese Substanz an einer bestimmten Stelle an.

~

Frage: Was ist Eingebung?

Antwort: Eingebung ist eine Assoziation. Es ist die Arbeit eines einzigen Zentrums. Eingebung ist von geringem Wert, seien Sie dessen versichert.

Sooft es ein aktives Element gibt, gibt es ein passives Element. Wenn Sie an Gott glauben, dann glauben Sie auch an den Teufel. All das ist bedeutungslos. Ob Sie gut oder böse sind – das ist ohne Belang. Nur der Konflikt zwischen zwei entgegengesetzten Seiten ist von Wert.

Allein der Konflikt, der Widerspruch kann ein Ergebnis hervorbringen. Aber es bedarf einer großen Ansammlung von Substanzen, bevor etwas Neues in Erscheinung zu treten vermag.

In jedem Augenblick kann es einen Widerstreit in Ihnen geben, aber Sie sehen sich nie. Was ich jetzt sage, werden Sie erst in dem Moment glauben, da Sie sich anschicken, den Blick nach innen zu richten – dann werden Sie es sehen. Falls Sie etwas zu tun versuchen, was Sie nicht tun wollen, werden Sie leiden. Wenn Sie etwas tun möchten und es nicht tun, werden Sie ebenfalls leiden.

Was Ihnen gefällt – sei es gut oder schlecht –, ist gleichgültig. Das Gute ist ein relativer Begriff. Erst wenn Sie zu arbeiten anfangen, beginnt Ihr Gut und Böse zu existieren.

~

Frage: Der Widerstreit zwischen zwei Wünschen führt zu Leiden. Doch es gibt ein Leiden, das ins Narrenhaus führt.

Antwort: Es gibt verschiedene Arten des Leidens. Wir wollen es zunächst in zwei Kategorien unterteilen: in unbewusstes Leiden und bewusstes Leiden.

Die erste Art bringt nichts ein. Zum Beispiel, Sie leiden Hunger, weil Sie kein Geld haben, um sich Brot zu kaufen. Wenn Sie hingegen Brot haben, es jedoch nicht essen und daher leiden, so ist es besser.

Wenn Sie mit einem einzigen Zentrum leiden, sei es mit dem Denkzentrum oder dem Gefühlszentrum, gehen Sie geradewegs in die Irrenanstalt.

Leiden muss harmonisch sein. Es muss eine Entsprechung geben zwischen Feinem und Grobem. Sonst kann etwas zerbrechen.

Sie haben viele Zentren: nicht drei, nicht fünf, nicht sechs, sondern mehr. Unter diesen gibt es eine Stelle, wo es zur Auseinandersetzung kommen kann. Das Gleichgewicht kann gestört werden. Sie haben ein Haus gebaut, aber das Gleichgewicht ist gestört, das Haus stürzt ein, und alles wird vernichtet.

Im Augenblick erkläre ich die Dinge theoretisch, um Material für ein gegenseitiges Verständnis bereitzustellen.

Etwas zu tun, wie klein es auch sei, bringt ein großes Risiko mit sich. Das Leiden kann ernste Folgen haben. Momentan spreche ich vom Leiden theoretisch, um es Ihnen verständlich zu machen. Doch das gilt nur für den Augenblick. Im Institut denkt man nicht an das zukünftige Leben, man denkt nur an den morgigen Tag. Der Mensch ist außerstande zu sehen und außerstande zu glauben. Nur wenn er sich selbst kennt und seinen inneren Aufbau kennt, kann er sehen. Einstweilen studieren wir rein äußerlich.

Es ist möglich, die Sonne, den Mond zu studieren. Doch der Mensch hat alles in sich. Ich habe die Sonne in mir, den Mond, Gott. Ich bin das ganze Leben in seiner Gesamtheit.

Um das zu verstehen, muss man sich selbst erkennen.

Jedes Tier arbeitet gemäß seiner Beschaffenheit

Prieuré, 17. Januar 1923

JEDES TIER ARBEITET GEMÄSS SEINER BESCHAFFENHEIT. EIN Tier arbeitet mehr, ein anderes weniger; aber jedes arbeitet nach seiner natürlichen Veranlagung. Auch wir arbeiten. Unter uns taugt der eine mehr zur Arbeit, der andere weniger. Wer wie ein Ochse arbeitet, ist nichts wert, und wer nicht arbeitet, ist ebenfalls nichts wert. Der Wert der Arbeit liegt nicht in der Quantität, sondern in der Qualität. Leider muss ich sagen, dass unsere Leute hier in qualitativer Hinsicht nicht sehr zufriedenstellend arbeiten. Möge die Arbeit, die sie bisher verrichtet haben, ihnen zumindest als eine Quelle der Gewissensbisse dienen! Wenn sie sich als Anlass zu Gewissensbissen erweist, dann ist sie sinnvoll; andernfalls taugt sie zu nichts.

Wie gesagt, arbeitet jedes Tier gemäß dem, was es ist. *Ein* Tier – sagen wir ein Wurm – arbeitet völlig mechanisch; man kann nichts anderes von ihm erwarten. Er hat nur ein einziges, und zwar ein mechanisches Gehirn. Ein anderes Tier arbeitet und bewegt sich nur vermittels des Gefühls – denn der Aufbau seines Gehirns ist dergestalt. Ein drittes Tier nimmt die hier »Arbeit« genannte Bewegung allein über den Intellekt wahr; und man kann von diesem Tier nichts anderes verlangen, da es ja über kein weiteres Gehirn verfügt; es lässt sich von ihm sonst nichts erwarten, weil die Natur es mit dieser Art Gehirn geschaffen hat.

Demnach hängt die Qualität der Arbeit von dem jeweiligen Gehirn ab. Wenn wir die verschiedenen Tierarten betrachten, so sehen wir, dass es einhirnige, zweihirnige und dreihirnige Tiere gibt. Der Mensch ist ein dreihirniges Tier. Aber wer drei Gehirne hat, muss häufig, sagen wir, fünfmal mehr arbeiten als der, der nur zwei Gehirne hat. Der Mensch ist so geschaffen, dass von ihm mehr Arbeit verlangt wird, als er aufgrund seiner Beschaffenheit zu leisten vermag. Hieran ist nicht der Mensch schuld, sondern die Natur. Die Arbeit des Menschen ist nur dann von Wert, wenn er darin bis zur äußersten Grenze seiner Möglichkeiten geht.

Normalerweise erfordert die Arbeit des Menschen die Mitwirkung von Gefühl und Denken. Fehlt eine dieser Funktionen, so bleibt die Qualität seiner Arbeit auf dem Arbeitsniveau, das ein zweihirniges Wesen erreicht. Wenn der Mensch wie ein Mensch arbeiten will, dann muss er lernen, *wie ein Mensch* zu arbeiten. Dies ist leicht einzusehen – genauso leicht, wie das Tier vom Menschen zu unterscheiden –, und wir werden es bald lernen. Vorläufig müssen Sie mir aufs Wort glauben; was von Ihnen verlangt wird, ist, dass Sie diesen Unterschied mit dem Verstand vollziehen.

Ich behaupte, dass Sie bisher nicht wie Menschen gearbeitet haben; doch es besteht die Möglichkeit, dass man lernt, wie Menschen zu arbeiten. Wie ein Mensch arbeiten bedeutet, dass ein Mensch fühlt, was er gerade macht, und daran denkt, warum und wofür er es macht, wie er es heute macht, wie es gestern zu machen war, wie er es morgen machen muss und welches ganz allgemein die beste Weise ist, es zu machen, – und ob es nicht noch eine bessere Weise gibt. Wer in der richtigen Art arbeitet, dem gelingt es, immer bessere Arbeit zu verrichten. Bei einem zweihirnigen Geschöpf hingegen gibt es keinen Unterschied zwischen seiner gestrigen, seiner heutigen oder seiner morgigen Arbeit.

Bei unserer Arbeit hat nicht ein einziger wie ein Mensch gearbeitet. Doch für das Institut ist es wesentlich, dass anders gearbeitet wird. Jeder muss für sich arbeiten, denn die anderen können nichts für ihn tun. Wenn Sie, sagen wir, eine Zigarette herzustellen verstehen wie ein Mensch, dann wissen Sie bereits, wie man einen Teppich macht. Dem Menschen ist die gesamte erforderliche Ausrüstung gegeben, um alles nur Denkbare zu machen. Jeder Mensch kann all das tun, was die anderen können. Was ein Mensch vermag, das vermag jedermann. Genie, Talent, all das ist Unsinn. Das Geheimnis ist einfach: Die Dinge wie ein Mensch tun. Wer in der Lage ist, zu denken und die Dinge wie ein Mensch zu tun, kann eine Sache sogleich genauso gut ausführen wie derjenige, der sie sein ganzes Leben lang, allerdings nicht wie ein Mensch getan hat. Wofür dieser zehn Jahre brauchte, um es zu lernen, das lernt der andere in zwei oder drei Tagen, und er macht es dann besser als der, der es sein ganzes Leben über gemacht hat. Ich bin Leuten begegnet, die ihr Lebtag nicht wie ein Mensch gearbeitet hatten, die jedoch, nachdem sie es gelernt hatten, sowohl die feinste wie auch die gröbste Arbeit ausführen konnten, obgleich sie nie zuvor davon gehört hatten.

Das Geheimnis ist sehr einfach und sehr leicht: Man muss lernen, wie ein Mensch zu arbeiten. Und dies geschieht, wenn ein Mensch eine Sache macht und zugleich an das denkt, was er macht, die Weise studiert, wie die Sache durchgeführt werden sollte, und darüber alles vergisst: seine Großmutter, seinen Großvater und sogar sein Abendessen.

~

Anfangs ist es sehr schwierig. Ich werde Ihnen theoretische Hinweise geben, wie Sie arbeiten sollen; das Übrige hängt von jedem Einzelnen ab. Aber ich mache Sie darauf aufmerksam, dass ich Ihnen nur so viel sagen werde, wie Sie in die Tat umsetzen; je mehr Sie das Gesagte in die Tat umsetzen, desto mehr werde ich erklären. Auch wenn einige es nur eine Stunde lang machen, so werde ich mit denen so lange sprechen, wie es nötig ist, vierundzwanzig Stunden, wenn es sein muss. Diejenigen jedoch, die weiterhin so arbeiten wie vorher, soll der Teufel holen!

Das Wesen der richtigen menschlichen Arbeit zeigt sich, wie gesagt, im Zusammenwirken der drei Zentren, des Bewegungs-, des Gefühls- und des Denkzentrums. Wenn die drei Zentren zusammenarbeiten und eine Handlung vollbringen, dann ist es die Arbeit eines Menschen. Den Parkettfußboden zu bohnern, so wie es sich gehört, ist tausendmal wertvoller als fünfundzwanzig Bücher zu schreiben. Doch bevor man sich anschickt, mit allen drei Zentren zu arbeiten, und sie auf eine bestimmte Arbeit konzentriert, ist es notwendig, jedes Zentrum einzeln so vorzubereiten, dass es sich konzentrieren kann. Hierbei gilt es, das Bewegungszentrum in der Zusammenarbeit mit den anderen Zentren zu üben. Und man darf nicht vergessen, dass jedes Zentrum in drei Teile unterteilt ist.

Unser Bewegungszentrum ist mehr oder weniger angepasst. Unter dem Gesichtspunkt der Schwierigkeit ist das zweite Zentrum das Denkzentrum, danach kommt das Gefühlszentrum, das schwierigste von allen. Mit unserem Bewegungszentrum erreichen wir bereits kleine Dinge. Aber das Denkzentrum und das Gefühlszentrum können sich überhaupt nicht konzentrieren.

Das Ziel besteht nicht etwa darin, dass es einem gelingt, seine Gedanken in einer bestimmten Richtung zusammenzufassen. Wenn uns dies gelingt, so handelt es sich um eine mechanische Konzentration, die jedermann erlangen kann – es ist nicht die Konzentration eines Menschen. Worauf es ankommt, ist: zu wissen, wie man von den Assoziationen unabhängig sein kann. Wir beginnen darum mit dem Denkzentrum. (Beim Bewegungszentrum führen wir die gleichen Übungen fort wie zuvor.)

Ehe wir weitergehen, wäre es nützlich, wenn wir in einer bestimmten Ordnung denken lernten. Jeder von Ihnen möge irgendeinen Gegenstand wählen, sich dazu die folgenden Fragen stellen und je nach seinen Kenntnissen und seinem Material darauf antworten:

1. Sein Ursprung.
2. Die Ursache seines Ursprungs.
3. Seine Geschichte.
4. Seine Eigenschaften und Merkmale.
5. Die Gegenstände, die damit in Verbindung oder in Beziehung stehen.
6. Sein Gebrauch und seine Anwendungen.
7. Seine Wirkungen und Folgen.
8. Was er erklärt und beweist.
9. Sein Ende oder seine Zukunft.
10. Ihre Meinung; die Ursache und die Beweggründe für diese Meinung.

Warum sind wir hier?

Prieuré, 21. August 1923

FÜR EINE ANZAHL VON IHNEN HAT DER AUFENTHALT HIER überhaupt keinen Sinn mehr. Wenn man diese fragte, warum sie hier seien, so wären sie entweder völlig außerstande, darauf zu antworten, oder sie würden etwas Unsinniges sagen und eine ganze Philosophie vortragen, ohne allerdings ein Wort von all dem zu glauben. Einige wussten vielleicht am Anfang, weshalb sie gekommen waren, doch sie haben es vergessen.

Ich nehme an, dass jeder, der hierherkommt, bereits die Notwendigkeit, etwas zu tun, eingesehen und selbst schon einige Versuche gemacht hat. Seine Bemühungen führten ihn zu der Schlussfolgerung, dass es unter den Bedingungen des gewöhnlichen Lebens unmöglich ist, irgendetwas zu erreichen. Und so begann er, sich umzuhören, nach Orten Ausschau zu halten, wo dank im Voraus festgelegter Bedingungen die Arbeit an sich selbst möglich ist. Schließlich findet er etwas; er erfährt, dass hier eine solche Arbeit möglich sei. Und in der Tat wurde dieser Ort geschaffen und organisiert, damit der Suchende hier jene Bedingungen vorfinden kann, nach denen er suchte.

Doch einige von Ihnen machen sich diese Bedingungen nicht zunutze; ich könnte sogar sagen: Sie sehen diese Bedingungen nicht. Und die Tatsache, dass sie sie nicht sehen, ist ein Beweis dafür, dass sie in Wirklichkeit nicht danach strebten und mithin in ihrem Alltagsleben gar nicht das zu erreichen suchten, wonach sie angeblich trachteten. Wer aus den Bedingungen hier keinen Nutzen zieht für die Arbeit an sich selbst und wer sie nicht sieht, für den ist dies der falsche Ort. Er vergeudet seine Zeit, indem er hierbleibt, behindert andere und nimmt jemandem anders den Platz weg. Der Platz ist hier begrenzt, und aus Raummangel muss ich viele Bewerber zurückweisen. Sie müssen entweder diesen Ort ausnutzen oder ihn verlassen.

Ich wiederhole: Ich gehe von der Annahme aus, dass, wer hierherkommt, bereits eine vorbereitende Arbeit ausgeführt, an Vorträgen teilgenommen und etwas selbst versucht hat.

Diejenigen, die hier sind, haben also schon die Notwendigkeit der Arbeit an sich selbst verstanden und wissen ungefähr, wie man sie ausführen sollte, doch aus Gründen, die sich ihrer Einflussnahme entziehen, sind sie dazu nicht in der Lage. Demzufolge brauche ich nicht erneut zu wiederholen, warum jeder von Ihnen hier ist.

Meine Arbeit kann ich nur insofern weiterführen, als das bereits Empfangene im praktischen Leben Anwendung findet. Leider ist das nicht der Fall, weil die Leute zwar hier leben, aber nicht arbeiten; sie handeln nur unter äußerem Druck wie die Tagelöhner im gewöhnlichen Leben.

Daher schlage ich diesen Personen vor, sie möchten von jetzt an so arbeiten, wie sie es früher einmal verstanden hatten, sowie ihren einstigen Ideen wieder Leben verleihen und sich ernsthaft an die

Arbeit machen – oder aber sofort begreifen, dass ihre Anwesenheit hier zwecklos ist. So wie die Dinge liegen, wird, auch wenn sie zehn Jahre lang weitermachen, nichts dabei herauskommen.

Ich bin in keiner Weise verantwortlich. Die Betreffenden sollen wirklich einen Versuch machen. Sonst sind sie noch imstande, eine Entschädigung für die verlorene Zeit zu fordern. Sie mögen ihre früheren Absichten in sich wiedererwecken und somit ihren Aufenthalt für sich und ihre Umgebung nutzbringend gestalten.

Wer hier ein bewusster Egoist sein kann, der vermag es, im Leben kein Egoist zu sein. Hier ein Egoist sein bedeutet: Niemandem Beachtung schenken, nicht einmal mir, jeden Menschen und jedes Ding als ein Mittel zur Selbsthilfe betrachten. Ein Sich-Richten nach irgendetwas oder nach irgendjemandem darf es nicht geben. Es geht nicht darum zu wissen, wer töricht ist und wer klug. Der Narr ist ein gutes Studien- und Arbeitsgebiet. Der kluge Mensch ebenfalls. Mit anderen Worten, sie sind beide notwendig. So auch der Rüpel und der anständige Mensch. Der Narr und der Kluge, der Rüpel und der Anständige, sie alle können gleichermaßen als Spiegel und als Schock dienen, damit man sich selbst sieht und studiert.

~

Darüber hinaus sollten Sie noch etwas anderes verstehen: Unser Institut ist mit einem Eisenbahnschuppen vergleichbar oder mit einer Garage, wo Reparaturarbeiten ausgeführt werden. Wenn ein Neuankömmling in die Werkstatt kommt, entdeckt er überall Maschinen, die er nie zuvor gesehen hat. Und aus gutem Grund: Alle Wagen, die er draußen erblickte, waren mit einer Karosserie versehen und bemalt; er weiß nicht, wie sie innen aussehen. Der Mann von der Straße sieht gewöhnlich nur die Karosserie. Hier in der Werkstatt sieht er die Autos ohne Motorhaube. Die Einzelteile sind abmontiert, gereinigt und den Blicken ausgesetzt; sie haben nichts mehr gemeinsam mit der Erscheinung, die er gewohnt ist. Das Gleiche gilt auch für das Institut. Wenn ein Neuer mit seinem Gepäck ankommt, wird er sogleich entkleidet. Und alle seine schlimmsten Seiten, alle seine verborgenen »Schönheiten« treten dann zutage.

Daher haben diejenigen unter Ihnen, die von dieser Erscheinung nichts wissen, den Eindruck, als hätten wir hier wirklich nur dumme, faule, begriffsstutzige Leute versammelt – mit einem Wort: den Abschaum der Menschheit. Aber sie vergessen etwas

Wichtiges: Nicht der Neue sieht diese so, wie sie sind, vielmehr hat jemand sie bloßgestellt, und deshalb sieht sie der Hinzugekommene und schreibt sich das als Verdienst zu. Während er die anderen als Dummköpfe gewahrt, macht er sich nicht klar, dass er selbst ein Dummkopf ist. Hätte nicht jemand anders sie bloßgelegt, so wäre er womöglich vor dem einen oder anderen von ihnen auf die Knie gefallen. Er sieht die Leute um sich herum entblößt, vergisst jedoch dabei, dass auch er unbekleidet dasteht. Er bildet sich ein, er könne hier ganz wie im Leben eine Maske tragen. Aber als er durch das Tor des Instituts trat, nahm ihm der Wärter sogleich die Maske ab. Hier ist er nackt; jeder verspürt unmittelbar, was er in Wirklichkeit ist.

Aus dem Grund darf sich hier keiner nach irgendjemandem innerlich richten. Hat sich einer gegen Sie schlecht benommen, so seien Sie nicht empört, denn Sie haben sich genauso verhalten. Im Gegenteil, Sie sollten sehr dankbar sein und sich glücklich schätzen, dass Sie von niemandem je eine Ohrfeige erhielten, denn bei jedem Schritt tun Sie einem anderen unrecht. Wie freundlich müssen die Leute sein, dass sie sich nicht nach Ihnen richten. Wenn jemand Ihnen hingegen das geringste Unrecht zufügt, so sind Sie gleich bereit, ihm den Schädel einzuschlagen.

Dies müssen Sie klar verstehen und sich entsprechend verhalten. Sie sollen sich der anderen mit allen deren Seiten, guten und schlechten, zu bedienen suchen; und mit Ihren eigenen Seiten, wie diese auch sein mögen, müssen Sie wiederum den anderen helfen. Ob der andere nun klug, dumm, wohlwollend, verachtenswert ist, seien Sie versichert, dass Sie in anderen Augenblicken ebenfalls dumm, klug, verachtenswert und gewissenhaft sind. Alle Leute sind gleich, nur zeigen sie sich zu verschiedenen Zeiten auf verschiedene Weise, so wie Sie selbst zu verschiedenen Zeiten verschieden sind. Wie Sie in bestimmten Augenblicken Hilfe brauchen, so brauchen die anderen Ihre Hilfe. Sie sollten freilich den anderen nicht um derentwillen helfen, sondern um Ihretwillen. Erstens, wenn Sie denen helfen, werden diese Ihnen helfen; zweitens werden Sie Kenntnisse durch die anderen erwerben zum Wohle derer, die Ihnen nahestehen.

Sie müssen noch eines wissen: Bei vielen Menschen werden gewisse Zustände künstlich hervorgerufen, und zwar nicht durch sie selbst, sondern durch das Institut. Daher kann man, indem man etwa in den Zustand eines anderen eingreift, die Arbeit des Instituts behindern. Die einzige Rettung ist: sich Tag und Nacht daran erinnern, dass Sie nur um Ihrer selbst willen hier sind, dass nichts und niemand Sie stören darf oder dass Sie dergestalt zu handeln haben, dass Sie nicht gestört werden. Sie sollen sich der anderen als eines Mittels bedienen, um Ihre Ziele zu erreichen.

Dennoch macht man hier alles, nur das nicht. Das Leben des Instituts haben Sie verwandelt in etwas Schlimmeres als das gewöhnliche Leben. Etwas viel Schlimmeres. Den ganzen Tag über sind die Leute hier mit Intrigen beschäftigt, sie ziehen übereinander her und wenn sie es nicht offen machen, so wälzen sie ihre Gedanken im Inneren, urteilen über jeden und richten sich nach ihm, finden den einen sympathisch, den anderen unsympathisch; sie schließen Freundschaften, gemeinschaftlich oder einzeln, und spielen einander gemeine Streiche, wobei der Blick stets auf den schlechten Seiten eines jeden ruht.

Die Annahme, einige hier seien besser als andere, führt zu nichts. Es gibt hier keine anderen. Die Menschen hier sind weder klug noch dumm, weder Engländer noch Russen, weder gut noch schlecht. Es gibt nur defekte Automobile, so wie Sie. Und nur dank dieser defekten, zerrütteten Autos können Sie das erreichen, worauf Sie hofften, als Sie hierherkamen. Jeder von Ihnen verstand das bei seiner Ankunft. Jetzt ist es notwendig, dass Sie diese Einsicht wiedererwecken und zu Ihrer früheren Idee zurückfinden.

~

Alles, was ich gesagt habe, lässt sich in zwei Fragen zusammenfassen:

1. Warum bin ich hier?

2. Lohnt es, dass ich bleibe?

»In den großen Dingen wie in den kleinen bringen wir nie zustande, was wir beabsichtigen. Wir gehen bis zum H und kehren zum anfänglichen C zurück. Das Gleiche gilt für die Selbstentwicklung. Ohne eine zusätzliche Kraft von außen wie auch von innen erweist sie sich als unmöglich.« 25. März 1922

»Wir geben ständig mehr Energie aus, als notwendig ist, indem wir unnötige Muskeln gebrauchen, unsere Gedanken kreisen lassen und zu sehr mit dem Gefühl reagieren.

Entspannen Sie Ihre Muskeln, gebrauchen Sie nur die, die nötig sind, halten Sie die Gedanken zurück und drücken Sie Gefühle nur dann aus, wenn Sie es wollen.

Lassen Sie sich nicht von Äußerlichkeiten beeinflussen, denn diese sind an sich ungefährlich. Lassen wir es doch selber zu, dass wir verletzt werden.« Prieuré, 12. Juni 1923

»Harte Arbeit ist eine Energieinvestition, die sich lohnt. Die bewusste Verwendung der Energie ist eine einträgliche Investition; ihre automatische Verwendung ist unnütze Vergeudung.«

Prieuré, 12. Juni 1923

»Wenn sich der Körper gegen die Arbeit auflehnt, setzt schnell Ermüdung ein. Dies ist nicht der Augenblick auszuruhen, denn das hieße, dem Körper zum Sieg verhelfen.

Ruhen Sie sich nicht aus, wenn der Körper rasten möchte, hören Sie nicht darauf; aber wenn der Kopf weiß, dass er sich ausruhen sollte, tun Sie es! Hierzu muss man die Sprache des Körpers von der des Kopfes unterscheiden können und aufrichtig sein.«

25. März 1922

»Ohne Kampf kein Fortschritt und kein Ergebnis. Jedes Brechen mit einer Gewohnheit bringt eine Veränderung in der Maschine hervor.« Prieuré, 2. März 1923

III

Energie – Schlaf

Prieuré, 30. Januar 1923

IN EINEM FRÜHEREN VORTRAG SAGTE ICH IHNEN, DASS unser Organismus im Laufe von vierundzwanzig Stunden eine bestimmte Energiemenge erzeugt, die für seine Existenz notwendig ist. Ich wiederhole: eine bestimmte Menge. Gleichwohl ist diese Energiemenge viel größer als das, was ein normaler Verbrauch erfordern würde. Aber unser Leben ist so anomal, dass wir den Großteil und mitunter sogar die gesamte Menge verausgaben und noch dazu unproduktiv.

Eine der Hauptursachen für den Energieverbrauch sind all die unnötigen Bewegungen, die wir im alltäglichen Leben ausführen. Später werden Sie anhand bestimmter Experimente sehen, dass diese Energie größtenteils genau in dem Augenblick verbraucht wird, da unsere Bewegungen weniger aktiv sind.

Zum Beispiel: Wieviel Energie gibt ein Mensch an einem Tag aus, den er ganz mit körperlicher Arbeit zubringt? Ziemlich viel. Trotzdem gibt er sogar noch mehr aus, wenn er ruhig dasitzt und nichts tut. Unsere großen Muskeln verbrauchen weniger Energie, weil sie sich besser auf die Schwungkraft eingestellt haben, während die kleinen Muskeln mehr verbrauchen, weil sie sich der Schwungkraft weniger angepasst haben: Sie können nur durch Kraft in Bewegung gesetzt werden. So wie ich beispielsweise jetzt hier sitze, hat es den Anschein, als bewegte ich mich nicht. Das heißt aber nicht, dass ich keine Energie ausgebe. Jede Bewegung, jede Spannung, ob groß oder klein, ist mir nur möglich, wenn ich diese Energie ausgebe. Im Augenblick ist mein Arm gespannt, doch ich rühre mich nicht. Dennoch gebe ich mehr Energie aus, als wenn ich ihn in dieser Weise bewegte (*er macht eine Geste*).

Es ist etwas sehr Interessantes, und Sie sollten zu verstehen versuchen, was ich über die Schwungkraft sage. Wenn ich eine jähe Bewegung mache, strömt Energie herbei, doch wenn ich diese Bewegung wiederhole (*er macht die gleiche Geste*), erfordert die Schwungkraft keine Energie mehr. Sobald der erste Anstoß gegeben ist, hört der Energiestrom auf, und die Schwungkraft tritt an seine Stelle.

Jede Spannung benötigt Energie. Bei Spannungslosigkeit ist der Energieverbrauch geringer. Wenn mein Arm gespannt ist wie jetzt, verlangt das einen ununterbrochenen Strom, was bedeutet, dass er mit den Akkumulatoren verbunden ist. Bewege ich jetzt meinen Arm auf diese Weise, dann gebe ich, da es mit Unterbrechungen geschieht, noch immer Energie aus.

Leidet ein Mensch an chronischen Spannungen, so gibt er, auch wenn er nichts macht, auch wenn er sich hingelegt hat, mehr Energie aus als ein Mensch, der einen ganzen Tag mit körperlicher Arbeit zubringt. Wer hingegen diese kleinen chronischen Spannungen nicht hat, der verschwendet, wenn er nicht arbeitet oder sich nicht bewegt, gewiss keine Energie.

Fragen wir uns jetzt: Gibt es viele unter uns, die von dieser schrecklichen Krankheit frei sind? – Wir sprechen nicht von den Leuten im Allgemeinen, sondern von den hier Anwesenden; die anderen gehen uns nichts an. Fast alle haben wir diese reizende Gewohnheit.

Vergessen wir nicht, dass jene Energie, von der wir jetzt so leichthin reden und die wir unwillkürlich und ohne Not vergeuden, die gleiche Energie ist, die wir für die beabsichtigte Arbeit benötigen; ohne sie vermögen wir nichts zuwege zu bringen.

Wir können auch nicht mehr Energie erhalten. Der Energiezufluss nimmt nicht zu: Die Maschine bleibt so, wie sie geschaffen wurde. Wenn sie zum Beispiel geschaffen wurde, um zehn Ampere zu erzeugen, so wird sie auch weiterhin zehn Ampere erzeugen. Der Strom ließe sich nur vermehren, wenn man alle Drähte und Spulen veränderte. Eine Spule stellt beispielsweise die Nase dar, eine andere ein Bein, eine dritte die Hautfarbe oder die Größe des Magens. Die Maschine lässt sich also nicht verändern – ihr Aufbau bleibt so, wie er ist. Die Menge der erzeugten Energie ist konstant; selbst wenn die Maschine überholt wird, erhöht sich diese Menge nur geringfügig.

Das, was wir beabsichtigen, erfordert große Anstrengungen. Und Anstrengung verlangt viel Energie. Aber die Art von Anstrengungen, die wir bisher gemacht haben, bringt eine solche Energievergeudung mit sich, dass wir niemals werden ausführen können, was wir uns vorgenommen haben.

So brauchen wir also einerseits sehr viel Energie, und andererseits ist unsere Maschine dergestalt gebaut, dass sie nicht mehr erzeugen kann. Wie kommen wir aus dieser misslichen Lage heraus? Der einzige Ausweg, das einzige mögliche Verfahren heißt: sparsam mit der vorhandenen Energie umgehen. Wollen wir daher in dem Augenblick über Energie verfügen, da wir ihrer bedürfen, so müssen wir lernen, mit ihr, wo immer wir können, hauszuhalten.

Es steht fest, dass einer der Hauptenergieverluste auf unserem Zustand unwillkürlicher Gespanntheit beruht. Es gibt in uns viele andere Lecks, aber sie sind alle schwieriger zu reparieren. Deshalb beginnen wir mit dem Leichtesten, das heißt mit der Beseitigung dieses Lecks. Anschließend werden wir lernen, wie man mit den anderen fertigwird.

~

Der Schlaf des Menschen ist nichts anderes als die Unterbrechung der Verbindungen zwischen den Zentren. Die Zentren des Menschen schlafen nie. Da die Assoziationen ihr Leben, ihre Bewegung ausmachen, halten sie niemals an, hören sie niemals auf. Ein Stillstand der Assoziationen bedeutet den Tod. Die Bewegung der Assoziationen setzt in keinem Zentrum auch nur für einen Augenblick aus. Sie laufen sogar im tiefsten Schlaf weiter.

Wenn ein Mensch im Wachzustand sieht, hört, sein Denken wahrnimmt, so sieht, hört, nimmt er sein Denken auch im Halbschlaf wahr, und diesen Zustand nennt er »Schlaf«. Selbst in jenem Zustand, in welchem er seiner Meinung nach ganz und gar aufhört zu sehen oder zu hören – und den er auch »Schlaf« nennt –, gehen die Assoziationen weiter.

Der einzige Unterschied liegt in der Stärke der Verbindungen zwischen dem einen Zentrum und einem anderen.

Gedächtnis, Aufmerksamkeit, Beobachtung sind nichts anderes als die Beobachtung eines Zentrums durch ein anderes oder das Abhören eines Zentrums durch ein anderes. Folglich brauchen die Zentren selber nicht anzuhalten und zu schlafen. Schlaf bringt ihnen weder Vorteile noch Nachteile. Der sogenannte Schlaf ist nicht dazu da, den Zentren eine Ruhepause zu gewähren. Wie schon gesagt, tritt der Tiefschlaf ein, wenn die Verbindungen zwischen den Zentren unterbrochen sind. Und tatsächlich herrscht der vollständige Ruhezustand der Maschine, der Tiefschlaf, dann, wenn alle Verbindungen, alle Bindeglieder zu funktionieren aufhören.

Wir haben mehrere Zentren und wir haben ebenso viele Verbindungen, sagen wir fünf Verbindungen (in Wirklichkeit stimmt das nicht ganz: Einige Menschen haben zwei Verbindungen, andere haben sieben. Fünf haben wir als einen Mittelwert genommen). Der Wachzustand ist dadurch gekennzeichnet, dass alle diese Verbindungen intakt bleiben. Wenn jedoch eine davon unterbrochen ist oder nicht länger funktioniert, so sind wir weder eingeschlafen noch hellwach.

Ein Bindeglied ist abgetrennt – wir sind nicht mehr hellwach, aber auch nicht eingeschlafen. Sind zwei Bindeglieder unterbrochen, so sind wir noch weniger wach – allein wir sind noch immer nicht eingeschlummert. Wenn ein drittes unterbrochen wird, so sind wir nicht eigentlich mehr wach und dennoch nicht wirklich in Schlaf gefallen; und so weiter.

Demnach haben wir nicht, wie wir annehmen, zwei Zustände – Schlaf- und Wachzustand –, sondern mehrere. Zwischen dem aktivsten und intensivsten Zustand, den jeder haben kann, und dem passivsten Zustand gibt es bestimmte Abstufungen. Wenn nur eine Verbindung ausfällt, so ist das äußerlich nicht ersichtlich und bleibt für andere unbemerkbar. Es gibt Menschen, deren Fähigkeit, sich zu bewegen, zu gehen, zu leben, nur dann aussetzt, wenn alle Verbindungen abgebrochen sind, und es gibt andere Leute, bei denen die Unterbrechung zweier Verbindungen genügt, damit sie in Schlaf fallen. Betrachten wir den Bereich zwischen Schlaf und Wachen als einen mit sieben Verbindungen, so gibt es Leute, die im dritten Grad des Schlafes weiterhin leben, reden und gehen.

Der Zustand des Tiefschlafs ist für alle der gleiche, doch die dazwischenliegenden Abstufungen sind häufig subjektiv.

Es gibt sogar »Sonderlinge«, die sich höchst aktiv zeigen, wenn bei ihnen eine oder mehrere Verbindungen unterbrochen sind. Wenn ein solcher Zustand einem Menschen infolge seiner Erziehung zur Gewohnheit wurde und er in diesem alles erwarb, was er besitzt, dann ist seine Tatkraft darauf aufgebaut, und er kann folglich nur bei Eintritt dieses Zustands aktiv sein.

Für Sie persönlich ist der aktive Zustand relativ – in einem bestimmten Zustand können Sie aktiv sein. Allerdings gibt es einen objektiven aktiven Zustand, wenn alle Verbindungen intakt sind; und es gibt in einem entsprechenden Zustand subjektive Aktivität.

So bestehen zwischen Schlaf und Wachen vielerlei Abstufungen. Der aktive Zustand ist ein Zustand, in welchem das Denkvermögen und die Sinne bei voller Leistungsfähigkeit und mit Hochdruck arbeiten. Wie es einen objektiven Wachzustand, das heißt einen echten Wachzustand gibt, so gibt es auch einen objektiven Schlafzustand. »Objektiv« heißt wirklich aktiv oder passiv.

Auf alle Fälle muss jeder verstehen, dass der Zweck des Schlafes nur dann erreicht wird, wenn alle Verbindungen zwischen den Zentren unterbrochen sind. Nur dann kann die Maschine erzeugen, was sie während des Schlafes erzeugen soll.

Der Tiefschlaf ist ein Zustand, in welchem wir keine Träume oder Empfindungen haben. Hat man jedoch Träume, so bedeutet dies: Eine Verbindung ist nicht unterbrochen, da ja Gedächtnis, Beobachtung, Empfindung nichts anderes sind als die Beobachtung eines Zentrums durch ein anderes. Wenn Sie also sehen, was in Ihnen vorgeht, oder wenn Sie sich daran erinnern, heißt dies, dass ein Zentrum ein anderes beobachtet. Und wenn es zu beobachten vermag, dann deshalb, weil etwas vorhanden ist, wodurch es dies kann. Und wenn etwas vorhanden ist, wodurch ein Beobachten möglich wird, dann ist die Verbindung nicht abgebrochen.

Hieraus folgt: Befindet sich die Maschine in gutem Zustand, so braucht sie nur sehr kurze Zeit, um jene Stoffmenge herzustellen, die der Zweck des Schlafes ist; auf jeden Fall viel weniger Zeit, als wir gewöhnlich im Schlaf verbringen. Was wir »Schlaf« nennen, wenn wir zwischen sieben und zehn Stunden oder Gott weiß wie lange schlafen, ist kein Schlaf. Diese Zeit bringt man größtenteils nicht im Schlaf zu, sondern in jenen Übergangsstadien, jenen unnötigen Halbtraumzuständen.

Einige Leute brauchen mehrere Stunden, um einzuschlafen, und mehrere Stunden, um danach wieder zu sich zu kommen. Könnten wir auf einmal einschlafen und ebenso schnell vom Schlaf zum Wachzustand übergehen, so würden wir auf diese Übergangsstadien nur ein Drittel oder ein Viertel der Zeit verwenden, die wir gegenwärtig dabei verlieren. Aber wir wissen nicht, wie man diese Verbindungen willentlich unterbricht. Sie werden bei uns mechanisch unterbrochen und wiederhergestellt.

Wir sind Sklaven dieses Mechanismus. Wenn »es« ihm gefällt, dann können wir in einen anderen Zustand übergehen. Andernfalls gilt es, sich hinzulegen und zu warten, bis »es« uns die Erlaubnis zu ruhen erteilt.

Diese Mechanität und lästige Abhängigkeit hat verschiedene Ursachen. Eine dieser Ursachen ist der chronische Spannungszustand, von dem wir zu Beginn sprachen und der einer der vielen Gründe ist für den Verlust unserer Energiereserven. Sie verstehen somit, dass die Befreiung von dieser chronischen Spannung einem doppelten Ziel dienen würde. Einmal würden wir viel Energie sparen, und zum anderen wäre das sinnlose Herumliegen und Warten auf den Schlaf überflüssig.

Sie sehen, wie einfach das ist, wie leicht zu erreichen und wie notwendig. Sich von dieser Gespanntheit zu befreien, ist für uns von unschätzbarem Wert.

Später werde ich Ihnen hierzu einige Übungen geben. Ich empfehle Ihnen, dem große Aufmerksamkeit zu widmen, und bemühen Sie sich mit allen Ihren Kräften, aus jeder Übung das zu gewinnen, was diese geben soll.

Man muss – koste es, was es wolle – lernen, nicht gespannt zu sein, wenn Spannung nicht notwendig ist. Wenn Sie sitzen und nichts tun, lassen Sie den Körper schlafen! Wenn Sie schlafen, schlafen Sie so, dass Sie insgesamt schlafen.

Gibt es eine Möglichkeit, das Leben zu verlängern?

New York, 15. März 1924

FRAGE: GIBT ES MÖGLICHKEITEN, DAS LEBEN ZU VERLÄNGERN?

Antwort: In gewissen Schulen findet man verschiedene Theorien über die Verlängerung des Lebens, und zahlreiche Systeme befassen sich mit diesem Thema. Auch gibt es immer noch leichtgläubige Leute, die an die Existenz eines Lebenselixiers glauben. Ich werde Ihnen schematisch darlegen, wie ich die Frage verstehe.

Hier ist eine Uhr. Sie wissen, dass es verschiedene Uhrenarten gibt. Die meine hat eine Triebfeder, die vierundzwanzig Stunden läuft. Nach vierundzwanzig Stunden bleibt die Uhr stehen. Uhren anderer Bauart können eine Woche gehen, einen Monat, vielleicht sogar ein Jahr. Der Mechanismus ist stets für eine bestimmte Zeit berechnet. So wie er vom Uhrmacher konstruiert wurde, so bleibt er.

Sie haben vielleicht gesehen, dass Uhren einen Regulator haben. Wenn man ihn verstellt, kann die Uhr langsamer oder schneller laufen. Entfernt man ihn ganz, so kann sich die Triebfeder sehr rasch entspannen und, obwohl sie für vierundzwanzig Stunden berechnet ist, in drei oder vier Minuten ablaufen. Andererseits könnte meine Uhr im Zeitlupentempo ebenso gut eine Woche oder einen Monat funktionieren, obgleich ihr System für vierundzwanzig Stunden berechnet ist.

Wir gleichen einer Uhr. Unser Funktionssystem ist im Voraus festgelegt. Jeder Mensch besitzt mehrere Arten von Triebfedern. Je nach der Vererbung ist das System anders. So kann zum Beispiel ein Mechanismus auf siebzig Jahre zugeschnitten sein. Wenn die Haupttriebfeder abläuft, geht das Leben seinem Ende zu. Der Mechanismus eines anderen Menschen kann für eine Dauer von hundert Jahren berechnet sein; es ist, als wäre er von einem anderen Handwerker entworfen worden. Und bei einigen läuft die Haupttriebfeder womöglich nur eine Woche.

Also hat jeder Mensch eine andere Lebenszeit. Unser System können wir nicht modifizieren. Jeder von uns bleibt so, wie er geschaffen wurde. Die Lebensdauer lässt sich nicht verändern; wenn die Triebfeder abgelaufen ist, so bedeutet dies das Ende. Die Lebensdauer ist bereits bei der Geburt festgelegt, und wenn wir glauben, wir könnten in dieser Hinsicht etwas ändern, dann ist das bloße Einbildung. Hierzu müsste man alles umgestalten: die Vererbung, unseren Vater, unsere Großmutter… Dafür ist es zu spät.

Wenngleich sich unser Mechanismus nicht künstlich verändern lässt, ist es dennoch möglich, länger zu leben. Ich sagte, dass die Triebfeder statt vierundzwanzig Stunden eine Woche lang arbeiten könnte. Oder aber umgekehrt: Eine für die Funktionsdauer von fünfzig Jahren berechnete Triebfeder kann durch Beeinflussung in fünf oder sechs Jahren ablaufen.

Jeder Mensch hat eine Haupttriebfeder; es ist unser Mechanismus. Das Ablaufen dieser Triebfeder steht mit unseren Eindrücken und Assoziationen in Zusammenhang.

Darüber hinaus haben wir zwei oder drei Spiralfedern – ebenso viele, wie es Gehirne gibt. Die Gehirne entsprechen diesen Federn. Zum Beispiel ist unser Verstand eine Feder. Unsere gedanklichen Assoziationen haben eine bestimmte Dauer. Das Denken ist mit dem Abspulen einer Garnrolle vergleichbar. Jede Rolle enthält eine gewisse Garnlänge. Wenn ich denke, spult sich das Garn ab. Meine Rolle hat fünfzig Meter Garn, die eines anderen hat einhundert Meter. Heute verbrauche ich zwei Meter, morgen ebenso viel, und wenn die fünfzig Meter zu Ende gehen, geht auch mein Leben seinem Ende zu. Die Garnlänge lässt sich nicht verändern.

Doch so wie die für eine Laufzeit von vierundzwanzig Stunden entworfene Haupttriebfeder sich in zehn Minuten entspannen lässt, so kann auch das Leben sehr schnell verbraucht sein. Der einzige Unterschied ist der, dass die Uhr in der Regel nur eine Feder besitzt, während der Mensch über mehrere verfügt. Jedem Zentrum entspricht eine Feder von unterschiedlicher Länge. Wenn eine der Federn abgelaufen ist, kann der Mensch weiterleben. Sein Denksystem zum Beispiel wurde für eine Dauer von siebzig Jahren berechnet, sein Gefühl hingegen für eine Dauer von nur vierzig Jahren. Nach vierzig Jahren lebt dieser Mensch weiter, allerdings ohne Gefühl.

Das Ablaufen der Feder lässt sich beschleunigen oder verlangsamen. In diesem Bereich kann man nichts entwickeln; das Einzige, was wir machen können, ist hauszuhalten.

Die Zeit ist proportional zum Assoziationsfluss; sie ist relativ. Um dies zu verstehen, erinnern Sie sich doch zum Beispiel an Folgendes: Sie sitzen zu Hause, in der Ruhe. Sie haben den Eindruck, fünf Minuten lang so dagesessen zu haben, aber die Uhr beweist Ihnen, dass eine ganze Stunde verstrichen ist. Ein andermal warten Sie auf jemanden auf der Straße; Sie sind verärgert, dass er nicht kommt. Ihrer Meinung nach stehen Sie schon eine Stunde lang da, während es nur fünf Minuten sind. Dies kommt daher, weil Sie während dieser Zeit viele Assoziationen hatten. Sie überlegten: Warum kommt er nicht? Ist er vielleicht überfahren worden? Und so weiter.

Je mehr Sie sich konzentrieren, desto kürzer erscheint Ihnen die Zeit. Eine Stunde kann unbemerkt vergehen, denn wenn Sie sich konzentrieren, haben Sie sehr wenige Assoziationen, wenige Gedanken, wenige Gefühle.

Die Zeit ist subjektiv; sie hängt von den Assoziationen ab. Wenn Sie konzentrationslos dasitzen, erscheint Ihnen die Zeit lang. Äußerlich existiert die Zeit nicht; sie existiert für uns nur innerlich.

In den anderen Zentren laufen die Assoziationen genauso ab wie im Denkzentrum.

Das Geheimnis der Verlängerung des Lebens beruht auf der Fähigkeit, die Energie unserer Zentren langsam und stets absichtlich auszugeben. Lernen Sie, bewusst zu denken! Dies bewirkt eine Einsparung beim Energieverbrauch. Träumen Sie nicht!

Die Erziehung der Kinder

New York, 1. März 1924

FRAGE: ES GIBT EINE METHODE, KINDER DURCH SUGGESTION während des Schlafes zu erziehen. Taugt sie etwas?

Antwort: Diese Art von Suggestion ist nichts anderes als eine fortschreitende Vergiftung; sie zerstört die letzten Reste des Willens. Erziehung ist etwas sehr Schwieriges. Sie muss vielseitig sein. Zum Beispiel wäre es falsch, Kindern nur Leibesübungen zu geben.

Im Allgemeinen beschränkt sich die Erziehung auf die Entwicklung des Verstandes. Man zwingt ein Kind, Gedichte auswendig zu lernen, wie ein Papagei, ohne dass es etwas versteht, und die Eltern freuen sich, wenn ihm das gelingt. In der Schule lernt es alles genauso mechanisch, und auch nachdem es das Examen mit Auszeichnung bestanden hat, versteht und fühlt es noch immer nichts. Vom Denken her ist es ein Erwachsener von vierzig Jahren, in seinem Wesen jedoch bleibt es ein Kind von zehn Jahren. Im Denken fürchtet es sich vor nichts, aber in seinem Wesen ist es furchtsam.

Seine Moral ist rein automatisch, rein äußerlich. So wie es Gedichte gepaukt hat, so hat es auch Moral gepaukt. Doch das Wesen des Kindes, sein inneres Leben, bleibt sich selbst überlassen, ohne irgendeine Führung. Wenn man gegen sich selbst aufrichtig ist, so muss man zugeben, dass die Erwachsenen genauso wenig Moral haben wie die Kinder: Unsere Moral ist ganz theoretisch und automatisch. Sind wir jedoch wirklich aufrichtig, so können wir einsehen, wie schlecht wir sind.

Erziehung ist nur eine Maske, die mit unserer Natur nichts zu tun hat. Die Leute meinen, eine gewisse Erziehungsmethode sei besser als eine andere, aber in Wirklichkeit sind sie alle gleich viel wert. Wir sind alle gleich, aber dennoch schnell dabei, den Splitter im fremden Auge wahrzunehmen. Für unsere schlimmsten Fehler hingegen sind wir blind. Kann sich ein Mensch durchschauen, so vermag er sich in die Lage eines anderen zu versetzen und weiß, dass er nicht besser ist. Wenn Sie besser sein möchten, dann versuchen Sie doch, Ihrem Nächsten zu helfen. Heutzutage freilich behindern sich die Menschen gegenseitig und bringen einander zu Fall. Ein Mensch kann einem anderen vor allem deshalb nicht helfen und ihn nicht aufrichten, weil er nicht einmal in der Lage ist, sich selber zu helfen.

Sie müssen zuerst an sich selbst denken, müssen selbst emporstreben. Sie haben ein Egoist zu sein. Egoismus ist die erste Etappe auf dem Weg zu Uneigennützigkeit, zum Christentum. Allerdings muss es Egoismus für einen guten Zweck sein, und das ist sehr schwierig. Unseren Kindern bringen wir bei, wie man ein gewöhnlicher Egoist wird, und daraus ergeben sich dann die heutigen Zustände. Wir müssen Kinder immer nach uns selber beurteilen. Wir wissen, wie wir sind; und wir können sicher sein, dass unsere Kinder bei der modernen Erziehung bestenfalls so wie wir sein werden.

Liegt Ihnen das Wohl Ihrer Kinder am Herzen, so sollte Ihnen zunächst Ihr eigenes Wohl am Herzen liegen. Denn wenn Sie sich wandeln, so werden sich auch Ihre Kinder wandeln. Um deren Zukunft willen müssen Sie sie eine Zeitlang vergessen und an sich selbst denken.

Wenn wir mit uns zufrieden sind, so können wir mit ruhigem Gewissen die Erziehung unserer Kinder in der bisherigen Weise fortsetzen. Aber sind wir mit uns zufrieden?

Wir müssen immer mit uns beginnen und uns selbst als Beispiel nehmen, denn einen anderen Menschen können wir wegen der Maske, die er trägt, nicht erkennen. Nur wenn wir uns selbst durchschauen, können wir die anderen sehen, sind doch innerlich alle Menschen gleich: Die anderen sind wie wir. Sie haben dieselben guten Absichten, besser zu werden, und können es nicht. Es ist für sie genauso schwer. Hinterher sind sie gleichermaßen unglücklich, gleichermaßen reumütig. Sie müssen das verzeihen, was jetzt in ihnen ist, und an die Zukunft denken. Wenn es Ihnen leid tut um sich selbst, dann muss es Ihnen, um der Zukunft willen, um die anderen leidtun.

Die allergrößte Sünde besteht darin, dass Sie mit der Erziehung der Kinder fortfahren, wenn in Ihnen Zweifel an dieser Erziehung aufzusteigen beginnen. Glauben Sie an das, was Sie machen, dann ist Ihre Verantwortung nicht so groß, wie wenn Ihnen Zweifel gekommen sind.

Das Gesetz verlangt, dass Ihr Kind zur Schule geht. Lassen Sie es gehen! Aber Sie dürfen sich als Vater nicht mit der Schule begnügen. Sie wissen aus eigener Erfahrung, dass die Schule nur Kenntnisse, Informationen vermittelt und nur ein einziges Zentrum entwickelt. Sie müssen sich daher bemühen, allen diesen Kenntnissen Leben zu verleihen und die Lücken zu füllen. Es ist zwar nur ein Kompromiss, doch zuweilen ist ein Kompromiss besser als gar nichts.

~

Die Kindererziehung steht vor einem großen Problem, über das man nie auf korrekte Weise nachdenkt oder spricht. Eine seltsame Eigentümlichkeit der modernen Erziehung zeigt sich darin, dass die Kinder in Bezug auf die Sexualität orientierungslos aufwachsen. Diese ganze Seite des Menschen wird so durch verkehrte Haltungen entstellt und auf eine falsche Bahn gebracht, was eine Hauptursache ist für zahlreiche Fehlentwicklungen im Leben. Was sich aus einer solchen Erziehung ergibt, ist nur allzu offensichtlich. Wir wissen alle aus eigener Erfahrung, dass diese wichtige Seite des Lebens nahezu vollständig verpfuscht ist. Selten findet man einen Menschen, der sich in dieser Hinsicht als normal erweist.

Dieser Prozess des Verpfuschens vollzieht sich nach und nach. Erscheinungsformen der Sexualität treten bei einem Kind schon im Alter von vier oder fünf Jahren auf, und ohne Anleitung kann es leicht auf Abwege geraten. Dies ist daher der Zeitpunkt, um mit der Erziehung zu beginnen; und Ihre eigene Erfahrung steht Ihnen dabei zur Verfügung. Dass Kinder in dieser Beziehung normal erzogen werden, geschieht sehr selten. Es tut Ihnen oft leid um Ihr Kind, doch Sie können nichts machen. Und wenn es selbst zu verstehen beginnt, was richtig ist und was falsch, da ist es oftmals schon zu spät; und der Schaden ist eingetreten.

Kinder im Hinblick auf die Sexualität zu leiten, ist etwas sehr Heikles, denn jeder Einzelfall erfordert eine individuelle Behandlung, eine gründliche Kenntnis der Psychologie des Kindes. Wenn man wenig weiß, riskiert man viel. Etwas erklären oder verbieten bedeutet oft: Ihm eine Idee einreden, seine Neugierde erwecken, es zur verbotenen Frucht treiben.

Das Geschlechtszentrum spielt in unserem Leben eine sehr große Rolle. Fünfundsiebzig Prozent unserer Gedanken entspringen diesem Zentrum und sie färben alles Übrige.

Nur die Völker Zentralasiens sind in dieser Hinsicht nicht anomal. Dort ist die geschlechtliche Erziehung ein Teil der religiösen Riten, und die Ergebnisse sind hervorragend.

~

Frage: Wie weit sollte ein Kind geleitet werden?

Antwort: Allgemein gesprochen, muss die Erziehung eines Kindes auf dem Grundsatz beruhen, dass alles von seinem eigenen Willen ausgehen soll. Nichts darf in abgeschlossener Form gegeben werden. Man vermag ihm nur eine Vorstellung zu vermitteln, kann es nur anleiten oder auch indirekt unterweisen, indem man weit ausholt und es von etwas anderem aus zu dem gewünschten Punkt führt. Ich lehre nie direkt, sonst würden meine Schüler nichts lernen. Wenn ich möchte, dass sich ein Schüler ändert, hole ich weit aus oder wende mich an jemand anders, und dadurch lernt er. Wenn man hingegen einem Kind etwas direkt sagt, so wird es mechanisch erzogen, und später äußert es sich genauso mechanisch.

Die mechanischen Äußerungen und die Äußerungen desjenigen, der eine Individualität erlangt hat, sind verschieden; ihre Eigenschaften sind verschieden. Die ersteren werden geschaffen, die letzteren sind selber schöpferisch. Die ersteren sind keine Schöpfung, sie sind nur eine Schöpfung, die durch den Menschen hindurch- und nicht von ihm ausgeht. Das zeigt sich etwa in einer Kunst, die nichts Echtes besitzt. In den Werken einer derartigen Kunst kann man erkennen, woher jeder einzelne Strich stammt.

Der formgebende Apparat

Prieuré, 29. Januar 1923

AUS EINIGEN UNTERHALTUNGEN HABE ICH ENTNOMMEN, dass man sich von einem der Zentren eine falsche Vorstellung macht, und diese falsche Vorstellung verursacht viele Schwierigkeiten.

Es handelt sich um das Denkzentrum oder vielmehr um unseren formgebenden Apparat. Alle Impulse, die von den Zentren ausgehen, werden zum formgebenden Apparat weitergeleitet, und alle Wahrnehmungen der Zentren treten durch diesen Apparat in Erscheinung. Es ist kein Zentrum, sondern ein Apparat, der mit allen Zentren in Verbindung steht. Die Zentren ihrerseits sind untereinander verbunden, freilich durch Verbindungen besonderer Art. Die Möglichkeit des Informationsaustausches zwischen den Zentren wird bestimmt durch einen gewissen Subjektivitätsgrad, das heißt durch die Assoziationsstärke. Wenn wir die Schwingungen zwischen 10 und 10 000 nehmen, umfasst dieser Bereich zahlreiche Abstufungen, entsprechend den Stärkegraden der Assoziationen, die für jedes Zentrum erforderlich sind. Nur wenn die Assoziationen in einem Zentrum eine gewisse Stärke erreichen, rufen sie entsprechende Assoziationen in einem anderen Zentrum hervor, und nur dann kann den entsprechenden Verbindungen des anderen Zentrums ein Impuls gegeben werden.

Im formgebenden Apparat sind die Verbindungen zu den Zentren sehr empfindlich, denn alle Assoziationen kommen dort an. Jeder Impuls, jede Assoziation der Zentren löst im formgebenden Apparat Assoziationen aus.

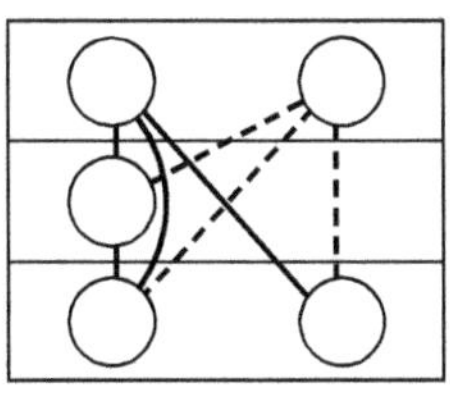

Bei den Verbindungen zwischen den Zentren dagegen wird die Empfindlichkeit durch den erwähnten Subjektivitätsgrad bestimmt. Nur wenn der Impuls stark genug ist, lässt sich die entsprechende Rolle eines anderen Zentrums in Bewegung setzen. Und dies kann nur bei einem sehr starken Impuls eintreten, dessen besondere Geschwindigkeit seit Langem in Ihnen feststeht.

Die Funktionsvorrichtungen aller Zentren sind gleich. Jede enthält zahlreiche kleinere Vorrichtungen, die jeweils für eine besondere Art von Arbeit vorgesehen sind. Somit haben alle Zentren eine ähnliche Struktur, doch ihr Wesen ist verschieden. Die vier Zentren bestehen aus belebter Materie; die Materie des formgebenden Apparats hingegen ist unbelebt. Dieser Apparat ist einfach eine Maschine, so wie eine Schreibmaschine, die jeden Anschlag weitergibt.

Am besten lässt sich all dies durch eine Analogie veranschaulichen. Stellen wir uns den formgebenden Apparat als ein Büro vor, in dem sich eine Schreibkraft befindet. Jedes einlaufende Dokument kommt zu ihr, jeder eintretende Kunde richtet sich an sie. Sie antwortet auf alles. Die Antworten, die sie gibt, sind durch die Tatsache gekennzeichnet, dass sie selber nur eine Angestellte ist, die nichts weiß. Aber sie hat Anweisungen erhalten, in ihren Regalen befinden sich Bücher, Aktenordner, Nachschlagewerke. Wenn sie die erforderlichen Unterlagen hat, um eine besondere Information nachzusehen, so antwortet sie dementsprechend; wenn nicht, so antwortet sie nicht.

Die Fabrik hat überdies vier Teilhaber, die in vier verschiedenen Räumen untergebracht sind. Diese Teilhaber verkehren mit der Außenwelt über diese Schreibkraft. Mit deren Büro sind sie telefonisch verbunden. Wenn sie einer von ihnen anruft, um ihr etwas mitzuteilen, dann muss sie es weiterleiten. Nun hat aber jeder der vier Direktoren einen anderen Code. Nehmen wir an, einer sendet ihr eine Mitteilung, die genau übermittelt werden muss. Da diese Mitteilung verschlüsselt ist, kann sie sie nicht unverändert weitergeben, denn ein Code beruht auf einer willkürlichen Festlegung. In ihrem Büro hat sie eine Unzahl von Schablonen, Formularen, Schildern, die sich im Laufe der Jahre angesammelt haben. Je nach der Person, mit der sie in Verbindung steht, konsultiert sie ein Buch, entschlüsselt die Mitteilung und gibt sie weiter.

Wenn die Direktoren miteinander sprechen wollen, so verfügen sie über kein eigenes Kommunikationssystem. Zwar besteht eine

Telefonverbindung, doch dieses Telefon funktioniert nur bei schönem Wetter und unter Bedingungen der Ruhe und Stille, die selten eintreten. Da nun diese Bedingungen nicht oft gegeben sind, schicken sie sich ihre Mitteilungen über die Vermittlungsstelle zu, das heißt über das Büro der Stenotypistin. Jeder hat einen eigenen Code, und der Stenotypistin fällt die Aufgabe zu, die Mitteilungen zu entschlüsseln und erneut zu verschlüsseln. Die Dekodierung hängt also von einer Angestellten ab, die kein Interesse an dem Geschäft hat und sich nicht im Geringsten darum kümmert. Sobald die tägliche Plackerei zu Ende ist, geht sie nach Hause. Die Entschlüsselung hängt auch von der Ausbildung der Schreibkraft ab; Stenotypistinnen können eine unterschiedliche Ausbildung haben. Die eine kann dumm sein, die andere gute betriebswirtschaftliche Fähigkeiten haben. Im Büro herrscht eine streng festgelegte Routine, welche die Stenotypistin einhält. Braucht sie einen bestimmten Code, so hat sie die eine oder andere Schablone zu wählen, und sie verwendet normalerweise diejenige, welche am geläufigsten ist und sich in Reichweite befindet.

Dieses Büro ist ein modernes Büro, wo die Arbeit der Sekretärin durch zahlreiche mechanische Vorrichtungen erleichtert wird. Sie braucht nur selten eine Schreibmaschine zu benutzen, denn ihr stehen alle möglichen mechanischen und halbmechanischen Erfindungen zur Verfügung. So gibt es zum Beispiel für jede Art von Anfrage vorgefertigte Schildchen mit Aufschriften, die sich sofort anheften lassen.

Hier muss man natürlich auch den typischen Charakter fast aller Stenotypistinnen erwähnen. In der Regel sind es junge Mädchen mit romantischer Veranlagung, die ihre Zeit damit verbringen, Romane zu lesen und ihre private Korrespondenz zu führen. Eine Stenotypistin ist gewöhnlich kokett. Alle Augenblicke schaut sie in den Spiegel, pudert ihr Gesicht und gibt sich mit persönlichen Angelegenheiten ab, sind doch ihre Chefs nur selten da. Es geschieht häufig, dass sie nicht genau erfasst, was man ihr sagt, und dass sie geistesabwesend auf einen falschen Knopf drückt, der eine andere Schablone hervorbringt als die gewünschte. Was kümmert es sie...; die Chefs kommen so gut wie nie!

Die Direktoren, die über sie miteinander in Verbindung treten, verfahren auch so, um mit den Leuten draußen zu verkehren. Alles, was hereinkommt und was hinausgeht, muss entschlüsselt und neu verschlüsselt werden. Die Sekretärin dechiffriert alle Mitteilungen zwischen den Direktoren und chiffriert sie erneut, ehe sie sie an ihren Bestimmungsort weiterleitet. Dasselbe gilt für die eingehende Post: Wenn sie an einen der Direktoren adressiert ist, so muss die Stenotypistin sie ihm im angemessenen Code übermitteln. Allerdings macht sie häufig Fehler; sie gibt etwas weiter, was verkehrt verschlüsselt wurde, und der, der die Mitteilung erhält, kann dann nichts damit anfangen. Dies ist ein ungefähres Bild der Verhältnisse in uns.

Dieses Büro stellt unseren formgebenden Apparat dar, und die Stenotypistin unsere Erziehung samt den automatischen Vorstellungen, lokalen Schlagworten, Theorien und Meinungen, die sich in uns gebildet haben. Dieses junge Mädchen hat nichts gemeinsam mit den Zentren, nicht einmal mit dem formgebenden Apparat. Aber sie arbeitet an diesem Ort, und ich habe Ihnen gesagt, was sie darstellt. Die Erziehung hat mit den Zentren nichts zu tun. Ein Kind wird auf folgende Weise erzogen: »Wenn dir jemand die Hand gibt, musst du immer so dastehen.« All das ist rein mechanisch – »in *diesem* Fall hast du *jenes* zu tun.« Und wenn die Dinge einmal feststehen, so verändern sie sich nicht mehr. Ein Erwachsener ist nicht anders. Tritt ihm jemand aufs Hühnerauge, so reagiert er allemal in der gleichen Weise. Die Erwachsenen sind wie die Kinder, und die Kinder sind wie die Erwachsenen; sie reagieren alle. Die Maschine arbeitet so und wird in tausend Jahren noch so arbeiten.

Mit der Zeit sammelt sich eine Vielzahl von Aufschriftenschildchen in den Büroregalen an. Je länger ein Mensch lebt, desto mehr Schildchen gibt es im Büro. Alle ähnlichen Aufschriften werden in ein und demselben Schrank aufbewahrt; und wenn eine Anfrage eingeht, fängt die Stenotypistin an, nach der passenden Aufschrift zu suchen. Hierfür muss sie sie aus dem Schrank nehmen, sie durchsehen und sortieren, bis sie die richtige gefunden hat. Vieles hängt von der Ordentlichkeit der Schreibkraft ab sowie davon, in welchem Zustand sie die Karteikästen mit den Aufschriften hält. Einige Stenotypistinnen sind methodisch, andere sind es weniger. Einige sortieren sie, andere tun es nicht. Die eine legt eine einlaufende Anfrage womöglich in eine falsche Schublade, eine andere nicht. Die eine findet eine Aufschrift unverzüglich, die andere sucht lange Zeit und bringt dabei alles durcheinander.

Unsere sogenannten Gedanken sind nichts anderes als solche vorgefertigten Formeln, die man aus dem Schrank zieht. Was wir

»Gedanken« nennen, sind keine Gedanken. Wir haben keine Gedanken: Wir haben verschiedene Aufschriften, kurze, stichwortartige, lange – jedoch nichts als Aufschriften. Diese Aufschriften werden von einem Ort zum anderen geschoben. Die Anfragen von außerhalb sind das, was wir als Eindrücke aufnehmen. Diese Anfragen kommen nicht nur von außen, sondern auch von verschiedenen Stellen im Inneren. All dies gilt es neu zu verschlüsseln.

Dieses gesamte Chaos nennen wir unsere »Gedanken« und »Assoziationen«. Gleichwohl hat ein Mensch auch wirklich Gedanken. Jedes Zentrum denkt. Wenn solche Gedanken da sind und den formgebenden Apparat erreichen, so erreichen sie ihn nur in Form von Impulsen und werden alsdann rekonstruiert, aber die Rekonstruktion erfolgt mechanisch. Und so verhält es sich bestenfalls, denn einige Zentren haben in der Regel fast keine Möglichkeit, mit dem formgebenden Apparat in Kontakt zu treten. Aufgrund fehlerhafter Verbindungen werden die Mitteilungen entweder überhaupt nicht oder in entstellter Form weitergeleitet. Das ist jedoch kein Beweis für Gedankenlosigkeit. In allen Zentren geht die Arbeit weiter, gibt es Gedanken und Assoziationen, nur erreichen sie den formgebenden Apparat nicht und treten darum nicht in Erscheinung. Die Gedanken können auch nicht die entgegengesetzte Richtung einschlagen, das heißt vom formgebenden Apparat zu den Zentren vordringen, und aus dem gleichen Grund sind sie außerstande, von außen dorthin zu gelangen. Die Zentren hat jedermann; sie unterscheiden sich allein durch die Materialmenge, die sie enthalten. Einige Menschen haben mehr, andere weniger; jeder hat einiges Material, nur die Quantität ist verschieden. Die Zentren hingegen sind bei allen gleich.

Bei seiner Geburt ähnelt der Mensch einem leeren Schrank oder Speicher, worin sich in der Folge das Material anzusammeln beginnt. Die Maschine arbeitet bei jedem in der gleichen Weise; die Eigenschaften der Zentren sind identisch, nur die Beziehungen, die Verbindungen zwischen den Zentren unterscheiden sich – ihrer Natur und den Lebensumständen entsprechend – durch den jeweiligen Grad der Empfindlichkeit, der Grobheit oder Verfeinerung.

Die primitivste und am besten zugängliche Verbindung ist die zwischen Bewegungszentrum und formgebendem Apparat. Diese Verbindung ist die gröbste, »hörbarste«, schnellste, massivste und beste. Sie ist gleichsam eine große Röhre (ich spreche von der Verbindung, und nicht vom Zentrum). Sie bildet sich und füllt sich am raschesten. Die zweite Verbindung ist die zum Geschlechtszentrum. Die dritte die Verbindung zum Gefühlszentrum. Die vierte die Verbindung zum Denkzentrum.

Materialmenge und funktionelle Qualität dieser Verbindungen weisen die folgende Abstufung auf. Die erste Verbindung besteht und arbeitet in allen Menschen: Die Assoziationen des Bewegungszentrums werden empfangen und treten in Erscheinung. Die zweite Verbindung, die zum Geschlechtszentrum, besteht beim größten Teil der Menschen. Die meisten Menschen leben demnach ihr ganzes Leben hindurch nur mit diesen beiden Zentren. Alle ihre Wahrnehmungen und Äußerungen haben dort ihren Ursprung. Diejenigen Menschen, deren Gefühlszentrum an den formgebenden Apparat angeschlossen ist, sind eine Minderheit. Bei ihnen vollziehen sich ihr gesamtes Leben und alle ihre Äußerungen mit Hilfe dieses Zentrums. Aber es gibt nahezu niemanden, bei dem die Verbindung zum Denkzentrum funktioniert.

Wenn man die Äußerungen des Menschen im Leben im Hinblick auf ihre Qualität und ihre Ursache klassifiziert, so findet man das folgende Verhältnis: Fünfzig Prozent seiner vitalen Äußerungen und Wahrnehmungen gehören zum Bewegungszentrum, vierzig Prozent zum Geschlechtszentrum und zehn Prozent zum Gefühlszentrum. Dennoch messen wir den Äußerungen des Gefühlszentrums gewöhnlich großen Wert bei, verleihen ihrem Kommen und Gehen hochtrabende Namen und weisen ihnen eine erhabene Stellung zu.

Gleichwohl haben wir bisher die Lage nur so betrachtet, wie sie sich unter günstigsten Bedingungen darstellt. Bei uns liegen die Dinge noch mehr im Argen. Wenn wir jetzt die Zentren unter dem Gesichtspunkt ihres wahren Wertes ins Auge fassen – wonach das Denkzentrum erste Qualität ist, das Gefühlszentrum zweite Qualität, das Geschlechtszentrum dritte Qualität und das Bewegungszentrum vierte Qualität –, dann haben wir bestenfalls sehr wenig von der zweiten Qualität, mehr von der dritten und viel von der vierten. Tatsächlich laufen jedoch drei Viertel unserer vitalen Äußerungen und Wahrnehmungen ohne irgendeine Verbindung ab, einzig und allein über jene bezahlte Angestellte, die, wenn sie fortgeht, nur eine Maschine zurücklässt.

Ich habe mit einer Sache begonnen und mit einer anderen geendet. Kehren wir zu dem zurück, was ich über den formgebenden Apparat sagen wollte.

Aus irgendeinem Grund nennen diejenigen, die zu meinen Vorträgen kommen, den Apparat ebenfalls ein »Zentrum«. Um aber das Folgende zu verstehen, muss man sich klarmachen, dass er kein Zentrum ist. Er ist einfach ein Organ, auch wenn er sich im Gehirn befindet.

Jedes Zentrum hat eine bestimmte, unabhängige, besondere Existenz. Der Qualität seines Stoffes nach kann jedes als individuelles »Wesen«, als »Seele« bezeichnet werden.

Unter dem Gesichtspunkt der Stofflichkeit betrachtet und in Übereinstimmung mit dem Gesetz der Kohäsion ist der formgebende Apparat organischer Natur. Während die Assoziationen, die Einflüsse und die Existenz in den Zentren psychisch sind, sind alle Eigenschaften, alle Qualitäten und die Existenz im formgebenden Apparat organisch.

Denen, die von den verschiedenen Graden der Intelligenzdichte gehört haben, kann ich sagen, dass das Geschlechtszentrum und das Bewegungszentrum eine übereinstimmende Intelligenzdichte besitzen, während der formgebende Apparat dieses Merkmal nicht hat. Sowohl Aktion wie auch Reaktion dieser Zentren sind psychisch, im formgebenden Apparat dagegen sind sie stofflich. Folglich sind unsere sogenannten Gedanken stofflich, wenn deren Ursache und Wirkung im formgebenden Apparat liegen.

Gleichviel wie mannigfaltig unser Denken ist, gleichviel welche Aufschrift es trägt, welche Gestalt es annimmt, mit welchem Namen es sich schmückt, sein Wert ist nur stofflich. Und stoffliche Dinge, das sind zum Beispiel Brot, Kaffee, die Tatsache, dass mir jemand aufs Hühnerauge getreten hat, das Nach-der-Seite- oder Geradeaus-Blicken, das Sich-den-Rücken-Kratzen und so weiter. Wenn dieses Stoffliche, etwa der Schmerz im Hühnerauge, nicht vorhanden wäre, dann gäbe es kein Denken.

Körper, Wesen, Persönlichkeit

Paris, August 1922

BEI DER GEBURT DES MENSCHEN WERDEN MIT IHM DREI VERschiedene Maschinen geboren, die sich bis zu seinem Tod weiterentwickeln. Diese Maschinen haben nichts miteinander gemein: Es sind unser Körper, unser Wesen und unsere Persönlichkeit. Ihre Ausbildung hängt in keiner Weise von uns ab, vielmehr ist ihre künftige Entwicklung, die Entwicklung jeder einzelnen, von den Gegebenheiten abhängig, die ein Mensch in sich trägt, sowie von den Gegebenheiten um ihn herum, wie etwa Umwelt, Umstände, geographische Lage und so fort. Was den Körper betrifft, so sind diese Gegebenheiten: Vererbung, geographische Lage, Nahrung und Bewegung. Die Persönlichkeit wird hierdurch nicht beeinflusst. Sie bildet sich im Laufe des Lebens ausschließlich aus dem, was ein Mensch hört, und aus dem, was er liest.

Das Wesen ist rein gefühlsbezogen. Es besteht, vor Ausbildung der Persönlichkeit, aus Erbanlagen. Später kommt der Einfluss jener Empfindungen und Gefühle hinzu, in deren Mitte der Mensch lebt und sich entwickelt.

Die Entwicklung der drei Maschinen setzt bereits in den ersten Lebenstagen ein. Alle drei entfalten sich unabhängig voneinander. So kann es zum Beispiel vorkommen, dass der Körper sein Leben unter günstigen Verhältnissen, auf fruchtbarem Boden, beginnt und sich daher als tapfer erweist; dies bedeutet jedoch nicht zwangsläufig, dass das Wesen dieses Menschen ähnlich beschaffen ist. In denselben Verhältnissen kann sich das Wesen als schwach und feige herausstellen. Ein Mensch kann einen mutigen Körper haben, der sich von einem kleinmütigen Wesen stark abhebt. Die Entwicklung des Wesens verläuft nicht notwendigerweise parallel zu der des Körpers. Ein Mensch mag sehr stark und gesund sein und gleichwohl ängstlich wie ein Hase.

Der Schwerpunkt des Körpers, dessen »Seele«, ist das Bewegungszentrum. Der Schwerpunkt des Wesens ist das Gefühlszentrum, und der Schwerpunkt der Persönlichkeit das Denkzentrum. Die Seele des Wesens ist das Gefühlszentrum. So wie ein Mensch einen gesunden Körper und ein feiges Wesen haben kann, so kann seine Persönlichkeit kühn und sein Wesen ängstlich sein. Nehmen Sie zum Beispiel einen gescheiten Menschen; er hat studiert und weiß daher, dass Sinnestäuschungen, Halluzinationen auftreten können; und er weiß auch, dass sie nicht wirklich sind und es nicht sein können. Darum fürchtet er sie von seiner Persönlichkeit her nicht, sein Wesen allerdings hat davor Angst. Wenn sein Wesen eine derartige Erscheinung beobachtet, so kann es nicht umhin, zu erschrecken. Die Entwicklung eines Zentrums hängt also nicht von der Entwicklung eines anderen ab, und ein Zentrum vermag seine Ergebnisse einem anderen Zentrum nicht weiterzugeben.

Es ist unmöglich, mit Entschiedenheit zu sagen, ein Mensch sei dies oder das. Das eine seiner Zentren kann furchtlos sein, ein anderes ängstlich; das eine gut, das andere schlecht; das eine feinfühlig, das andere grob; das eine gibt bereitwillig, das andere zögert oder ist ganz außerstande zu geben. Folglich ist es unmöglich zu sagen: gut, tapfer, stark oder böse.

Wie bereits erwähnt, stellt jede dieser drei Maschinen auf ihre Weise die gesamte Kette, das gesamte System dar in seiner Beziehung zu der einen, der anderen und der dritten. An sich ist jede Maschine sehr kompliziert, dennoch wird sie recht leicht in Bewegung gesetzt. Je komplizierter die Bestandteile der Maschine sind, desto kleiner ist die Zahl der Bedienungshebel. Ihre Zahl kann jedoch von einer Maschine zur anderen variieren – in der einen gibt es mehr Hebel, in der anderen weniger.

Im Laufe des Lebens kann eine Maschine zahlreiche Hebel als Steuerungselemente hervorbringen, während eine andere Maschine durch wenige Hebel in Bewegung gesetzt wird. Die Zeit für das Hervorbringen der Hebel ist begrenzt. Sie hängt wiederum von der Vererbung und der geographischen Lage ab. In der Regel bilden sich die Hebel bis zum siebenten oder achten Lebensjahr. Danach sind sie noch bis zum Alter von vierzehn oder fünfzehn Jahren veränderbar. Nach sechzehn oder siebzehn Jahren lassen sich keine Hebel mehr bilden oder verändern. Dies bedeutet, dass von da an nur jene Hebel funktionieren, die zuvor entstanden sind. Dies ist die Lage der Dinge im gewöhnlichen Leben, und ein Mensch mag sich noch so sehr abmühen und außer Atem kommen, er wird nichts daran ändern. Dies gilt sogar für seine Lernfähigkeit. Etwas

Neues kann man nur bis zum Alter von siebzehn Jahren lernen; was man später lernt, ist nur ein Lernen in Anführungsstrichen, das heißt ein Umgruppieren des Alten. Auf den ersten Blick ist dies scheinbar schwer zu verstehen.

Jeder Mensch hängt mit seinen Hebeln von der Vererbung ab sowie von dem Ort, dem gesellschaftlichen Umkreis und den Verhältnissen, in denen er geboren wurde und aufwuchs. Die Arbeit der drei Zentren oder »Seelen« ist ähnlich. Ihr Aufbau ist zwar verschieden, aber ihre Äußerungen sind gleich.

Nehmen wir zum Beispiel den Körper, jene Maschine, die uns am leichtesten zugänglich ist.

Wenn ein Mensch geboren wird, ist sein Wahrnehmungsvermögen völlig rein. Es hat, wie eine Tonwalze beim Phonographen, die Eigenschaft, alles aufzuzeichnen. Anfangs, die ersten drei Monate, ist es sehr empfindlich; nach vier Monaten wird es weniger empfänglich; nach einem Jahr noch weniger. Zu Beginn kann selbst das Geräusch des Atems wahrgenommen werden, eine Woche später kann man nur noch ein leise geführtes Gespräch hören. Ebenso verhält es sich mit dem menschlichen Gehirn: Anfangs ist es sehr aufnahmefähig und jede neue Bewegung, Weinen, Schreien, Husten, wird aufgezeichnet. Bei jedem vollzieht sich dies auf andere, subjektive Weise. Mit der Zeit nimmt die Empfänglichkeit des Gehirns immer mehr ab und geht schließlich völlig verloren. Die Aufzeichnung neuer Bewegungen, neuer »Stellungen« hört daher vollständig auf. Was rechtzeitig aufgezeichnet werden konnte, bleibt als ein Repertoire von Haltungen das ganze Leben hindurch bestehen. Schließlich verfügt der eine Mensch über zahlreiche Haltungen, der andere nur über wenige. Zum Beispiel kann ein Mensch fünfundfünfzig Haltungen in der Zeit erworben haben, da er die Möglichkeit zu ihrer Aufzeichnung besaß, während ein anderer, der in den gleichen Verhältnissen lebte, es auf zweihundertfünfzig Haltungen brachte. Diese Haltungen oder, anders ausgedrückt, diese Hebel bilden sich in jedem Zentrum nach den gleichen Gesetzen und bleiben dort für den Rest des Lebens. Ihre Zahl ist beschränkt; deshalb gebraucht ein Mensch, was immer er tun mag, allemal dieselben Haltungen. Möchte er irgendeine Rolle spielen, so bedient er sich einer Zusammenstellung von Haltungen, die er bereits besitzt, denn er wird nie andere haben. Im gewöhnlichen Leben kann es keine neuen Haltungen geben.

Auf welche Weise setzen nun die Stellungen, die Hebel, ein Zentrum in Bewegung, das heißt: Wie äußert sich ein Zentrum? Nehmen wir an, ein Mensch sei müde. Der erste Schock ist gegeben: Eine gewisse Haltung (Hebel) kommt mechanisch in Gang. Sie berührt, gleichermaßen mechanisch, eine andere Haltung (Hebel) und bringt sie in Bewegung; diese löst eine dritte aus, die dritte eine vierte, und so weiter. Das Zentrum beginnt also zu leben, zu handeln, das heißt, sich kundzutun. Das nennen wir »Assoziationen des Körpers«. Auch die anderen Menschen haben Haltungen, die auf die gleiche Weise in Gang kommen.

Der Unterschied zwischen Schlaf und Wachzustand des Körpers besteht darin, dass im Schlaf ein von außen kommender Schock keine Assoziationen in dem entsprechenden Gehirn erregt und hervorruft.

Neben den Äußerungen dieser unabhängig arbeitenden zentralen Maschinen (Körper, Persönlichkeit und Wesen) haben wir auch seelenlose Äußerungen, die außerhalb der Zentren stattfinden. Um dies zu verstehen, ist es sehr wichtig zu beachten, dass wir die Haltungen des Körpers und des Gefühls in zwei Kategorien einteilen. Erstens die direkten Äußerungen jedes Zentrums und zweitens die völlig mechanischen Äußerungen, die außerhalb der Zentren entstehen. Zum Beispiel geht dieses Heben des Arms vom Bewegungszentrum aus. Bei einem anderen Menschen indes kann es außerhalb des Zentrums veranlasst sein. Nehmen wir an, gleichzeitig mit dieser Bewegung ereigne sich ein Vorgang im Gefühlszentrum, zum Beispiel Freude, Kummer, Demütigung, Eifersucht, sodass eine Körperhaltung mit einer Gefühlshaltung zusammenfällt. Diese beiden Haltungen führen dann zur Entstehung einer neuen mechanischen Haltung. In der Folge wiederholt sich diese Bewegung ganz und gar mechanisch, ohne die geringste Notwendigkeit. Auf diese Weise erwirbt man sehr leicht Gewohnheiten, die mit der Arbeit der Zentren nichts gemeinsam haben.

Als ich von den Maschinen sprach, nannte ich normale Arbeit des Menschen eine »Äußerung«, die alle drei Zentren zusammengenommen einbezieht. Es ist die eigentliche Äußerung des Menschen. Aber infolge des anomalen Lebens haben einige Leute andere, außerhalb der Zentren entstandene Hebel, die unabhängig von der »Seele« Bewegungen auslösen. Es kann im Fleisch sein, in den Muskeln, irgendwo.

Die von einzelnen Zentren ausgehenden Bewegungen, Äußerungen und Wahrnehmungen sind Äußerungen der Zentren, nicht aber des Menschen, wenn wir uns daran erinnern, dass der normale Mensch mit den drei Zentren gleichzeitig arbeitet. Die Fähigkeit, Freude, Trauer, Kälte, Hitze, Hunger oder Müdigkeit zu empfinden, besteht in jedem Zentrum. Diese Haltungen und Anlagen, die sich in allen Zentren befinden, können schwach oder stark sein und sich qualitativ unterscheiden. Wir werden später darüber sprechen, wie sich diese Haltungen in jedem einzelnen Zentrum bilden und woran man erkennen kann, zu welchem Zentrum sie gehören. Im Augenblick dürfen Sie eins nicht vergessen: Sie müssen die Äußerungen des Menschen von denen der Zentren unterscheiden lernen.

Wenn die Leute von einem Menschen sprechen, sagen sie, er sei böse, intelligent, dumm – er ist all das. Aber sie können nicht sagen, dies sei Hans oder Simon. Wir sind gewohnt, »er« zu sagen. Doch wir sollten uns daran gewöhnen, »er« zu sagen im Sinne von »er als Körper«, »er als Wesen«, »er als Persönlichkeit«.

Nehmen wir zum Beispiel an, wir stellten das Wesen eines Menschen durch die Ziffer 3 dar – »drei« bedeute die Zahl der Haltungen seines Wesens. Die Zahl der Haltungen seines Körpers sei 4. Die seines Kopfes 6. Wenn wir also 6 sagen, so beziehen wir uns nicht auf den gesamten Menschen. Diesen sollten wir auf 13 veranschlagen, denn 13 ist die Summe seiner Äußerungen, seiner Wahrnehmungen. Beträfe es nur den Kopf, so wäre es 6. Wichtig hierbei ist, den Menschen nicht allein mit 6, sondern mit 13 zu bewerten. Was ihn bestimmt, ist die Gesamtzahl. Ein Mensch sollte in der Lage sein, eine Gesamtsumme von, sagen wir, 30 zustande zu bringen (wenn man alle Elemente zusammennimmt). Diese Summe lässt sich freilich nur erreichen, wenn jedes Zentrum die erforderliche Zahl der Haltungen in sich vereinigt – zum Beispiel 12 + 10 + 8. Die Summe dieser Zahlen, 30, stellt die Äußerung eines normalen Menschen, eines wahren »Familienoberhauptes« dar. Wenn man bedenkt, dass ein Zentrum notwendigerweise 12 zu geben hat, dann bedeutet dies, dass es entsprechend viele Haltungen haben muss. Falls eine fehlt und dies somit nur 11 ergibt, kann die Zahl 30 nicht erreicht werden. Bei einer Gesamtzahl von nur 29 ist es kein Mensch – sofern vereinbart wurde, den einen »Menschen« zu nennen, dessen Gesamtsumme 30 beträgt.

Als wir von den Zentren und von einer harmonischen Entwicklung der Zentren sprachen, meinten wir damit: Um zu einem solchen Mensch zu werden, um die erwähnte Gesamtsumme zu schaffen, sei die folgende Bedingung unbedingt notwendig.

Ganz zu Anfang wiesen wir darauf hin, dass unsere Zentren sich unabhängig voneinander bilden und nichts miteinander gemein haben. Gleichwohl sollte zwischen ihnen eine Wechselbeziehung entstehen, denn die Gesamtsumme der Äußerungen ist nur mit Hilfe der drei Zentren, und nicht eines einzelnen, erreichbar. Wenn 30 die genaue Summe einer echten Äußerung des Menschen ist und wenn diese 30 durch die drei Zentren, aufgrund einer bestimmten Wechselbeziehung, hervorgebracht wird, dann ist es unumgänglich, dass die Zentren in dieser Wechselbeziehung stehen.

Es sollte so sein; doch in Wirklichkeit ist das nicht der Fall. Jedes Zentrum ist isoliert. Sie haben untereinander keine eigentliche Beziehung und sind darum unharmonisch.

Zum Beispiel: Jemand verfügt in einem Zentrum über eine Vielzahl von Haltungen, jemand anders in einem anderen Zentrum ebenso. Wenn wir jeden Typus einzeln nehmen, so ist die Gesamtzahl bei jedem anders. Wenn, dem Grundsatz entsprechend, 12 + 10 + 8 vorhanden sein sollen und statt der 12 eine 0 erscheint, dann ist das Ergebnis 18 und nicht 30.

Nehmen wir eine Substanz – sagen wir Brot. Brot erfordert ein bestimmtes Verhältnis von Mehl, Wasser und Feuer. Brot kommt nur dann zustande, wenn die Bestandteile im richtigen Verhältnis sind. Dasselbe gilt für den Menschen; um die Zahl 30 zu erreichen, muss jede Quelle einen entsprechenden qualitativen und quantitativen Beitrag leisten. Wenn Jérome viel Mehl hat, das heißt viele Körperhaltungen, aber weder Wasser noch Feuer, so ist das einfach Mehl und kein Individuum. Ottilie hingegen bringt viel Wasser (Gefühl) hervor, sie hat viele gefühlsmäßige Haltungen. Doch aus Wasser erhält man kein Brot – dies ist wiederum nichts wert, das Meer ist voll von Wasser. Leo hat viel Feuer, aber kein Mehl und kein Wasser – auch das taugt nichts. Könnte man sie zusammenbringen, dann wäre das Ergebnis 30: ein Individuum. So wie sie sind, sind sie nur Fleischstücke; doch die drei zusammen ergäben als Äußerung 30. Nehmen wir Ottilie: Könnte sie »ich« sagen? Sie sollte »wir« sagen, und nicht »ich». Sie bringt nur Wasser hervor, und trotzdem sagt sie »ich«.

Jede dieser drei Maschinen ist gleichsam *ein* Mensch, und alle drei sind so beschaffen, dass sie zueinander passen. Der Mensch besteht aus drei Menschen; jeder hat einen anderen Charakter, eine andere Natur und leidet an dem mangelnden Einklang mit den anderen. Unser Ziel muss es sein, sie zu organisieren, um sie in Einklang zu bringen. Doch bevor wir mit einer Organisation derselben beginnen und an eine Äußerung im Werte von 30 denken, wollen wir innehalten, um uns bewusst zu werden, dass diese drei Maschinen in uns tatsächlich miteinander uneins sind. Sie kennen sich nicht. Sie hören nicht nur nicht aufeinander, sondern wenn die eine die andere inständig bittet, etwas zu tun, und sogar weiß, wie es zu tun wäre, so kann oder will die andere es nicht.

~

Da es spät ist, müssen wir den Rest auf ein andermal verschieben. Bis dahin haben Sie vielleicht tun gelernt!

Wesen und Persönlichkeit

New York, 29. März 1924

UM BESSER ZU VERSTEHEN, WAS ÄUSSERES UND INNERES SICH-Richten bedeutet, müssen Sie begreifen, dass es in jedem Menschen zwei vollständig getrennte Teile gibt, gleichsam zwei verschiedene Menschen. Es sind dies sein Wesen und seine Persönlichkeit.

Das Wesen ist das Ich – es ist unsere Vererbung, unser Typus, unser Charakter, unsere Natur.

Die Persönlichkeit ist etwas Hinzukommendes – Erziehung, Ausbildung, Standpunkte – alles Äußerliche. Sie ist wie die Kleidung, die Sie tragen, eine Maske, das Ergebnis Ihrer Erziehung und des Einflusses Ihrer Umgebung, der Meinungen aufgrund von Informationen und Kenntnissen, welche sich jeden Tag ändern und einander aufheben.

Heute sind Sie von einer Sache überzeugt, Sie glauben daran und wünschen sie. Morgen sind Ihre Überzeugungen und Wünsche, unter einem anderen Einfluss, ganz verschieden. Das gesamte Material, das Ihre Persönlichkeit ausmacht, ist durch einen Wandel der Umweltbedingungen künstlich oder zufällig von Grund auf veränderbar, und das in kürzester Zeit.

Das Wesen wandelt sich nicht. Ich habe zum Beispiel eine dunkle Hautfarbe, und ich werde so bleiben, wie ich geboren wurde. Das gehört zu meinem Typus.

Wenn wir hier von Entwicklung und Veränderung sprechen, dann sprechen wir vom Wesen. Unsere Persönlichkeit bleibt ein Sklave; sie lässt sich sehr schnell verändern, sogar in einer halben Stunde. Durch Hypnose etwa kann man unsere Überzeugungen umgestalten, und zwar deshalb, weil sie uns fremd und nicht unser eigen sind. Was hingegen unser Wesen ausmacht, das gehört uns.

Im Wesen richten wir uns ständig auf mechanische Weise. Jeder Einfluss ruft mechanisch ein entsprechendes Sich-Richten hervor. Mechanisch gefalle ich Ihnen, und so nehmen Sie mechanisch diesen Eindruck von mir auf. Doch das sind nicht Sie. Es kommt nicht vom Bewusstsein, es geschieht mechanisch. Zuneigung und Abneigung, das ist eine Frage der Übereinstimmung von Typen. Innerlich gefalle ich Ihnen, und obgleich Ihnen der Verstand sagt, dass ich schlecht bin und Ihre Zuneigung nicht verdiene, können Sie keine Abneigung gegen mich empfinden. Oder aber: Sie sehen, dass ich gut bin, aber Sie mögen mich nicht – und das bleibt immer so.

Wir haben allerdings die Möglichkeit, uns innerlich nicht zu richten. Im Augenblick sind Sie nicht dazu imstande, weil Ihr Wesen eine Funktion ist. Unser Wesen besteht aus mehreren Zentren, unsere Persönlichkeit hat indessen nur ein Zentrum, den formgebenden Apparat.

Erinnern Sie sich an das Bild vom Wagen, Pferd und Kutscher. Unser Wesen ist das Pferd. Gerade das Pferd nun sollte sich nicht richten. Doch selbst wenn Sie dies einsehen, so weiß das Pferd nichts davon, denn es versteht Ihre Sprache nicht. Sie können ihm diesbezüglich keine Befehle geben, können es nicht lehren, sich nicht zu richten, nicht zu reagieren, nicht zu antworten.

Vom Verstand her möchten Sie sich nicht richten, aber zunächst müssen Sie die Sprache des Pferdes, seine Psychologie lernen, um mit ihm sprechen zu können. Danach werden Sie in der Lage sein, das auszuführen, was Verstand und Logik sich wünschen. Wenn Sie jedoch versuchen, es sofort zu unterrichten, so werden Sie ihm selbst in hundert Jahren nichts beibringen und nichts an ihm verändern können. Es wird ein leerer Wunsch bleiben. Im Augenblick haben Sie nur zwei Wörter zur Verfügung: »rechts« und »links«. Wenn Sie die Zügel anziehen, gehorcht das Pferd, und auch nicht immer, sondern nur, wenn sein Bauch voll ist. Fangen Sie aber an, ihm eine Rede zu halten, so wird es nur weiter mit dem Schwanz die Fliegen fortjagen, und Sie mögen sich einbilden, dass es Sie verstünde. Bevor unsere Natur verdorben wurde, waren alle vier in dieser Mannschaft – Pferd, Wagen, Kutscher, Herr – eins; alle hatten ein gemeinsames Verständnis, alle arbeiteten zusammen; die Zeit für Anstrengung, Entspannung, Essen war bei ihnen die gleiche. Aber die Sprache ist vergessen worden, jeder Teil hat sich abgesondert und lebt allein, von den übrigen abgeschnitten. Gleichwohl müssten sie zu gewissen Zeiten zusammenarbeiten. Doch es ist unmöglich: Der eine Teil will eine Sache, der andere etwas anderes.

Hier gilt es wiederherzustellen, was verlorengegangen ist, nicht aber, irgendetwas Neues zu erwerben. Dies ist das Ziel der Entwicklung. Daher ist es unerlässlich, dass man das Wesen von der Persönlichkeit unterscheiden und beide trennen lernt. Wenn Sie das können, werden Sie wissen, was zu ändern und wie es zu ändern ist. In der Zwischenzeit haben Sie nur eine Möglichkeit: nämlich zu studieren. Sie sind schwach, Sie sind abhängig, Sie sind Sklaven. Die jahrelang angesammelten Gewohnheiten auf einmal zu zerschlagen, ist schwierig. Später werden Sie in der Lage sein, einige Gewohnheiten durch andere zu ersetzen. Auch diese werden mechanisch sein. Der Mensch hängt immer von äußeren Einflüssen ab. Nur sind einige Einflüsse hinderlich, andere dagegen nicht.

Zunächst einmal muss man Voraussetzungen für die Arbeit schaffen. Es gibt viele Voraussetzungen. Zurzeit können Sie nur beobachten und Material sammeln, das für die Arbeit nützlich sein wird. Im Moment vermögen Sie nicht zu erkennen, woher Ihre Äußerungen kommen, ob vom Wesen oder von der Persönlichkeit. Aber wenn Sie sorgfältig hinschauen, können Sie es vielleicht im Nachhinein verstehen. Während Sie Material sammeln, sind Sie außerstande, es zu sehen, und zwar deshalb, weil der Mensch im Allgemeinen nur über eine gewisse Aufmerksamkeit verfügt, die auf das gerichtet ist, was er gerade tut. Sein Verstand sieht nicht seine Gefühle, und umgekehrt.

Beobachtung erfordert vielerlei. Vor allem Aufrichtigkeit gegen sich selbst. Und das ist sehr schwierig. Gegenüber einem Freund aufrichtig zu sein, ist viel leichter. Der Mensch fürchtet sich, etwas Schlechtes zu sehen; und wenn er zufällig durch einen tiefen Blick in sich selbst gewahrt, was in ihm schlecht ist, so entdeckt er seine Nichtigkeit. Wir haben die Gewohnheit, die Gedanken an uns selber zu verdrängen, weil wir uns vor den Gewissensbissen fürchten. Aufrichtigkeit ist gleichsam der Schlüssel, der die Tür öffnet, wohindurch ein Teil einen anderen Teil beobachten kann. Mit Hilfe der Aufrichtigkeit kann der Mensch eine Sache anschauen und sie betrachten.

Aufrichtigkeit gegen sich selbst ist deshalb sehr schwer, weil ein dicker Belag das Wesen zugedeckt hat. Jahr für Jahr legt der Mensch neue Kleider an, setzt er eine neue Maske auf. All dies gilt es allmählich zu entfernen – man muss sich frei machen, entblößen. Solange der Mensch sich nicht entblößt hat, kann er nicht sehen.

Am Beginn der Arbeit gibt es eine recht nützliche Übung, die einem hilft, sich zu sehen und Material zu sammeln. Diese Übung besteht darin, dass man sich in die Lage eines anderen versetzt. Sie muss als eine verpflichtende Aufgabe unternommen werden. Um zu erläutern, was ich meine, wollen wir ein Beispiel wählen. Ich weiß, dass Sie bis morgen hundert Dollar brauchen, diese jedoch nicht haben. Sie versuchen, sie aufzutreiben, aber vergeblich. Sie sind niedergeschlagen. Ihre Gedanken und Gefühle werden von diesem Problem in Beschlag genommen. Am Abend nehmen Sie an dem Vortrag teil. Eine Hälfte von Ihnen denkt immer noch an das Geld. Sie sind geistesabwesend und nervös. Sage ich Ihnen heute eine Grobheit, so werden Sie in Zorn geraten. Morgen hingegen, wenn Sie das Geld haben, werden Sie vielleicht darüber lachen. Wenn ich nun sehe, dass Sie heute Abend verärgert sind, dann versuche ich – da ich ja weiß, dass Sie nicht immer so sind –, mich in Ihre Lage zu versetzen. Ich frage mich, wie ich an Ihrer Stelle handeln würde, falls jemand zu mir unfreundlich wäre. Stelle ich mir diese Frage häufig, so werde ich bald verstehen, dass, wenn jemand durch eine Unhöflichkeit verletzt oder gereizt ist, es in jenem Augenblick stets einen Grund dafür gibt. Ich werde bald verstehen, dass alle Welt gleich ist – dass niemand ständig schlecht ist oder ständig gut. Wir sind alle gleich. So wie ich mich verändere, so verändert sich auch ein anderer. Wenn Sie dies begreifen und sich daran erinnern, wenn Sie an Ihre Aufgabe denken und sie im richtigen Augenblick in Angriff nehmen, so werden Sie in sich und in ihrer Umgebung vieles Neue bemerken, Dinge, die Sie zuvor nie gesehen hatten. Das ist der erste Schritt.

Der zweite Schritt ist das Einüben der Konzentration. Durch diese Übung können Sie etwas anderes erreichen. Die Selbstbeobachtung ist sehr schwierig, aber sie kann beträchtliches Material einbringen. Wenn Sie sich daran erinnern, wie Sie sich äußern, wie Sie reagieren, wie Sie empfinden, wonach Sie sich sehnen, so können Sie vieles lernen. Zuweilen vermögen Sie auf Anhieb zu unterscheiden, was Denken ist, was Gefühl ist, was Körper ist. Jeder Teil steht unter anderen Einflüssen; und wenn wir uns von dem einen befreien, so werden wir zu Sklaven eines anderen. Zum Beispiel kann ich in meinem Denken frei sein, doch ich bin nicht in der Lage, die Emanationen meines Körpers zu verändern – mein Körper reagiert anders. Ein neben mir sitzender Mensch beeinflusst mich durch seine Emanationen. Ich weiß, dass ich höflich sein sollte, doch ich empfinde für ihn Abneigung. Jedes Zentrum hat einen eigenen Emanationsbereich, und manchmal kann man sich dem nicht entziehen.

Ich empfehle Ihnen, diese Übung mit der Selbstbeobachtung zu verbinden.

Wir vergessen es jedoch ständig. Wir erinnern uns erst hinterher daran. Im geeigneten Augenblick ist Ihre Aufmerksamkeit in Anspruch genommen, etwa durch die Tatsache, dass Sie jenen Menschen nicht mögen und nicht umhinkönnen, diese Abneigung zu verspüren. Diese Tatsache darf man nicht vergessen, man muss sie im Gedächtnis festhalten. Der Geschmack einer Erfahrung hält sich nur einige Zeit. Ohne Aufmerksamkeit entschwinden die Erscheinungen. Man sollte die Dinge im Gedächtnis aufzeichnen, sonst vergisst man sie. Und was wir uns wünschen, ist: nicht zu vergessen.

Es gibt manches, was sich nur selten wiederholt. Durch Zufall sehen Sie etwas, doch wenn Sie es nicht dem Gedächtnis anvertrauen, verlieren Sie es für immer. Wollen Sie »Amerika kennenlernen«, so müssen Sie es dem Gedächtnis einprägen. In Ihrem Zimmer sitzend, werden Sie nichts sehen: Beobachtungen muss man im Leben anstellen. In Ihrem Zimmer vermögen Sie den Meister nicht zu entwickeln. Ein Mensch kann in einem Kloster stark, im Leben jedoch schwach sein; und wir brauchen Stärke fürs Leben. In einem Kloster zum Beispiel ist ein Mensch imstande, eine Woche lang ohne Nahrung zu bleiben, im Leben hingegen kann er nicht einmal drei Stunden ohne Nahrung sein. Wozu haben ihm dann aber seine Übungen genützt?

Sich von sich selbst trennen

Prieuré, 28. Februar 1923

SOLANGE SICH EIN MENSCH NICHT VON SICH SELBST TRENNT, kann er nichts erreichen, und niemand vermag ihm zu helfen.

Sich selbst beherrschen ist etwas sehr Schwieriges; es ist eine Zielsetzung für später. Es erfordert große Energie und viel Arbeit. Doch die erste Aufgabe, sich von sich selbst zu trennen, verlangt nicht viel Kraft; sie verlangt nur einen Wunsch, einen ernsthaften Wunsch, den Wunsch eines erwachsenen Menschen. Wenn ein Mensch dazu nicht in der Lage ist, so zeigt dies, dass ihm dieser Wunsch abgeht und dass es hier nichts für ihn gibt. Was wir hier machen, eignet sich nur für Erwachsene.

Unser Verstand, unser Denken, hat nichts mit uns, mit unserem Wesen gemein – weder eine Verbindung noch eine Abhängigkeit. Unser Verstand lebt für sich, und unser Wesen lebt für sich. Wenn wir vom »Sich-von-sich-selbst-Trennen« sprechen, so bedeutet dies: Unser Denken sollte von unserem Wesen getrennt sein. Unser schwaches Wesen kann sich in jedem Augenblick verändern, denn es hängt von vielen Einflüssen ab – von der Nahrung, der Umgebung, der Zeit, dem Wetter und einer Vielzahl anderer Faktoren. Das Denken indes hängt von sehr wenigen Einflüssen ab und kann daher mit einer geringen Anstrengung in der gewünschten Richtung gehalten werden. Selbst ein schwacher Mensch vermag sein Denken in die gewünschte Richtung zu lenken. Über sein Wesen jedoch hat er keine Macht. Es bedarf einer großen Kraft, um dem Wesen eine Richtung zu geben und um es in dieser

Richtung zu halten (ob Körper oder Wesen, es handelt sich allemal um denselben Teufel).

Das Wesen des Menschen hängt nicht von ihm ab: Es kann gut oder schlecht gelaunt sein, gereizt, fröhlich oder traurig, aufgeregt oder gelassen. All diese Reaktionen treten unabhängig von ihm auf. Ein Mensch kann mürrisch sein, weil er etwas gegessen hat, was ihm nicht bekommt.

Wenn ein Mensch über keine erworbenen Fähigkeiten verfügt, lässt sich von ihm nichts verlangen. Man kann von ihm nicht mehr erwarten, als er hat. Von einem rein praktischen Standpunkt aus betrachtet, kann ein Mensch für diese Lage sicherlich nicht als verantwortlich gelten. Es ist nicht seine Schuld, wenn er so ist, wie er ist. Darum muss ich das beachten; denn ich weiß, dass man von einem schwachen Menschen nicht etwas erwarten darf, was viel Kraft erfordern würde. Die Ansprüche, die man an ihn stellt, müssen mit der Kraft in Beziehung stehen, die er besitzt, um ihnen zu genügen.

Es liegt auf der Hand, dass die meisten von Ihnen sich hier befinden, weil ihnen diese Kraft fehlt. Sie sind hierhergekommen, um sie zu erwerben. Das heißt: Sie möchten stark sein; und man kann also nicht erwarten, dass Sie es bereits sind.

Doch ich spreche in diesem Augenblick von einem anderen Teil von uns: dem Verstand. Was den Verstand angeht, so weiß ich, dass jeder von Ihnen Kraft genug besitzt, dass jeder von Ihnen die Fähigkeit und die Macht hat, anders zu handeln, als er augenblicklich handelt.

Der Verstand ist in der Lage, unabhängig zu funktionieren, doch er ist ebenfalls imstande, sich mit dem Wesen zu identifizieren, zu einer Funktion des Wesens zu werden. Bei den meisten der hier Anwesenden versucht der Verstand nicht, unabhängig zu sein: Er ist nur eine Funktion.

Und darum sind sie trotz all der Zeit, die sie hier verbracht haben, trotz des Wunsches, den sie hatten, lange bevor sie hierherkamen, auf einer niedrigeren Stufe stehengeblieben als der Mann von der Straße, das heißt ein Mensch, der niemals irgendetwas zu tun beabsichtigte.

Ich wiederhole: Diese Unabhängigkeit des Denkens kann jeder erwachsene Mensch erreichen; wer den ernsthaften Wunsch danach hat, der vermag es. Freilich macht niemand einen Versuch.

Zugleich sind wir, wie gesagt, nicht in der Lage, unsere inneren Zustände zu beherrschen, und folglich kann dies nicht von uns verlangt werden. Wenn wir dazu imstande sind, werden neue Forderungen an uns herantreten.

Damit Sie besser verstehen, was ich meine, gebe ich Ihnen ein Beispiel. Ruhig, wie ich im Augenblick bin, auf nichts und niemanden reagierend, beschließe ich, im Sinne einer Aufgabe, eine gute Beziehung zu Herrn B. herzustellen, weil ich ihn geschäftlich brauche und nur mit seiner Hilfe erreichen kann, was ich mir wünsche. Aber ich mag Herrn B. nicht, denn er ist ein äußerst unangenehmer Patron. Er versteht nichts, ist ein Dummkopf, ist abstoßend – was immer Sie wollen. Ich bin so beschaffen, dass mich all diese Züge beeinflussen. Es genügt, dass er mich anschaut, und schon werde ich ärgerlich. Wenn er Unsinn redet, so gerate ich außer mir. Ich bin nur ein Mensch, ich bin schwach und vermag mich nicht zu überreden, dass ich nicht verärgert zu sein brauche. Ich werde auch weiterhin verärgert sein.

Gleichwohl ist es mir möglich, mich zu beherrschen. Alles hängt davon ab, wie ernsthaft in mir der Wunsch nach jenem Ziel ist, dem ich durch Herrn B. näherkommen kann. Wenn ich an dieser Entschlossenheit, an diesem Wunsch festhalte, dann werde ich dazu imstande sein. Wie gereizt ich auch sein mag, ich erinnere mich an diesen Wunsch. Trotz meiner Wut und Empörung entsinne ich mich in einem Winkel meines Kopfes weiter der Aufgabe, die ich mir gestellt habe. Mein Denken ist zwar außerstande, mich von etwas zurückzuhalten, ist unfähig, mich etwas anderes gegenüber Herrn B. empfinden zu lassen. Doch es kann sich erinnern. Ich sage mir: »Du brauchst ihn. Ärgere dich nicht. Sei nicht grob gegen ihn.« Selbst wenn es so weit käme, dass ich ihn beschimpfte, ihn schlüge, mein Denken würde mich zur Ordnung rufen und mich ermahnen, nicht derart zu reagieren. Doch selber ist der Verstand außerstande, irgendetwas zu tun.

Dies kann jeder ausführen, der den ernsthaften Wunsch hat, sich nicht mit seinem Wesen zu identifizieren – und genau das bedeutet »das Denken vom Wesen trennen«.

Was geschieht, wenn das Denken einfach zu einer Funktion wird? Wenn ich verdrießlich bin, die Nerven verliere, dann denke ich oder vielmehr denkt »es« von dieser Verdrießlichkeit her, und ich sehe alles unter dem Gesichtspunkt dieses Missmuts. Zum Teufel damit!

Nun behaupte ich: Ein ernsthafter Mensch, ein einfacher, gewöhnlicher Mensch ohne besondere Kräfte, allerdings ein erwachsener Mensch, behält, was immer er beschließen mag, gleichviel welche Aufgabe er sich gestellt hat, diese Aufgabe stets im Gedächtnis. Auch wenn er sie tatsächlich nicht vollbringen kann, bleibt sie ihm ständig gegenwärtig. Selbst wenn er durch andere Erwägungen beeinflusst ist, wird sein Verstand sie nicht vergessen. Er hat eine Pflicht zu erfüllen, und wenn er ehrenhaft ist, so wird er, eben weil er ein erwachsener Mensch ist, sich darum bemühen.

Bei diesem Sich-Erinnern, diesem Sich-von-sich-selbst-Trennen kann ihm niemand helfen. Jeder Mensch muss es selbst ausführen. Von dem Augenblick an, da ihm diese Trennung gelungen ist, vermag ihm ein anderer beizustehen. Nur dann kann ihm folglich auch das Institut von Nutzen sein, falls er um dieser Hilfe willen zum Institut kam.

Sie erinnern sich vielleicht an das, was in früheren Vorträgen über die Wünsche des Menschen gesagt wurde. Ich kann von den meisten der hier Anwesenden sagen, dass sie nicht wissen, was sie sich wünschen, nicht wissen, warum sie hier sind. Ihnen fehlt ein wesentlicher Wunsch. In jedem Augenblick wünscht sich jeder etwas, oder vielmehr wünscht »es« in ihm.

Vorhin hatte ich als Beispiel den Fall angenommen, dass ich mir von Herrn B. Geld leihen möchte. Ich kann mein Vorhaben nur dadurch erreichen, dass ich diesem Wunsch den Vorrang gebe, ihn für mich zur Hauptsache mache. Wenn sich jeder von Ihnen etwas wünscht und wenn das Institut weiß, was er sich wünscht, dann kann ihm Hilfe zuteilwerden. Hat ein Mensch hingegen eine Million Wünsche, ohne dass ein einzelner überwiegt, dann wird keiner in Erfüllung gehen, denn es braucht Jahre, damit eine Sache möglich wird – bei einer Million jedoch... Freilich ist es nicht leicht zu wollen, doch das Denken muss sich unaufhörlich an das erinnern, was es will.

Der einzige Unterschied zwischen einem Kind und einem Erwachsenen liegt im Denken. Alle Schwächen sind bei beiden vorhanden, angefangen mit der Gier, der Verletzbarkeit, der Naivität. Beim Kind wie beim Erwachsenen finden sich die gleichen Dinge: Liebe, Hass und alles Übrige. Die Funktionen sind gleich, die Empfänglichkeit ist die gleiche. Beide reagieren in gleicher Weise, beide neigen zu eingebildeten Ängsten. Kurz gesagt, es gibt keinen Unterschied. Der einzige Unterschied ist im Denken: Wir haben mehr Material, mehr Logik als ein Kind. Nehmen wir ein anderes Beispiel. Herr A. schimpfte mich einen Dummkopf; ich verlor die

Nerven und ging auf ihn los. Ein Kind handelt ebenso. Ein Erwachsener jedoch, der die gleiche Wut verspürt, wird nicht handgreiflich; er hält sich zurück. Wenn er nämlich Herrn A. schlägt, so schreitet die Polizei ein, und er hat Angst vor dem, was die anderen Leute denken. Sie könnten sagen: »Was für ein unbeherrschter Mensch!« Oder ich halte mich zurück aus Furcht, dass Herr A. mich morgen fallen lässt, während ich ihn doch für meine Arbeit brauche. Kurz, alle möglichen Gedanken steigen in mir auf, die mich zurückhalten können oder auch nicht. Aber diese Gedanken sind jedenfalls da. Ein Kind hat keine Logik, kein Material, und daher ist sein Denken nur eine Funktion. Sein Verstand hört nicht auf zu denken. Bei ihm findet sich das »es denkt«, und dieses »es denkt« ist vom Hass gefärbt, anders ausgedrückt: es herrscht Identifikation.

Zwischen dem Kind und dem Erwachsenen gibt es keine eindeutigen Abgrenzungen. Die Reife liegt nicht in der Zahl der Lebensjahre beschlossen. Ein Mensch kann hundert Jahre alt werden und dennoch ein Kind bleiben; er mag zu voller Größe herangewachsen sein und sich trotzdem als ein Kind erweisen, wenn wir denjenigen als »Kind« bezeichnen, der in seinem Verstand nicht über eine unabhängige Logik verfügt. Ein Mensch kann nur von dem Augenblick an als erwachsen gelten, da sein Verstand diese Eigenschaft erworben hat. Unter diesem Gesichtspunkt kann man deshalb sagen, das Institut ist den Erwachsenen vorbehalten. Nur ein Erwachsener kann daraus Nutzen ziehen. Ein Junge oder ein Mädchen von acht Jahren kann erwachsen und ein Sechzigjähriger kann ein Kind sein. Das Institut vermag die Menschen nicht zu Erwachsenen zu machen: Sie müssen es sein, ehe sie hierherkommen. Wer im Institut ist, hat erwachsen zu sein, und hiermit meine ich nicht: erwachsen in seinem Wesen, sondern in seinem Denken.

~

Bevor wir weitergehen, muss jeder von Ihnen klar äußern, was er sich wünscht und was er dem Institut geben kann.

Das Institut vermag sehr wenig zu geben. Das Programm des Instituts, sein Ziel und seine Möglichkeiten lassen sich in wenigen Worten zusammenfassen: Das Institut kann einem helfen, die Fähigkeit zum Christsein zu erlangen. Ganz einfach! Und das ist alles! Das Institut ist dazu nur imstande, insofern ein Mensch diesen Wunsch verspürt. Einen solchen Wunsch wird er freilich nur haben, wenn in ihm der Platz bereitet ist für einen dauerhaften Wunsch.

Ehe man etwas vermag, muss man den Wunsch danach haben. Folglich gibt es drei Etappen: wünschen, vermögen und sein.

Das Institut ist das Mittel. Außerhalb des Instituts ist es möglich, den Wunsch zu haben, und es ist möglich zu sein; aber hier kommt die Fähigkeit hinzu.

Die meisten der hier Anwesenden nennen sich »Christen«. In Wirklichkeit sind alle nur Christen in Anführungszeichen. Untersuchen wir diese Frage als erwachsene Menschen.

Dr. X., sind Sie Christ? Was denken Sie? Sollte man seinen Nächsten lieben oder hassen? Wer kann wie ein Christ lieben? ... Demnach ist es unmöglich, Christ zu sein. Das Christentum schließt vieles ein; wir haben nur eine Sache als Beispiel herausgegriffen. Wer kann auf Befehl lieben oder verachten? Gleichwohl sagt die christliche Lehre ausdrücklich, dass man alle Menschen lieben solle. Doch das ist unmöglich.

Andererseits stimmt es durchaus: Es gilt zu lieben. Zunächst muss man es vermögen, nur dann kann man lieben. Leider haben die heutigen Christen mit der Zeit nur die zweite Hälfte dieser Lehre, das Liebesgebot, beibehalten und die erste aus dem Blick verloren, das heißt die Religion, die ihr hätte vorausgehen sollen. Es wäre völlig absurd, dass Gott vom Menschen etwas fordere, was dieser nicht geben kann.

Die Hälfte der Welt ist christlich, die andere Hälfte folgt anderen Religionen. Für mich als einsichtigen Menschen gibt es keinen Unterschied; sie gleichen der christlichen Religion. Man kann darum sagen, die gesamte Welt sei christlich, der Unterschied beruhe nur auf dem Namen. Und die Welt ist nicht erst seit gestern christlich, sondern seit Tausenden von Jahren. Lange vor dem Erscheinen des Christentums gab es Christen. Deshalb sagt mir der gesunde Menschenverstand: »Seit so vielen Jahren sind die Menschen Christen – wie können sie so töricht sein, Unmögliches zu fordern?«

Aber die Sache verhält sich ganz anders. Die Dinge waren nicht immer so, wie sie heute sind. Den ersten Teil jener Lehre haben die Menschen erst seit Kurzem vergessen und mithin die Fähigkeit verloren, es zu vermögen. Und dadurch wurde es in der Tat unmöglich. Jeder von Ihnen möge sich einfach und offen die Frage stellen, ob er alle Menschen lieben kann. Hat er eine Tasse Kaffee getrunken, so liebt er; wenn nicht, so liebt er nicht. Wie kann man so etwas »Christentum« nennen?

In der Vergangenheit wurden nicht alle Menschen unterschiedslos »Christen« genannt. In einer Familie wurden einige als »Christen« bezeichnet, andere als »Vorchristen« und wieder andere als »Nichtchristen«. So konnte es in ein und derselben Familie Menschen geben, die zur ersten, zur zweiten und zur dritten Kategorie gehörten. Heute jedoch nennen sich alle »Christen«. Es ist naiv, unehrlich, dumm und sogar verachtenswert, diesen Namen zu tragen, wenn es nicht gerechtfertigt ist. Der Christ ist ein Mensch, der die Gebote zu befolgen vermag.

Wer sowohl mit dem Verstand wie mit seinem Wesen alles zu vollbringen vermag, was von einem Christen verlangt wird, den nennt man einen »Christen ohne Anführungszeichen«. Wer – im Verstand – vollbringen möchte, was von einem Christen gefordert wird, es jedoch nur mit dem Verstand tun kann und nicht mit seinem Wesen, den bezeichnet man als »Vorchristen«. Und wer selbst mit dem Verstand nichts tun kann, der heißt »Nichtchrist«.

Versuchen Sie zu verstehen, was ich Ihnen mitteilen wollte. Versuchen Sie, es immer umfassender und tiefer zu verstehen.

Die Stopp-Übung

Paris, 6. August 1922

DIE STOPP-ÜBUNG IST FÜR ALLE SCHÜLER DES INSTITUTS eine Pflichtübung. Bei dieser muss auf den Befehl »Stopp!« oder auf ein zuvor vereinbartes Zeichen hin jeder Schüler augenblicklich jegliche Bewegung anhalten, gleichviel, wo er sich befindet und was er gerade macht. Ob mitten in rhythmischen Bewegungen oder im gewöhnlichen Leben des Instituts, ob bei der Arbeit oder bei Tisch, er muss nicht nur seine Bewegungen anhalten, sondern auch den Gesichtsausdruck, das Lächeln, den Blick und die Spannung aller Muskeln seines Körpers genau in dem Zustand erstarren lassen, in dem sie sich im Augenblick des »Stopp!« befanden. Die Augen hat er unverwandt auf die Stelle zu heften, auf die sein Blick im Moment des Befehls zufällig gerichtet war. Während der Schüler in diesem Zustand der aufgehaltenen Bewegung ist, muss er auch den Gedankenfluss zum Stehen bringen, und er darf keinen neuen Gedanken zulassen. Seine gesamte Aufmerksamkeit hat er auf die Beobachtung der Muskelspannung in den verschiedenen Teilen des Körpers zu konzentrieren, wobei er die Aufmerksamkeit von einem Körperteil auf den anderen lenkt und dabei darauf achtet, dass die Muskelspannung sich nicht verändert, das heißt, weder abnimmt noch zunimmt.

Der so angehaltene und bewegungslos bleibende Mensch nimmt keine Haltung ein. Es handelt sich einfach um eine Bewegungsunterbrechung im Augenblick des Übergangs von einer Haltung zu einer anderen.

Im Allgemeinen gehen wir so schnell von einer Haltung zur anderen über, dass wir die Stellungen nicht bemerken, die wir während des Übergangs einnehmen. Die Stopp-Übung gibt uns die Möglichkeit, unseren eigenen Körper in Stellungen und Haltungen zu sehen und zu fühlen, die ihm völlig ungewohnt und unnatürlich sind.

Jedes Volk, jede Nation, jede Epoche, jedes Land, jede Klasse und jede Berufsart hat eine begrenzte Zahl von Haltungen, die ihr eigen sind, aus denen sie sich niemals lösen kann und die den jeweils eigentümlichen Stil der Epoche, des Volkes oder der Berufsart darstellen. Jeder Mensch entnimmt, seiner Individualität gemäß, aus dem ihm zugänglichen Stil eine bestimmte Anzahl von Haltungen, und infolgedessen hat er ein überaus beschränktes Haltungsrepertoire. Dies lässt sich etwa an einem schlechten Kunstwerk nachweisen, wenn ein Künstler, der Stil und Bewegungen eines bestimmten Volkes oder einer bestimmten Klasse mechanisch auszudrücken gewohnt ist, den Versuch unternimmt, ein anderes Volk oder eine andere Klasse darzustellen.

Mannigfaltige Beispiele bieten diesbezüglich die Illustrierten, in denen man häufig Orientalen mit Bewegungen und Haltungen englischer Soldaten oder Landleute mit Gebärden und Stellungen von Opernsängern finden kann.

Der Bewegungs- und Haltungsstil jeder Epoche, jedes Volkes und jeder Klasse ist mit charakteristischen Denk- und Gefühlsformen unauflöslich verbunden. Und zwar so eng verbunden, dass ein Mensch ohne ein verändertes Haltungsrepertoire weder die Form seines Denkens noch die Form seines Gefühls verändern kann.

Die Denk- und Gefühlsformen kann man als »Denk-« und »Gefühlshaltungen« bezeichnen. Jeder Mensch hat eine bestimmte Anzahl intellektueller und gefühlsmäßiger Haltungen, so wie er auch eine bestimmte Anzahl von Bewegungshaltungen besitzt. Und seine körperlichen, intellektuellen und gefühlsmäßigen Haltungen stehen alle in wechselseitiger Abhängigkeit. Darum kann sich ein Mensch seinem eigenen Repertoire intellektueller und gefühlsmäßiger Haltungen nie entziehen, sofern seine körperlichen Haltungen unverändert bleiben.

Die auf bestimmte Weise durchgeführte psychologische Analyse und Erforschung der psychomotorischen Funktionen liefern den Beweis, dass jede unserer willkürlichen oder unwillkürlichen Bewegungen ein unbewusster Übergang ist von einer automatisch feststehenden Haltung zu einer anderen, gleichermaßen automatischen. Die Meinung, unsere Bewegungen seien willkürlich, ist eine Illusion; in Wirklichkeit sind sie automatisch. Unsere Gedanken und Gefühle sind gleichfalls automatisch. Und der Automatismus unserer Gedanken und Gefühle ist mit dem Automatismus unserer Bewegungen eng verknüpft. Der eine lässt sich nicht ohne den anderen verändern. Ist zum Beispiel die Aufmerksamkeit eines Menschen auf eine Veränderung des Denkautomatismus gerichtet, dann werden seine gewohnheitsmäßigen Bewegungen und Haltungen die neue Denkweise insofern behindern, als sie alte gewohnte Assoziationen aufsteigen lassen.

Wir begreifen nicht, in welchem Umfang die intellektuellen, gefühlsmäßigen und motorischen Funktionen sich wechselseitig bedingen, wenngleich wir durchaus gewahr werden können, wie stark unsere Stimmungen und Gefühlszustände von unseren Bewegungen und Haltungen abhängen. Wenn ein Mensch eine Haltung annimmt, die in ihm einem Gefühl des Kummers oder der Niedergeschlagenheit entspricht, so wird er nach kurzer Zeit tatsächlich Kummer oder Niedergeschlagenheit empfinden. Angst, Gleichgültigkeit, Ekel lassen sich durch künstliche Haltungsveränderungen hervorrufen. Da alle Funktionen des Menschen, die intellektuelle, die gefühlsmäßige und die motorische, ein eigenes Haltungsrepertoire besitzen und ständig aufeinander einwirken, so folgt daraus, dass ein Mensch niemals von seinem Repertoire loskommen kann.

Die Arbeitsmethoden des Instituts für die harmonische Entwicklung des Menschen bieten eine Möglichkeit, diesem Kreis fest verwurzelter Automatismen zu entkommen, und ein Mittel hierfür ist, besonders am Beginn der Arbeit an sich selbst, die Stopp-Übung. Ein nichtmechanisches Studium seiner selbst ist nur bei richtiger Anwendung dieser Übung möglich.

Die begonnene Bewegung erfährt auf einen Befehl oder ein plötzliches Signal hin eine Unterbrechung. Der Körper wird bewegungslos und erstarrt mitten im Übergang von einer Haltung zu einer anderen, in einer Stellung, bei der er im gewöhnlichen Leben nie stehenbleibt. Indem sich ein Mensch in diesem Zustand wahrnimmt, das heißt im Zustand einer ungewohnten Haltung, erblickt er sich von einem neuen Standpunkt aus, sieht und beobachtet er sich wie nie zuvor. In der für ihn ungewohnten Haltung vermag er auf neue Weise zu denken, auf neue Weise zu empfinden und sich auf neue Weise zu erkennen. Dadurch wird der Kreis der alten Automatismen durchbrochen. Der Körper bemüht sich vergebens, eine bequeme, gewohnte Haltung anzunehmen. Das verhindert der durch den Befehl »Stopp!« in Bewegung gesetzte Wille des Menschen. In die Stopp-Übung sind Wille, Aufmerksamkeit, Denken, Gefühl und Bewegung gleichermaßen mit einbezogen.

Man muss allerdings verstehen: Um den Willen so stark zu aktivieren, dass er den Menschen in einer ungewohnten Haltung festhält, muss der Befehl »Stopp!« notwendigerweise von außen kommen. Der Mensch kann sich den Befehl »Stopp!« nicht selber geben, denn sein Wille würde diesem Befehl nicht gehorchen. Und zwar deshalb nicht, weil die Verbindung der gewohnten Denk-, Gefühls- und Bewegungshaltungen stärker ist als der Wille. Der von außen kommende Befehl »Stopp!« tritt an die Stelle der Denk- und Gefühlshaltungen, und in dem Fall unterwerfen sich die Bewegungshaltungen dem Willen.

Die drei Kräfte

Prieuré, 23. Mai 1923

DER MENSCH HAT DREI KRAFTARTEN, VON DENEN JEDE EINE unabhängige Natur, eigene Gesetze und eine eigene Beschaffenheit aufweist. Doch sie haben ein und denselben Ursprung.

Die erste Kraft ist das, was man physische Kraft nennt. Ihre Quantität und Qualität hängen vom Aufbau der menschlichen Maschine ab und von der Natur ihrer Gewebe.

Die zweite Kraft bezeichnet man als »psychische Kraft«. Ihre Qualität hängt ab vom Denkzentrum des Menschen und von dem Material, das es enthält. Der sogenannte »Wille« und andere ähnliche Begriffe sind Funktionen dieser Kraft.

Die dritte nennt man »moralische Kraft«. Sie hängt von der Erziehung und der Vererbung ab.

Die beiden ersten lassen sich mühelos verändern, denn sie bilden sich leicht. Dagegen ist die moralische Kraft sehr schwer zu verändern, da sie lange Zeit braucht, um sich zu bilden.

Wenn jemand gesunden Menschenverstand und Logik besitzt, ist er jederzeit in der Lage, seine Meinung und seinen »Willen« zu verändern. Aber seine Natur, seine moralische Veranlagung umzugestalten, erfordert lang anhaltenden Druck.

Alle drei Kräfte sind stofflich. Ihre Quantität und Qualität hängen von der Quantität und Qualität dessen ab, wodurch sie hervorgebracht werden. Ein Mensch hat mehr physische Kraft, wenn er über mehr Muskeln verfügt. Zum Beispiel kann A. eine schwerere Last heben als B. Das Gleiche gilt für die psychische Kraft: Sie hängt von dem Material und den Gegebenheiten ab, die einem Menschen zu Gebote stehen.

Auf die gleiche Weise kann ein Mensch größere moralische Kraft haben, sofern ihm die Lebensumstände erlaubten, den Einfluss vieler Ideen, Gefühle sowie den der Religion aufzunehmen. Um etwas verändern zu können, muss man daher lange leben.

Die physische, die psychische und die moralische Kraft sind relativ. Es wird zwar oft gesagt, ein Mensch könne sich wandeln. Doch das, was er ist, wozu ihn die Natur geschaffen hat, das wird er bleiben. Wenn er seine Kraft vergrößern will, dann ist alles, was er machen kann: sie ansammeln.

Der Energieerzeuger lässt sich nicht verändern; er bleibt der gleiche; es ist jedoch möglich, den Ertrag zu steigern. Jede der drei Kräfte kann durch Einsparung und sinnvollen Verbrauch vergrößert werden. Wenn wir dies lernen, so ist das eine wirkliche Leistung.

Wer mit seiner Energie haushält und sie in richtiger Form ausgeben lernt, der kann hundertmal stärker werden als ein Athlet. Wüsste J., wie man einspart und wie man ausgibt, so könnte sie in gegebenem Augenblick hundertmal stärker sein als K., sogar körperlich. So ist es mit allem. Sparsamkeit lässt sich auch im psychischen und im moralischen Bereich praktizieren.

Untersuchen wir die physische Kraft. Obwohl Sie jetzt vielleicht andere Wörter gebrauchen als vorher und von anderen Dingen sprechen, weiß nicht ein einziger von Ihnen, wie man arbeitet. Sie könnten fünfmal härter arbeiten und zugleich zehnmal weniger Energie ausgeben. Wenn B. zum Beispiel einen Hammer benutzt, hämmert er mit seinem ganzen Körper. Wendet er eine Kraft von fünf Kilopond auf, so geht ein halbes Kilopond auf den Hammer, und die anderen viereinhalb werden ganz unnötig verbraucht. Für ein besseres Ergebnis würde der Hammer ein Kilopond benötigen, doch B. gibt ihm nur die Hälfte. Statt fünf Minuten braucht er zehn. Er arbeitet also nicht, wie er sollte.

Sie verbrauchen viel Kraft unnötigerweise, nicht nur wenn Sie arbeiten, sondern auch wenn Sie nichts tun.

Setzen Sie sich so, wie ich sitze, ballen Sie die Faust so stark, wie Sie irgend können, und versuchen Sie, nur die Muskeln der Faust anzuspannen. Wie Sie sehen, macht es jeder anders. Der eine hat die Beine angespannt, der andere den Rücken.

Wenn Sie aufmerksam sind, machen Sie es anders als gewöhnlich. Lernen Sie – wenn Sie sitzen, wenn Sie stehen, wenn Sie liegen –, den rechten Arm oder den linken Arm zu spannen. (*Zu Herrn M. gewandt:*) Stehen Sie auf, spannen Sie den Arm und halten Sie den übrigen Körper entspannt. Man muss das ausprobieren, um es richtig zu verstehen. Wenn Sie eine Ziehbewegung machen, versuchen Sie, die Anspannung vom Widerstand zu unterscheiden.

Ich gehe jetzt ganz entspannt und achte nur darauf, dass ich nicht das Gleichgewicht verliere. Wenn ich stehenbleibe, gerate ich ins Wanken. Aber ich möchte gehen, ohne Kraft auszugeben. Ich gebe nur einen anfänglichen Stoß, alles Übrige vollzieht sich durch die Schwungkraft. Auf diese Weise durchquere ich den Raum, ohne Energie vergeudet zu haben. Um das zu erreichen, müssen Sie die Bewegung von selbst zustande kommen lassen; sie hängt nicht mehr von Ihnen ab. Einem von Ihnen sagte ich früher einmal, wenn er seine Geschwindigkeit zu regulieren suche, so sei dies ein Beweis, dass er die Muskeln anspanne.

Bemühen Sie sich, alles zu entspannen außer den Beinen, und gehen Sie. Geben Sie besonders darauf acht, dass Ihr Körper passiv ist, Kopf und Gesicht hingegen müssen lebendig bleiben. Zunge und Augen sollen sprechen.

Den ganzen Tag über sind wir auf Schritt und Tritt über irgendetwas verärgert, mögen dies, können jenes nicht leiden und so weiter. Jetzt entspannen wir bewusst einige Teile unseres Körpers und spannen andere an. Während wir dies ausführen, tun wir es voller Freude. Jeder von uns ist mehr oder weniger dazu in der Lage, und jeder hat das Gefühl: Je mehr er es übt, umso besser kann er es ausführen. Alles, was Sie brauchen, ist Übung; Sie müssen es nur wollen und in Angriff nehmen. Der Wunsch lässt die Möglichkeit entstehen. Ich spreche von physischen Dingen.

Von morgen an möge jeder auch die folgende Übung machen: Jedes Mal, wenn Sie sich tief getroffen fühlen, achten Sie darauf, dass sich dies nicht über den ganzen Körper ausdehnt. Beherrschen Sie Ihre Reaktion, lassen Sie nicht zu, dass diese sich ausbreitet.

Ich habe beispielsweise ein Problem: Jemand hat mich beleidigt. Ich will ihm nicht verzeihen, aber ich bemühe mich zu verhindern, dass die Beleidigung mir als Ganzem nahegeht. P.s Gesicht gefällt mir nicht. Sobald ich sie sehe, empfinde ich Abneigung. Ich versuche also, nicht von diesem Gefühl ergriffen zu werden. Das Wesentliche sind nicht die Leute, das Wesentliche ist das Problem.

Nun etwas anderes. Wäre jedermann nett und freundlich, so hätte ich keine Gelegenheit, mich praktisch zu üben. Daher sollte ich froh sein, Leute zu haben, an denen ich mich üben kann.

Alles, was uns berührt, berührt uns, ohne dass wir dabei anwesend sind. Wir sind so veranlagt. Wir sind dessen Sklaven. P. ist mir unsympathisch, doch jemand anderem mag sie sympathisch erscheinen. Meine Reaktion ist in mir. Das, was sie unsympathisch macht, ist in mir. Sie ist daran nicht schuld, sie ist unsympathisch in Beziehung zu mir. Alles, was uns im Laufe des Tages und im Laufe unseres gesamten Lebens widerfährt, steht in einer Beziehung zu uns. Bisweilen kann, was uns widerfährt, gut sein. Diese Bezogenheit ist genauso mechanisch, wie die Spannungen unserer Muskeln mechanisch sind.

Wir lernen jetzt arbeiten. Gleichzeitig wollen wir auch lernen, von dem berührt zu werden, was uns berühren sollte. In der Regel berührt uns das, was uns nicht zu berühren brauchte; die Dinge, die uns den ganzen Tag über zutiefst betreffen, sollten nicht die Macht besitzen, auf uns zu wirken, da sie ja keine wirkliche Existenz haben. Dies ist eine Übung der moralischen Kraft. Bei der psychischen Kraft nun geht es darum, dass man »sie« nicht denken lässt, sondern versucht, »sie« immer wieder anzuhalten, ob nun das, woran »sie« denkt, gut ist oder schlecht. Sobald wir uns erinnern, sobald wir uns überraschen, müssen wir »sie« am Denken hindern.

Auf jeden Fall wird ein solches Denken kein Amerika entdecken, weder bei etwas Gutem noch bei etwas Schlechtem. So wie es Ihnen im Augenblick schwerfällt, das Bein nicht zu spannen, so fällt es Ihnen auch schwer, »sie« nicht denken zu lassen. Aber es ist möglich.

Kehren wir zu den Übungen zurück. Wer sie ausgeführt hat, kann zu mir kommen, um andere zu erhalten. Doch einstweilen haben Sie genügend Übungen.

Sie müssen mit so wenig Körperteilen arbeiten wie möglich. Ihr Grundsatz sollte sein: die gesamte Kraft, über die Sie verfügen, auf jene Körperteile zu konzentrieren, die eine bestimmte Arbeit verrichten, und dies auf Kosten der anderen Teile.

Lässt sich die Atmung lenken?

Chicago, 26. März 1924

FRAGE: KÖNNEN ATEMÜBUNGEN NÜTZLICH SEIN?

Antwort: In Europa sind die Leute ganz verrückt nach Atemübungen. Vier oder fünf Jahre lang habe ich meinen Lebensunterhalt damit verdient, dass ich Menschen behandelte, die sich ihre Atmung durch derartige Methoden ruiniert hatten! Es gibt viele Bücher darüber. Jeder möchte die anderen belehren. So heißt es: »Je mehr man atmet, desto größer ist die Sauerstoffzufuhr« und so weiter. Und die Folge davon ist, dass die Leute mich aufsuchen. Den Autoren dieser Werke, Begründern von Schulen und so fort, bin ich sehr verbunden.

Wie Sie wissen, ist Luft die zweite Nahrungsart. In allen Dingen sind richtige Mischungsverhältnisse erforderlich, so etwa in den Erscheinungen, welche die Chemie, die Physik und so weiter studieren. Kristallisierung kann nur bei einer gewissen Entsprechung eintreten, nur dann ist etwas Neues erreichbar.

Jeder Stoff besitzt eine bestimmte Schwingungsdichte. Die wechselseitige Beeinflussung von Stoffen kann nur bei einer genauen Entsprechung der Schwingungen der verschiedenen Stoffe stattfinden. Ich habe bereits vom Gesetz der Drei gesprochen. Hat zum Beispiel der positive Stoff 300 Schwingungen und der negative Stoff 100, so ist die Verbindung möglich. Wenn jedoch die Schwingungen diesen Zahlen nicht genau entsprechen, ergibt sich daraus keine Verbindung; man erhält dann ein mechanisches Gemisch, das sich in seine ursprünglichen Bestandteile auflösen lässt. Es ist noch kein neuer Stoff.

Die zur Verbindung bestimmten Substanzen müssen auch quantitativ in einem genau festgelegten Verhältnis stehen. Wie Sie wissen, braucht man beim Teiganrühren eine bestimmte Menge Wasser für die Mehlmenge, die man verwenden will. Nimmt man weniger Wasser als erforderlich, dann erhält man keinen Teig.

Ihre gewöhnliche Atmung ist mechanisch. Mechanisch atmen Sie so viel Luft ein, wie Sie brauchen. Wenn mehr Luft vorhanden ist, kann sie sich nicht in der Weise verbinden, wie sie es sollte; ein richtiges Verhältnis ist notwendig.

Die Luft enthält nicht nur Sauerstoff, sondern auch viele andere Elemente. Alles dringt in die Lungen. Gewöhnlich nehmen sich die Lungen beim Atmen das, was sie brauchen: Sie sind darauf eingestellt. In jeder Maschine, in jedem Organ gibt es eine Stelle, die für den Durchgang einer gewissen Substanz – in diesem Fall: der Luft – vorgesehen ist. Wenn Sie künstlich atmen, laufen Sie Gefahr, andere Substanzen aufzunehmen als die, deren Sie bedürfen, weil das Verhältnis nicht beachtet wird und unnütze Substanzen in den Körper eindringen.

Die künstlich gelenkte Atmung, so wie man sie im Allgemeinen praktiziert, führt zu Disharmonie. Um die Störungen zu vermeiden, welche diese Atmung mit sich bringen kann, muss man darum die anderen Nahrungsarten entsprechend verändern. Und ohne umfassende Kenntnisse ist das nicht möglich. So benötigt der Magen beispielsweise eine bestimmte Nahrungsmenge, nicht allein zur Ernährung, sondern auch deshalb, weil er daran gewöhnt ist. Wir essen mehr als nötig, einfach weil es schmeckt und weil der Magen an einen gewissen Druck gewöhnt ist. Sie wissen, dass der Magen bestimmte Nerven hat. Wenn im Magen kein Druck besteht, reizen diese Nerven die Magenmuskeln, und wir verspüren ein Hungergefühl. Es gibt zwei Arten von Hunger: den des Körpers und den der Nerven.

Viele Organe arbeiten mechanisch, ohne dass wir bewusst daran teilnehmen. Jedes hat einen eigenen Rhythmus, und die Rhythmen der verschiedenen Organe stehen in einer bestimmten Beziehung zueinander.

Bei Veränderung unserer Atmung verändern wir zum Beispiel den Rhythmus unserer Lunge; da aber alles verbunden ist, fangen nach und nach auch andere Rhythmen an, sich zu wandeln. Falls wir diese Atmungsweise lange Zeit fortsetzen, kann der Rhythmus aller Organe dadurch verändert werden. Ändern wird sich etwa der Rhythmus des Magens. Und der Magen hat seine Gewohnheiten, er braucht eine gewisse Zeit, um die Nahrung zu verdauen; sagen wir, die Nahrung muss eine Stunde in ihm bleiben. Verändert sich der Rhythmus des Magens, so wird ihn die Nahrung vielleicht schneller durchlaufen, und folglich hat er nicht die Zeit, all das aus ihr herauszuziehen, was er benötigt. An einer anderen Stelle kann das Gegenteil geschehen.

Es ist tausendmal besser, wenn man nicht in die Arbeit unserer Maschine eingreift, sie sogar in schlechtem Zustand lässt, als sie ohne wirkliche Kenntnisse zu korrigieren. Denn der menschliche Organismus ist ein höchst komplizierter Apparat, dessen zahlreiche Organe unterschiedliche Rhythmen und Bedürfnisse haben, und viele dieser Organe sind miteinander verbunden.

Es gilt, alles zu verändern oder nichts. Andernfalls läuft man Gefahr, mehr Schaden anzurichten als Gutes zu tun. Die heutzutage praktizierten Atemübungen sind die Ursache zahlreicher Krankheiten. Nur ausnahmsweise, in vereinzelten Fällen, in denen es einem Menschen wie durch ein Wunder gelingt, rechtzeitig aufzuhören, schadet er sich nicht selber. Wenn man diese Übungen lange Zeit ausführt, sind die Ergebnisse allemal schlecht.

Um an sich zu arbeiten, muss man jede Schraube, jedes Rädchen seiner Maschine kennen – dann weiß man, was zu tun ist. Wenn Sie jedoch nicht viel davon verstehen und es probieren, so können Sie großen Schaden anrichten. Das Risiko ist erheblich, denn die Maschine ist überaus kompliziert. Sie hat sehr dünne Schrauben, die leicht beschädigt werden, und wenn Sie zu stark stoßen, dann können Sie sie zerbrechen. Und diese Schrauben finden Sie in keinem Laden.

Man muss sehr vorsichtig sein. Wenn Sie Kenntnisse haben, ist es etwas anderes. Falls jemand hier Atemübungen macht, ist es besser, dass er damit aufhört, solange es noch Zeit ist.

Innere Haltungen und Zustände

Berlin, 24. November 1921

SIE FRAGEN NACH DEM ZWECK DER BEWEGUNGEN.* JEDER Körperhaltung entspricht ein bestimmter innerer Zustand, und umgekehrt entspricht jedem inneren Zustand eine bestimmte Haltung. Jeder Mensch besitzt eine Anzahl gewohnheitsmäßiger Haltungen, und er geht von der einen zur anderen über, ohne jemals bei den dazwischenliegenden Haltungen anzuhalten.

Das Einnehmen neuer, ungewohnter Stellungen gibt Ihnen die Möglichkeit, sich innerlich auf eine andere Weise zu beobachten, als Sie es unter gewöhnlichen Umständen tun. Dies wird besonders deutlich, wenn Sie auf den Befehl »Stopp!« auf der Stelle erstarren müssen. Die gerade angespannten Muskeln haben im Zustand der Anspannung zu bleiben und die entspannten Muskeln in dem der Entspannung. Darüber hinaus müssen Sie bei diesem Befehl nicht nur äußerlich erstarren, sondern müssen auch alle inneren Bewegungen anhalten. Sie müssen danach trachten, die Gedanken und Gefühle so beizubehalten, wie sie waren, und müssen sich gleichzeitig beobachten.

Nehmen wir an, Sie möchten Schauspielerin werden. Ihre gewöhnlichen Haltungen eignen sich für eine bestimmte Rolle – etwa die einer Dienerin –, doch Sie haben die Rolle einer Gräfin zu spielen. Eine Gräfin hat ganz andere Haltungen. In einer guten Schauspielschule würden Sie, sagen wir, zweihundert Haltungen lernen. Die charakteristischen Haltungen einer Gräfin sind zum Beispiel die Haltungen Nr. 14, 68, 101 und 142. Wenn Sie das wissen, dann genügt es, dass Sie auf der Bühne von einer Haltung zur anderen übergehen; Sie werden die gesamte Aufführung hindurch, wie schlecht Sie auch spielen mögen, eine Gräfin sein. Wenn Sie aber diese Haltungen nicht kennen, dann wird sogar ein unerfah-

* Gemeint sind die von Gurdjieff gelehrten rhythmischen Bewegungen oder *movements,* deren richtige Ausführung allerhöchste Ansprüche an das Bewegungs-, das Denk- und das Gefühlszentrum gleichzeitig stellt. [A.d.H.].

renes Auge wahrnehmen, dass Sie keine Gräfin sind, sondern eine Dienerin.

Es ist notwendig, dass Sie sich anders beobachten als im gewöhnlichen Leben. Dazu bedarf es einer Haltung, die sich von derjenigen unterscheidet, die Sie bisher einnahmen. Sie wissen, wohin Ihre gewohnheitsmäßigen Haltungen Sie geführt haben. Weder für Sie noch für mich hat es einen Sinn, so weiterzumachen wie bisher, und mich drängt nichts zu einer Arbeit mit Ihnen, falls Sie so bleiben, wie Sie sind. Sie wünschen sich Wissen, doch was Sie bis jetzt hatten, ist kein Wissen. Es ist nur eine mechanische Informationsansammlung. Es sind Kenntnisse, die nicht in Ihnen sind, sondern außerhalb von Ihnen. Dergleichen ist wenig wert. Was haben Sie von Kenntnissen, die jemand anders einstmals zustande brachte? Sie haben sie nicht geschaffen, folglich ist das von geringer Bedeutung. Sie sagen zum Beispiel, Sie wüssten, wie man den Schriftsatz für Zeitungen herstellt, und dem messen Sie einen Wert bei. Aber heute kann das eine Maschine ausführen. Zusammenstellen heißt nicht *schaffen*.

Jeder hat ein begrenztes Repertoire gewohnheitsmäßiger Haltungen und innerer Zustände. Sie ist eine Malerin; und Sie werden vielleicht sagen, sie habe einen eigenen Stil. Aber es ist nicht ein Stil, es ist Begrenztheit. Was immer ihre Bilder darstellen mögen, ob sie nun eine Szene aus dem europäischen oder dem asiatischen Leben malt, es ist immerfort das Gleiche. Ich erkenne sofort, dass sie es war, und nicht jemand anders, der es gemalt hat. Ein Schauspieler, der in allen seinen Rollen der Gleiche wäre – nichts als er selber –, was wäre das für ein Schauspieler? Nur durch Zufall könnte er an eine Rolle geraten, die genau dem entspricht, was er im Leben ist.

Bisher ist jedes Wissen mechanisch gewesen, so wie auch alles Übrige mechanisch war. Zum Beispiel: Ich schaue jene dort freundlich an, und sofort wird sie freundlich. Wenn ich sie verärgert anblicke, so ist sie sogleich ungehalten – und nicht nur mit mir, sondern auch mit ihrem Nachbarn, und ihr Nachbar mit jemand anders und so weiter. Sie ist verärgert, weil ich sie missmutig angeschaut habe. Sie ist mechanischerweise verärgert. Allein sie kann nicht aus eigenem freiem Willen in Zorn geraten. Sie ist den Haltungen anderer völlig ausgeliefert. Und das wäre nicht so schlimm, wenn diese anderen immer Lebewesen wären, aber sie ist auch den Dingen unterworfen. Ein beliebiger Gegenstand ist stärker als sie. Es ist eine fortdauernde Sklaverei. Auch Ihre Funktionen sind nicht Ihr eigen. Vielmehr sind Sie selbst die Funktion dessen, was in Ihnen vorgeht.

Gegenüber neuen Dingen muss man lernen, neue Haltungen einzunehmen. Wie Sie sehen können, hört im Augenblick jeder auf seine eigene Weise zu. Auf eine Weise, die seiner inneren Haltung entspricht. Starosta hört zum Beispiel mit dem Verstand zu und Sie mit dem Gefühl; und wenn man Sie alle bäte, das soeben Gesagte zu wiederholen, dann würde es jeder auf eigene Weise, seinem augenblicklichen inneren Zustand entsprechend, wiederholen. In einer Stunde kommt Starosta etwas Unangenehmes zu Ohren, während man Ihnen ein mathematisches Problem zu lösen gibt; was Starosta daraufhin von dem hier Gehörten wiedergibt, ist von seinen Gefühlen gefärbt, während Sie dasselbe in logischer Form darstellen.

Und dies deshalb, weil nur ein Zentrum arbeitet, zum Beispiel das Denken oder das Gefühl. Sie müssen lernen, auf neue Weise zuzuhören. Was Sie bisher aufgenommen haben, ist die Kenntnis eines einzigen Zentrums – Kenntnis ohne Verständnis. Gibt es vieles, was Sie kennen und zugleich verstehen? Beispielsweise wissen Sie, was Elektrizität ist, aber verstehen Sie sie genauso eindeutig wie dies, dass zwei mal zwei vier ist? Das Letztere verstehen Sie so gut, dass Ihnen niemand das Gegenteil beweisen könnte; bei der Elektrizität hingegen ist das anders. Heute erklärt man sie Ihnen auf die eine Weise – und Sie glauben es. Morgen gibt man Ihnen eine andere Erklärung – und Sie glauben das auch. Verständnis freilich ist die Wahrnehmung durch mindestens zwei Zentren, und nicht durch ein einziges. Eine noch vollständigere Wahrnehmung ist möglich, doch einstweilen genügt es, wenn es Ihnen gelingt, dass ein Zentrum ein anderes überwacht. Wenn ein Zentrum etwas wahrnimmt und ein anderes diese Wahrnehmung bestätigt, ihr zustimmt oder sie zurückweist, dann handelt es sich um Verständnis. Führt eine Auseinandersetzung zwischen den Zentren zu keinem eindeutigen Ergebnis, so ist das nur Halbverständnis. Das Halbverständnis ist ebenfalls nichts wert. Es gilt, alles, was Sie hier hören, und alles, worüber Sie andernorts untereinander sprechen, nicht mit einem Zentrum, sondern mit zwei Zentren zu sagen oder anzuhören. Sonst wird es weder für mich noch für Sie zu einem günstigen Ergebnis führen. Für Sie wird es wie vorher sein, eine bloße Anhäufung neuer Informationen.

Sieben Kategorien von Übungen

Prieuré, November 1922

ALLE IM INSTITUT GEGEBENEN ÜBUNGEN LASSEN SICH IN SIEben Kategorien einteilen. Die Übungen der ersten Kategorie zielen vor allem auf den Körper ab, die der zweiten auf das Denken, die der dritten auf das Gefühl. In der vierten Kategorie beziehen sie sich gleichermaßen auf das Denken wie auf den Körper. In der fünften auf den Körper und das Gefühl. In der sechsten auf Gefühl, Denken und Körper. Und die siebente Kategorie umfasst alle drei zusammen sowie unseren Automatismus.

Wir müssen einsehen, dass wir die meiste Zeit in diesem Automatismus leben. Wenn wir die ganze Zeit nur mit Hilfe der Zentren lebten, so hätten diese nicht genug Energie. Demnach ist dieser Automatismus für uns ganz unentbehrlich, auch wenn er sich gegenwärtig als unser schlimmster Feind erweist. Für einige Zeit müssen wir uns davon befreien, um zunächst einen bewussten Körper und Verstand bilden zu können; denn solange wir nicht davon unabhängig sind, können wir nichts anderes lernen – wir müssen ihn vorübergehend fernhalten. Später gilt es, diesen Automatismus zu studieren, mit dem Ziel, ihn anzupassen.

Einige Übungen sind uns bereits bekannt. Wir haben zum Beispiel Übungen für den Körper studiert und haben verschiedene Aufgaben unternommen, die elementare Übungen für das Denken darstellten. An Übungen für das Gefühl haben wir uns noch nicht begeben – sie sind komplizierter. Anfangs ist es sogar schwierig, sie sich vorzustellen. Gleichwohl sind sie für uns von größter Bedeutung. In unserem inneren Leben nimmt der Gefühlsbereich den ersten Platz ein. Alle unsere Missgeschicke beruhen tatsächlich auf dem chaotischen Zustand des Gefühls. In uns gibt es zu viel Material dieser Art, und wir leben ununterbrochen davon.

Und zugleich haben wir kein Gefühl. Ich meine: Wir haben weder ein objektives noch ein subjektives Gefühl. Unser gesamter Gefühlsbereich ist mit etwas Fremdem und völlig Mechanischem angefüllt. So existiert in uns zum Beispiel kein subjektives und auch kein objektives moralisches Gefühl (es gibt drei Gefühlsarten: die subjektive, die objektive und die automatische).

Das objektive moralische Gefühl entspricht einigen jahrhundertealten, grundlegenden und unwandelbaren Sittengesetzen, die chemisch wie auch physikalisch mit den menschlichen Verhältnissen und der menschlichen Natur in Einklang stehen, objektiv für alle gelten und mit der Großen Natur (oder, wie es heißt, mit Gott) verbunden sind.

Von subjektivem moralischem Gefühl spricht man, wenn ein Mensch auf Grund seiner eigenen Erfahrung, seiner Eigenschaften, seiner persönlichen Beobachtungen und eines ihm eigentümlichen Gerechtigkeitsempfindens sich eine persönliche Moralauffassung bildet und darauf sein Leben gründet.

Nun sind aber diese beiden moralischen Gefühle bei den Menschen nicht nur nicht vorhanden, sondern die Menschen haben nicht einmal die geringste Ahnung davon.

Was wir über die Moral sagen, lässt sich übrigens auf alles beziehen.

Wir haben eine mehr oder weniger theoretische Vorstellung von Moral. Aber wir können das, was wir gehört und gelesen haben, nicht auf das Leben anwenden. Wir leben, wie es uns unser Mechanismus erlaubt. Theoretisch wissen wir wohl, dass wir N. lieben sollten, doch in Wirklichkeit ist er uns möglicherweise unsympathisch – seine Nase gefällt uns nicht. Mit dem Denken verstehe ich, dass ich auch gefühlsmäßig eine gerechte Haltung ihm gegenüber einnehmen sollte, doch ich bin nicht dazu in der Lage. Wenn ich weit von N. entfernt bin, kann ich im Laufe eines Jahres den Entschluss fassen, ihm gegenüber eine gute Haltung zu haben. Falls sich jedoch in mir gewisse mechanische Assoziationen festgesetzt haben, so wird es, wenn ich ihn wiedersehe, genauso sein wie vorher. Das moralische Gefühl ist in uns etwas Automatisches. Ich kann den Vorsatz fassen, auf die und die Weise zu denken, aber »es« lebt nicht dergestalt.

Wenn wir an uns arbeiten wollen, so dürfen wir nicht bloß subjektiv sein; wir müssen uns mit dem vertraut machen und verstehen, was »objektiv« bedeutet. Das subjektive Gefühl kann nicht bei jedem gleich sein, sind doch alle Menschen verschieden. Der eine ist Engländer, der andere Jude... Der eine liebt den Regenpfeifer... und so weiter. Wir sind alle verschieden, dennoch sollten unsere Unterschiede durch die Wirkung objektiver Gesetze vereinigt werden. In einigen Fällen genügen kleine subjektive Gesetze. Im Gemeinschaftsleben jedoch lässt sich Gerechtigkeit nur durch objektive Gesetze erreichen. Deren Zahl ist recht klein. Hätten alle Menschen diese wenigen Gesetze in sich, so wäre unser inneres und äußeres Leben viel glücklicher. Einsamkeit wäre unbekannt, und die Menschen wären nicht mehr bedrückt.

Seit den ältesten Zeiten entwickelte das Leben durch Erfahrung und kluge Staatskunst allmählich fünfzehn Gebote, die erlassen wurden zum Wohle der Einzelmenschen wie auch aller Völker. Wenn diese fünfzehn Gebote wirklich in uns wären, wären wir in der Lage zu verstehen, zu lieben und zu hassen. Wir hätten die Grundlagen für ein gerechtes Urteil.

Alle Religionen, alle Lehren kommen von Gott und sprechen im Namen Gottes. Dies bedeutet nicht, dass Gott sie tatsächlich gegeben hat, sondern dass sie mit einem Ganzen verbunden sind sowie mit dem, was wir »Gott« nennen. Gott hat beispielsweise gesagt: »Liebe deine Eltern, und du wirst Mich lieben.« Und in der Tat, wer seine Eltern nicht liebt, der kann Gott nicht lieben.

Ehe wir weitergehen, wollen wir innehalten und uns fragen: Haben wir unsere Eltern geliebt? Haben wir sie so geliebt, wie sie es verdienten? Oder war es nur ein Fall von »es liebt«? Und wie hätten wir lieben sollen?

Der Schauspieler

New York, 16. März 1924

FRAGE: KANN DER BERUF DES SCHAUSPIELERS BEI DER ENTwicklung einer koordinierten Arbeit der Zentren hilfreich sein?

Antwort: Je mehr ein Schauspieler spielt, um so isolierter wird in ihm die Arbeit der Zentren. Als Darsteller sollte man vor allem ein Künstler sein.

Wir haben von dem Spektrum gesprochen, das aus weißem Licht entsteht. Ein Mensch kann nur dann als Schauspieler bezeichnet werden, wenn er in der Lage ist, sozusagen weißes Licht hervorzubringen. Ein echter Schauspieler ist derjenige, der sich als schöpferisch erweist, der alle sieben Spektralfarben zu erzeugen vermag. Es gab solche Künstler, und es gibt sie auch heute noch. Doch in der modernen Zeit ist ein Schauspieler zumeist nur äußerlich Schauspieler.

Wie jeder andere Mensch hat der Schauspieler eine bestimmte Anzahl von Grundhaltungen; seine sonstigen Haltungen sind nur verschiedene Kombinationen der ersteren. Alle Rollen sind aus Haltungen aufgebaut. Es ist unmöglich, über die Praxis zu neuen Haltungen zu kommen; die Praxis kann nur die alten verstärken. Je länger man damit weitermacht, desto schwieriger wird es, neue Haltungen zu erlernen, – und desto weniger Möglichkeiten gibt es.

Alle Bemühungen des Schauspielers sind umsonst; es ist nur eine Energieverschwendung. Würde dieses Material gespart und für etwas Neues ausgegeben, so wäre es vorteilhafter. Doch wie die Dinge liegen, wird es an schon Vorhandenes vergeudet.

Nur in seiner Einbildung und in der anderer Menschen erscheint ein Schauspieler als Künstler. In Wirklichkeit vermag er nicht schöpferisch zu wirken.

In unserer Arbeit kann dieser Beruf nicht hilfreich sein, im Gegenteil: Er verdirbt die Dinge für morgen. Je eher ein Mensch diesen Beruf aufgibt, umso besser ist es, umso leichter kann er etwas Neues unternehmen.

Talent lässt sich in vierundzwanzig Stunden herstellen. Zwar gibt es das Genie, doch ein gewöhnlicher Mensch kann kein Genie sein. Es ist nur ein Wort.

So ist es in allen Künsten. Wahre Kunst kann nicht das Werk eines gewöhnlichen Menschen sein. Dieser vermag nicht zu handeln, vermag nicht, »ich« zu sein. Ein Schauspieler kann nicht besitzen, was ein anderer Mensch besitzt, kann nicht empfinden, was ein anderer empfindet. Wenn er die Rolle eines Priesters spielt, so müsste er Verständnis und Gefühle eines Priesters haben. Doch er kann sie nur dann haben, wenn er über das gesamte Erfahrungsmaterial des Priesters verfügt, über alles, was dieser weiß und versteht. So verhält es sich mit jedem Beruf; es sind jeweils besondere Kenntnisse erforderlich. Ohne diese Kenntnisse verbleiben dem Künstler nur seine Einbildungen.

In jedem Menschen laufen die Assoziationen in einer bestimmten Weise ab. Ich sehe einen Mann eine gewisse Geste machen. Mir gibt dies einen Schock, der wiederum Assoziationen auslöst.

Ein Polizist würde womöglich vermuten, der Mann habe einen Taschendiebstahl begehen wollen. Angenommen aber, der Mann habe nie an so etwas gedacht, dann habe ich als Polizist seine Geste missverstanden. Bin ich ein Priester, so habe ich andere Assoziationen; ich meine, die Geste hätte etwas mit der Seele zu tun, während der Mann in Wirklichkeit an mein Portemonnaie denkt.

Nur wenn ich die Psychologie des Priesters wie des Polizisten kenne und auch ihre unterschiedlichen Einstellungen, kann ich ein gedankliches Verständnis haben; nur wenn ich in mir über die entsprechenden Gefühls- und Körperhaltungen verfüge, kann ich mit dem Verstand ihre Denkassoziationen erkennen, und auch dies: welche Denkassoziationen in ihnen welche Gefühlsassoziationen hervorrufen. Das ist der erste Punkt.

Da ich die Maschine kenne, gebe ich alle Augenblicke Befehle, damit sich die Assoziationen verändern – allerdings muss ich dies wirklich fortgesetzt tun. Die Assoziationen verändern sich automatisch alle Augenblicke, die eine ruft die andere hervor und so weiter. Wenn ich als Schauspieler auftrete, muss ich fortwährend Anordnungen geben. Es ist unmöglich, sich auf die Schwungkraft zu verlassen. Und ich kann nur dann anordnen, wenn jemand anwesend und dazu in der Lage ist.

Mein Denken kann keine Anordnungen geben – es ist beschäftigt. Das Gefühl ist ebenfalls beschäftigt. Darum muss jemand da sein, der nicht von einer Handlung, der nicht vom Leben in Anspruch genommen wird. Nur dann ist es möglich anzuordnen.

Wer ein »Ich« hat und weiß, was auf allen Gebieten erforderlich ist, kann eine Rolle spielen. Wer kein »Ich« hat, kann es nicht.

Der gewöhnliche Schauspieler kann keine Rolle spielen – seine Assoziationen sind anders. Er hat vielleicht das geeignete Kostüm und nimmt mehr oder weniger passende Haltungen ein, macht Grimassen, die ihm der Regisseur gezeigt hat. Übrigens muss auch der Autor über all dies Bescheid wissen.

Um ein echter Schauspieler zu sein, muss man ein wirklicher Mensch sein. Ein wirklicher Mensch kann ein Schauspieler und ein wirklicher Schauspieler kann ein Mensch sein.

Jedermann sollte versuchen, ein Schauspieler zu sein. Das ist ein hohes Ziel. Das Ziel jeder Religion, jedes Wissens ist, dass man Schauspieler wird. Heutzutage sind freilich alle »Schauspieler«.

Schöpferische Kunst – subjektive Kunst

New York, 2. März 1924

FRAGE: IST ES NOTWENDIG, DIE MATHEMATISCHEN GRUNDlagen der Kunst zu studieren, oder kann man Kunstwerke ohne ein solches Studium schaffen?

Antwort: Ohne dieses Studium kann man nur mit Zufallsergebnissen rechnen; eine Wiederholung ist ausgeschlossen.

~

Frage: Kann es nicht eine unbewusste schöpferische Kunst geben, die vom Gefühl kommt?

Antwort: Eine unbewusste schöpferische Kunst kann es nicht geben, denn unser Gefühl ist überaus dumm. Es sieht nur eine Seite der Dinge, während Verständnis eine Sicht aller Seiten erfordert. Beim Studium der Geschichte sehen wir, dass solche zufälligen Ergebnisse eingetreten sind; es ist freilich nicht die Regel.

~

Frage: Kann man ohne Kenntnis der mathematischen Gesetze von der Harmonie her Musik komponieren?

Antwort: Es wird die Harmonie zwischen einem Ton und einem anderen sein; es wird Akkorde geben, aber keine Harmonie unter den Harmonien. Wir wollen jetzt auf den Einfluss zu sprechen kommen, auf bewussten Einfluss. Ein Komponist vermag einen Einfluss auszuüben.

Gegenwärtig ist es so, dass alles und jedes einen Menschen in den einen oder anderen Zustand versetzen kann. Nehmen wir an, Sie fühlen sich glücklich. In diesem Augenblick ist ein Geräusch, eine Glocke, ein Musikstück zu vernehmen – irgendeine Melodie, vielleicht ein Foxtrott. Sie vergessen diese Weise völlig, doch später, wenn Sie dieselbe Melodie oder dieselbe Glocke hören, ruft sie in Ihnen durch Assoziationen das gleiche Gefühl, zum Beispiel Liebe hervor. Auch das ist ein Einfluss, allerdings ein subjektiver. Nicht nur Musik, sondern jede Art von Geräusch kann hier als Assoziation dienen. Und wenn sie mit etwas Unangenehmem verbunden ist, wie etwa Geldverlust, dann entsteht daraus eine unangenehme Assoziation.

Doch wir sprechen jetzt von objektiver Kunst, von den objektiven Gesetzen in Musik oder Malerei.

Die Kunst, die wir kennen, ist subjektiv, denn ohne mathematisches Wissen kann es keine objektive Kunst geben. Zufallsergebnisse sind recht selten.

Die Assoziationen stellen für uns eine äußerst machtvolle und wichtige Erscheinung dar, doch man hat heutzutage vergessen, was sie bedeuten. In alten Zeiten gab es besondere Festtage. Ein Tag war beispielsweise bestimmten Klangverbindungen gewidmet, ein anderer den Blumen oder Farben, ein dritter dem Geschmack, wieder ein anderer dem Wetter, der Kälte oder Hitze; und die verschiedenen Empfindungen wurden dann verglichen.

So war ein Tag zum Beispiel das Fest des Klanges. Eine Stunde lang ertönte ein bestimmter Klang, eine weitere Stunde ein anderer Klang. Während dieser Zeit wurde ein besonderes Getränk gereicht oder zuweilen ein besonderer Tabak. Mit einem Wort: Man rief durch chemische Mittel in Verbindung mit äußeren Einflüssen bestimmte Zustände und Gefühle hervor, um für die Zukunft gewisse Assoziationen entstehen zu lassen. Wenn sich später ähnliche äußere Umstände wiederholten, lösten sie die gleichen Zustände aus.

Es gab sogar einen besonderen Tag für Mäuse, Schlangen und solche Tiere, vor denen wir uns im Allgemeinen fürchten. Den Menschen gab man ein besonderes Getränk und ließ sie dann Schlangen in der Hand halten, damit sie sich daran gewöhnten. Dies hinterließ bei ihnen einen solchen Eindruck, dass sie danach keine Angst mehr verspürten. Derartige Sitten existierten vor langer Zeit in Persien und Armenien. Das Altertum verstand die menschliche Psychologie sehr gut und ließ sich von ihr leiten. Freilich wurden die Gründe den Massen nie dargelegt; diese erhielten eine ganz andere Erklärung. Nur die Priester kannten den Sinn all dessen. Diese Dinge beziehen sich auf die vorchristliche Zeit, als die Menschen von Priesterkönigen regiert wurden.

~

Frage: Dienten die Tänze ausschließlich der Körperbeherrschung oder hatten sie auch eine mystische Bedeutung?

Antwort: Die Tänze sind für das Denken bestimmt. Der Seele geben sie nichts – die Seele braucht nichts. Ein Tanz hat eine bestimmte Bedeutung; jede Bewegung hat einen gewissen Inhalt.

Die Seele trinkt allerdings keinen Whiskey, den mag sie nicht. Sie zieht eine andere Nahrung vor, welche sie unabhängig von uns empfängt.

Fragen und Antworten

New York, 29. Februar 1924

FRAGE: ERFORDERT DIE ARBEIT DES INSTITUTS, DASS WIR unsere Arbeit im Leben für einige Jahre aufgeben, oder kann man sie gleichzeitig ausüben?

Antwort: Die Institutsarbeit ist innere Arbeit; bisher haben Sie nur äußerliche Arbeit verrichtet, doch hier handelt es sich um etwas ganz anderes. Für einige mag es notwendig sein, mit der äußeren Arbeit aufzuhören, für andere nicht.

Frage: Ist das Ziel dies, sich zu entfalten und ein Gleichgewicht zu erreichen, damit wir stärker werden als das Äußere und uns zum Übermenschen entwickeln können?

Antwort: Der Mensch muss einsehen, dass er nicht handeln kann. Alle unsere Tätigkeiten werden durch äußere Anstöße in Gang gebracht, es ist ganz mechanisch. Sie können nicht handeln, selbst wenn Sie es wollen.

Frage: Welchen Platz nehmen Kunst und schöpferische Arbeit in Ihrer Lehre ein?

Antwort: Die heutige Kunst ist nicht notwendigerweise schöpferisch. Doch für uns ist Kunst nicht ein Ziel, sondern ein Mittel. Die alte Kunst hat einen bestimmten inneren Gehalt. In der Vergangenheit hatte Kunst den gleichen Zweck wie die Bücher in unserer Zeit, nämlich: Kenntnisse zu bewahren und zu übermitteln. In alten Zeiten schrieb man keine Bücher, sondern fügte das Wissen in Kunstwerke ein. Wir würden viele Ideen in den bis zu uns gelangten Werken der alten Kunst finden, wenn wir sie nur zu lesen verstünden. Das gilt übrigens für alle Künste, einschließlich der Musik. Das Altertum betrachtete die Kunst in dieser Weise.

Sie haben unsere Bewegungen und Tänze gesehen. Doch alles, was Sie sahen, war nur äußere Form, Schönheit, Technik. Mir gefällt die äußere Seite nicht, die Sie sehen. Für mich ist die Kunst ein Mittel zu harmonischer Entwicklung. Bei allem, was wir hier ausführen, folgen wir dem Grundsatz, nichts zu tun, was sich automatisch und gedankenlos verrichten lässt.

Gewöhnliche Gymnastik und Tänze sind mechanisch. Wenn unser Ziel die harmonische Entwicklung des Menschen ist, dann stellen Tänze und Bewegungen für uns ein Mittel dar, um Denken und Gefühl mit den Körperbewegungen zu einer gemeinsamen Äußerung zu vereinigen. In allen Handlungen bemühen wir uns, etwas zu entwickeln, was sich nicht direkt oder mechanisch entwickeln lässt – etwas, das den gesamten Menschen wiedergibt: Denken, Körper und Gefühl.

Der andere Zweck der Tänze ist das Studium. Einige Bewegungen tragen in sich einen Beweis, ein bestimmtes Wissen, religiöse oder philosophische Vorstellungen. Aus einigen kann man sogar Kochrezepte herauslesen.

In vielen Ländern des Orients ist der innere Gehalt der einzelnen Tänze heute nahezu vergessen, gleichwohl halten die Menschen einfach aus alter Gewohnheit an ihnen fest.

Die Bewegungen haben also zwei Ziele: Studium und Entwicklung.

~

Frage: Heißt dies, dass nichts in der gesamten westlichen Kunst eine Bedeutung hat?

Antwort: Die westliche Kunst studierte ich, nachdem ich die alte Kunst des Orients erforscht hatte. Um Ihnen die Wahrheit zu sagen, ich habe im Westen nichts gefunden, was mit orientalischer Kunst vergleichbar wäre. Westliche Kunst hat viel Äußerliches, enthält mitunter eine Menge Philosophie; dagegen ist die östliche Kunst genau, mathematisch, frei von Manipulationen. Es ist eine Form der Schrift.

~

Frage: Haben Sie nicht etwas Ähnliches in der alten westlichen Kunst gefunden?

Antwort: Beim Studium der Geschichte sehen wir, wie sich alles nach und nach verändert. Das gilt auch für die religiösen Zeremonien. Anfangs hatten sie eine Bedeutung, und wer die Zeremonien vollzog, verstand diese Bedeutung. Doch mit der Zeit wurde sie vergessen, und man hielt die Zeremonien nur noch mechanisch ab.

Um ein englisch geschriebenes Buch zu verstehen, muss man Englisch können. So ist es auch in der Kunst. Ich spreche hier nicht von Fantasiekunst, sondern von mathematischer, nichtsubjektiver Kunst. Ein moderner Maler mag an seine Kunst glauben und sie fühlen, doch seine Werke sieht man subjektiv: Dem einen gefallen sie, dem anderen gefallen sie nicht. Es ist eine Frage des persönlichen Gefühls, des Mögens oder Missfallens.

Die alte Kunst hingegen war nicht für den Geschmack bestimmt. Jeder, der sie las, verstand sie. Heute ist dieser Zweck der Kunst völlig vergessen.

Nehmen wir etwa die Architektur; unter den Bauwerken, die ich in Persien und der Türkei sah, erinnere ich mich an ein Gebäude mit zwei Zimmern. Wer immer diese Zimmer betrat, ob jung oder alt, ob Engländer oder Perser, dem kamen die Tränen. Gleichviel welches seine Umwelt oder seine Erziehung war. Wir setzten dieses Experiment zwei oder drei Wochen lang fort und beobachteten die Reaktionen eines jeden. Wir wählten vor allem fröhliche Menschen. Das Ergebnis war allemal das Gleiche. Aufgrund der architektonischen Zusammenstellungen konnten die mathematisch berechneten Schwingungen in diesem Gebäude keine andere Wirkung hervorrufen. In uns walten bestimmte Gesetze, und daher können wir äußeren Einflüssen nicht widerstehen. Weil der Architekt des Gebäudes echtes Wissen besaß und demgemäß mathematisch baute, deshalb war das Ergebnis immer das Gleiche.

In einem anderen Experiment stimmten wir unsere Musikinstrumente und kombinierten die Töne auf solche Weise, dass wir bei jedem beliebigen Menschen, sogar bei zufälligen Passanten von der Straße das gewünschte Ergebnis erzielten. Der einzige Unterschied bestand darin, dass der eine sich als feinfühliger erwies als der andere.

Sie betreten ein Kloster. Vielleicht sind Sie kein religiöser Mensch, aber was dort gespielt und gesungen wird, erweckt in Ihnen den Wunsch zu beten. Später werden Sie darüber erstaunt sein. Und so geht es jedem.

Die objektive Kunst beruht auf Gesetzen; die moderne Musik dagegen ist ganz und gar subjektiv. Es lässt sich feststellen, woher all das stammt, was diese subjektive Kunst ausmacht.

~

Frage: Ist die Mathematik die Grundlage der gesamten Kunst?

Antwort: Der gesamten alten Kunst des Orients.

~

Frage: Könnte dann jeder, der die Formel kennt, eine vollkommene Form wie etwa eine Kathedrale bauen, die das gleiche Gefühl hervorriefe?

Antwort: Ja, und die gleichen Reaktionen erzielen.

~

Frage: Dann ist Kunst also Wissen, und nicht Begabung?

Antwort: Kunst ist Wissen. Begabung ist relativ. Ich könnte Sie in einer Woche lehren, gut zu singen; selbst wenn Sie keine Stimme haben.

~

Frage: So könnte ich, gesetzt, ich wäre mit Mathematik vertraut, wie Schubert komponieren?

Antwort: Ein Wissen ist notwendig – Mathematik und Physik.

~

Frage: Okkulte Physik?

Antwort: Das gesamte Wissen ist ein Ganzes. Wenn Sie nur die vier Verfahren der Arithmetik kennen, dann sind die Dezimalbrüche für Sie höhere Mathematik.

~

Frage: Braucht man nicht, um Musik zu schreiben, sowohl eine Idee als auch Wissen?

Antwort: Das mathematische Gesetz ist für jedermann das Gleiche. Jede mathematisch aufgebaute Musik ist das Ergebnis von Bewegungen. Mir kam einmal der Gedanke, Tänze aufmerksam zu betrachten; und das tat ich dann auch, auf Reisen und während ich Material zur Kunst sammelte, in der Weise, dass ich nur die Bewegungen beobachtete. Nach Hause zurückgekehrt, spielte ich eine den beobachteten Bewegungen gemäße Musik: Sie erwies sich als identisch mit der ursprünglichen Musik, denn der Komponist hatte sie mathematisch abgefasst. Und gleichwohl hatte ich bei der Beobachtung der Bewegungen nicht auf die Musik gehört, dazu hatte ich keine Zeit gehabt.

~

Jemand stellt eine Frage zur temperierten Tonleiter.

Antwort: Im Orient hat man dieselbe Oktave wie wir – von C bis C. Nur teilen wir hier die Oktave in sieben Töne auf, während man dort unterschiedliche Einteilungen hat: 48, 7, 4, 23, 30. Doch das Gesetz ist überall das Gleiche: von C bis C, die Oktave. Jeder Ton enthält wiederum sieben. Je feiner das Ohr, desto größer ist die Zahl der Einteilungen. Im Institut verwenden wir Vierteltöne, weil die westlichen Instrumente keine kleineren Unterteilungen haben. Beim Klavier ist man gezwungen, gewisse Kompromisse zu machen, die Saiteninstrumente jedoch erlauben die Verwendung der Vierteltöne. Im Orient bedient man sich nicht nur der Vierteltöne, sondern auch der Siebentel.

Den Ausländern erscheint die orientalische Musik monoton, sie wundern sich über deren Schlichtheit und musikalische Armut. Doch was sie als einen einzigen Ton wahrnehmen, ist für die Einheimischen eine ganze Melodie – die in einem einzigen Ton enthalten ist. Diese Art von Melodie ist ungleich schwieriger als die unsere. Macht ein orientalischer Musiker einen Fehler in der Melodie, so führt das in den Ohren seiner Zuhörer zu einem Missklang. Für uns Europäer bleibt all das freilich nur eine rhythmische Monotonie. Nur wer dort aufgewachsen ist, vermag gute von schlechter Musik zu unterscheiden.

~

Frage: Könnte sich ein Mensch bei entsprechenden mathematischen Kenntnissen in der einen oder anderen Kunstform ausdrücken?

Antwort: Weder den Jungen noch den Alten ist für die Entwicklung eine Grenze gesetzt.

~

Frage: In welcher Richtung?

Antwort: In allen Richtungen.

~

Frage: Müssen wir es uns wünschen?

Antwort: Es handelt sich nicht nur darum, dass man es sich wünscht. Zunächst möchte ich Ihnen erklären, was Entwicklung ist. Es gibt das Gesetz von Evolution und Involution. Alles ist in Bewegung, das organische Leben ebenso wie das anorganische, entweder nach oben oder nach unten. Doch die Evolution, die Entwicklung, hat ihre Grenzen, und die Involution, die rückläufige Entwicklung, ebenfalls. Nehmen wir als Beispiel die Tonleiter mit sieben Tönen. Zwischen dem einen C und dem anderen gibt es an einer bestimmten Stelle einen Halt. Wenn Sie die Tastatur anschlagen, beginnen Sie mit einem C, dessen Schwingung einen gewissen Impuls aufweist. Durch diese Schwingung kann das C eine gewisse Strecke zurücklegen, bis es einen zweiten Ton, nämlich das D zum Schwingen bringt, darauf das E. Bis zu diesem Punkt haben die Töne die Möglichkeit zur Fortsetzung in sich, hier jedoch steigt, sofern, kein äußerer Anstoß hinzukommt, die Oktave wieder ab. Erhält sie hingegen diese äußere Hilfe, so kann sie sich von selbst weiterentwickeln. Auch der Mensch ist gemäß diesem Gesetz angelegt.

Der Mensch dient im Ablauf dieses Gesetzes als ein Apparat. Ich esse, doch die Natur hat mich für einen bestimmten Zweck geschaffen: Ich muss mich entwickeln. Ich esse nicht um meiner selbst willen, sondern für einen äußeren Zweck. Ich esse, weil die Nahrung, die ich zu mir nehme, sich nicht allein, ohne meine Hilfe entwickeln kann. Ich esse Brot0 und ebenso nehme ich Luft und Eindrücke zu mir, die von außen in mich eindringen und dann gesetzmäßig wirken. Es ist das Oktavengesetz. Wenn wir irgendeinen Ton nehmen, dann kann er als C gelten. Das C enthält zugleich Möglichkeit und Schwungkraft; es kann ohne Hilfe zum D und E aufsteigen. Das Brot kann sich entwickeln, doch wenn es nicht mit Luft vermischt wird, vermag es nicht zum F zu werden: Die Energie der Luft hilft ihm, eine schwierige Stelle zu überwinden. Danach braucht es bis zum H keine Hilfe mehr, aber von selbst ist es nicht in der Lage, darüber hinauszugehen. Es ist unser Ziel, der Oktave zur Vollendung zu verhelfen. Für das gewöhnliche tierische Leben ist das H der höchste Punkt, und es ist der Stoff, woraus ein neuer Körper gebildet werden kann.

~

Frage: Ist die Seele abgetrennt?

Antwort: Das Gesetz ist unteilbar. Aber die Seele ist weit entfernt, und im Augenblick sprechen wir von naheliegenden Dingen. Dieses Gesetz jedoch, das Gesetz der Trinität, ist allenthalben – ohne die dritte Kraft kann es nichts Neues geben.

~

Frage: Kann man vermöge der dritten Kraft über diesen Halt hinwegkommen?

Antwort: Ja, wenn Sie das Wissen haben. Die Natur hat es so eingerichtet, dass Luft und Brot chemisch völlig verschieden sind und sich nicht verbinden können; wenn sich aber das Brot ins D, danach ins E verwandelt, wird es durchlässiger, sodass sie sich zu verbinden vermögen. Sie müssen jetzt an sich arbeiten, Sie sind ein C; wenn Sie zum E gelangen, können Sie Hilfe finden.

Frage: Durch Zufall?

Antwort: Ich esse ein Stück Brot, ein anderes werfe ich fort; ist das Zufall? Der Mensch ist eine dreistöckige Fabrik. Es gibt drei Tore, durch welche die Rohstoffe hereinkommen, um zu ihren jeweiligen Speichern transportiert zu werden, wo sie dann lagern. Wäre es eine Wurstfabrik, so sähe die Welt nur Tierkörper hineinströmen und Würste herauskommen. In Wirklichkeit ist die Anordnung jedoch viel komplizierter. Wenn wir eine Fabrik errichten wollten gleich der, die wir studieren, so müssten wir uns zunächst alle Maschinen anschauen und sie im Einzelnen untersuchen. Das Gesetz »wie oben, so unten« gilt überall; es ist ein und dasselbe Gesetz. Wir haben auch die Sonne in uns, den Mond und die Planeten – nur in sehr kleinem Maßstab.

Alles ist in Bewegung, alles besitzt Emanationen, weil sich alles von etwas ernährt und etwas anderem als Nahrung dient. Die Erde hat Emanationen und so auch die Sonne, und diese Emanationen sind etwas Stoffliches. Die Erde hat eine Atmosphäre, die deren Emanationen eingrenzt. Zwischen der Erde und der Sonne gibt es drei Arten von Emanationen; die Emanationen der Erde überwinden nur eine kurze Strecke, diejenigen der Planeten gehen viel weiter, erreichen allerdings nicht die Sonne. Zwischen uns und der Sonne gibt es drei Arten von Stoffen, jede mit anderer Dichte. Erstens der erdnahe Stoff, welcher die irdischen Emanationen enthält; sodann der Stoff mit den Emanationen der Planeten; und schließlich, noch weiter entfernt, der Stoff, worin es nur die Emanationen der Sonne gibt. Die Dichtegrade stehen im Verhältnis 1 : 2 : 4, und die Schwingungen sind im umgekehrten Verhältnis, da ja der feinere Stoff eine größere Schwingungsdichte besitzt. Jenseits unserer Sonne gibt es freilich andere Sonnen, die gleichfalls Emanationen besitzen sowie Stoffe und Einflüsse verbreiten. Und jenseits davon befindet sich jene Quelle, die wir nur mit einem mathematischen Ausdruck bezeichnen können und die auch Emanationen aufweist. Diese höheren Bereiche sind außerhalb der Reichweite der Sonnenemanationen.

Wenn wir den Stoff des äußersten Grenzbereichs als 1 nehmen, dann werden die Zahlen umso höher, je mehr sich der Stoff, der Dichte entsprechend, unterteilt. Dieses Gesetz, das Gesetz der Drei – der positiven, der negativen und der neutralisierenden Kraft –, durchdringt alles. Wenn die beiden ersten Kräfte mittels der dritten verschmelzen, ist etwas ganz anderes entstanden. Mehl und

Wasser zum Beispiel bleiben Mehl und Wasser – dabei gibt es keine Veränderung. Doch wenn man Feuer hinzufügt, dann werden sie durch das Feuer gebacken, und es entsteht etwas Neues, das andere Eigenschaften hat.

Die Einheit besteht aus drei Stoffen. In der Religion haben wir ein Gebet: »Gott der Vater, Gott der Sohn und Gott der Heilige Geist«: drei in einem – als Ausdruck des Gesetzes, und nicht so sehr als Ausdruck einer Tatsache. Diese Grundeinheit wird in der Physik als Vorbild (Symbol) der Einheit gebraucht. Die drei Stoffe sind »Kohlenstoff«, »Sauerstoff« und »Stickstoff«, die zusammen den »Wasserstoff« bilden, die Grundlage jeden Stoffes, gleichviel welches seine Dichte ist.

Der Kosmos ist eine Oktave von sieben Tönen, von denen jeder sich seinerseits in eine weitere Oktave unterteilen lässt, und so fort bis zum letzten Atom. Alles ist nach Oktaven geordnet, wobei jede Oktave einen Ton einer größeren Oktave darstellt, bis man zur kosmischen Oktave gelangt. Vom Absoluten gehen die Emanationen in alle Richtungen, wir wollen indes nur eine herausgreifen – den kosmischen Strahl, auf dem wir uns finden: Mond, organisches Leben, Erde, Planeten, Sonne, alle Sonnen, das Absolute.

Die Emanationen des Absoluten treffen auf andere Stoffe und verwandeln sich in neue Substanzen, die sich selber gesetzmäßig weiterverwandeln und allmählich immer dichter werden. Diese Emanationen des Absoluten können wir als dreifältig ansehen, wenn sie aber mit dem Stoff der nächsten Ordnung verschmelzen, werden sie sechs. Und da es – wie in uns selber – sowohl Evolution als auch Involution, Entwicklung wie auch Rückbildung, gibt, so kann der Prozess entweder aufsteigen oder absteigen; und das C hat die Kraft, sich in das H zu verwandeln oder nach der anderen Richtung in das D. Die Oktave der Erde braucht beim E Hilfe, die sie von den Planeten erhält, um das E ins F zu verwandeln.

~

Frage: Ist es möglich, auf der Grundlage der Oktave sich andere Kosmen vorzustellen von andersartiger Beschaffenheit?

Antwort: Dieses Gesetz ist allesbeherrschend, Experimente haben es bestätigt.

~

Frage: Der Mensch hat eine Oktave in sich; doch wie gelangt man zu den höheren Möglichkeiten?

Antwort: Dieses Wie herauszufinden, ist das Ziel aller Religionen. Es ist nicht unbewusst ausführbar, sondern ist Gegenstand einer Lehre.

~

Frage: Handelt es sich um eine allmähliche Entfaltung?

Antwort: Bis zu einer bestimmten Grenze. Später jedoch kommt der schwierige Übergang E–F, und man muss herausbekommen, wie man ihn gesetzmäßig überwindet.

~

Frage: Ist die Grenze für jedermann die gleiche?

Antwort: Die Zugangswege sind verschieden, aber sie müssen alle nach »Philadelphia« führen.* Die Grenze ist die gleiche.

~

Frage: Könnte sich jeder mit Hilfe des mathematischen Gesetzes zu einer höheren Stufe entwickeln?

Antwort: Der Körper ist als Ergebnis von vielerlei Dingen bei der Geburt nur eine leere Möglichkeit. Der Mensch wird ohne Seele geboren, es ist ihm jedoch möglich, eine Seele zu bilden. Vererbung ist für die Seele nicht wichtig. Jeder Mensch hat vieles in sich, was es zu verändern gilt; es ist individuell; doch keine Vorbereitung kann darüber hinaus Hilfe bieten.

Die Wege sind verschieden, alle müssen allerdings nach »Philadelphia« führen – das ist das Hauptziel aller Religionen. Dennoch geht jede eine eigene Route. Eine besondere Vorbereitung ist erforderlich. Alle unsere Funktionen müssen koordiniert und alle unsere Teile entwickelt werden. Hinter »Philadelphia« gibt es nur noch eine einzige Straße.

Der Mensch hat in sich drei Personen mit verschiedenen Sprachen, verschiedenen Wünschen, verschiedener Entwicklung und Erziehung; später jedoch sind alle dasselbe. Es gibt nur eine Religion, denn diese drei Personen müssen ihrer Entwicklung nach gleich sein.

Sie können als Christ, als Buddhist, als Muslim beginnen und sich in Ihrer Arbeit an jene Richtlinien halten, die Sie gewohnt sind. Sie können von einem Zentrum aus anfangen. Aber später müssen auch die anderen Zentren entwickelt werden.

Zuweilen verbirgt die Religion bestimmte Dinge mit Absicht, weil wir andernfalls nicht arbeiten könnten. Im Christentum ist

* Der Name Philadelphia ist abgeleitet vom Griechischen φίλος ἀδελφός, was etwa so viel bedeutet wie »brüderliche Liebe« [A.d.H.].

der Glaube eine unbedingte Notwendigkeit, und die Christen müssen ihr Gefühl entwickeln. Aus dem Grund ist es notwendig, die Arbeit nur auf diese Funktion zu lenken. Haben Sie Glauben, dann vermögen Sie alle notwendigen Übungen auszuführen. Doch ohne Glauben könnten Sie sie nicht gewinnbringend verrichten.

Wenn wir das Zimmer durchqueren wollen, so sind wir womöglich nicht in der Lage, schnurgerade zu gehen, denn der Weg ist recht schwierig. Der Lehrer weiß das; und er weiß, dass wir nach links gehen müssen, indes er sagt es uns nicht. Obgleich Nach-links-Gehen unsere erste Etappe (unser subjektives Ziel) ist, bleibt unsere Verantwortung das Durchqueren. Wenn wir dann angelangt sind und die Schwierigkeit überwunden haben, benötigen wir ein neues Ziel. Wir sind drei, und nicht einer, jeder mit verschiedenen Wünschen. Selbst wenn unser Verstand weiß, wie wichtig das Ziel ist, so schert sich das Pferd um nichts außer seiner Nahrung; darum müssen wir das Pferd mitunter manipulieren und täuschen.

Aber welchen Weg wir auch einschlagen, unser Ziel ist: die Entwicklung unserer Seele, die Erfüllung unserer höheren Bestimmung. Wir sind in einem gewissen Fluss geboren, in dem die Tropfen passiv sind; wer jedoch für sich selber arbeitet, ist zumal äußerlich passiv und innerlich aktiv. Beide Lebensweisen sind gesetzmäßig: Die eine folgt dem Weg der Involution (des Rücklaufs) und die andere dem der Evolution (der Entwicklung).

~

Frage: Ist man glücklich, wenn man »Philadelphia« erreicht?

Antwort: Ich kenne nur zwei Stühle. Kein Stuhl ist unglücklich: Dieser hier ist glücklich, und jener Stuhl ist auch glücklich. Der Mensch kann sich jederzeit nach einem besseren Stuhl umschauen. Wenn er sich anschickt, nach einem besseren zu suchen, dann bedeutet das allemal, dass er enttäuscht ist, denn wenn er zufrieden ist, hält er nicht nach einem anderen Ausschau. Manchmal ist sein Stuhl so schlecht, dass er nicht mehr darauf sitzen kann; er beschließt dann, da er sich dort, wo er ist, so unwohl fühlt, etwas anderes zu suchen.

~

Frage: Was geschieht hinter »Philadelphia»?

Antwort: Eine Kleinigkeit. Im Augenblick ist es für den Wagen überaus schlecht, nur Fahrgäste zu haben, die nach Belieben Befehle erteilen, und keinen ständigen Herrn. Hinter »Philadelphia«

gibt es einen verantwortlichen Herrn, der für alle denkt, alles regelt und darauf achtet, dass die Dinge in Ordnung sind. Es liegt klar auf der Hand, dass es für alle sicherlich besser ist, wenn sie einen Herrn haben.

Frage: Sie haben uns zur Aufrichtigkeit geraten. Ich habe entdeckt, dass ich lieber ein glücklicher Narr sein möchte als ein unglücklicher Philosoph.

Antwort: Sie glauben, dass Sie mit sich nicht zufrieden sind. Ich rüttle Sie auf. Sie sind völlig mechanisch, können nichts tun und leben in Wahnvorstellungen. Wenn Sie mit einem Zentrum schauen, sind Sie ganz und gar in der Halluzination befangen; mit zwei Zentren sind Sie bereits halbwegs frei; aber wenn Sie mit drei Zentren schauen, dann können Sie einer Wahnvorstellung gar nicht mehr ausgesetzt sein. Sie müssen mit der Sammlung von Material beginnen. Ohne zu backen, erhalten Sie kein Brot; das Wissen ist Wasser, der Körper ist Mehl, und das Gefühl – das Leiden – ist Feuer.

Gurdjieff im Januar 1924.
Quelle: The Collection of Gert-Jan Blom

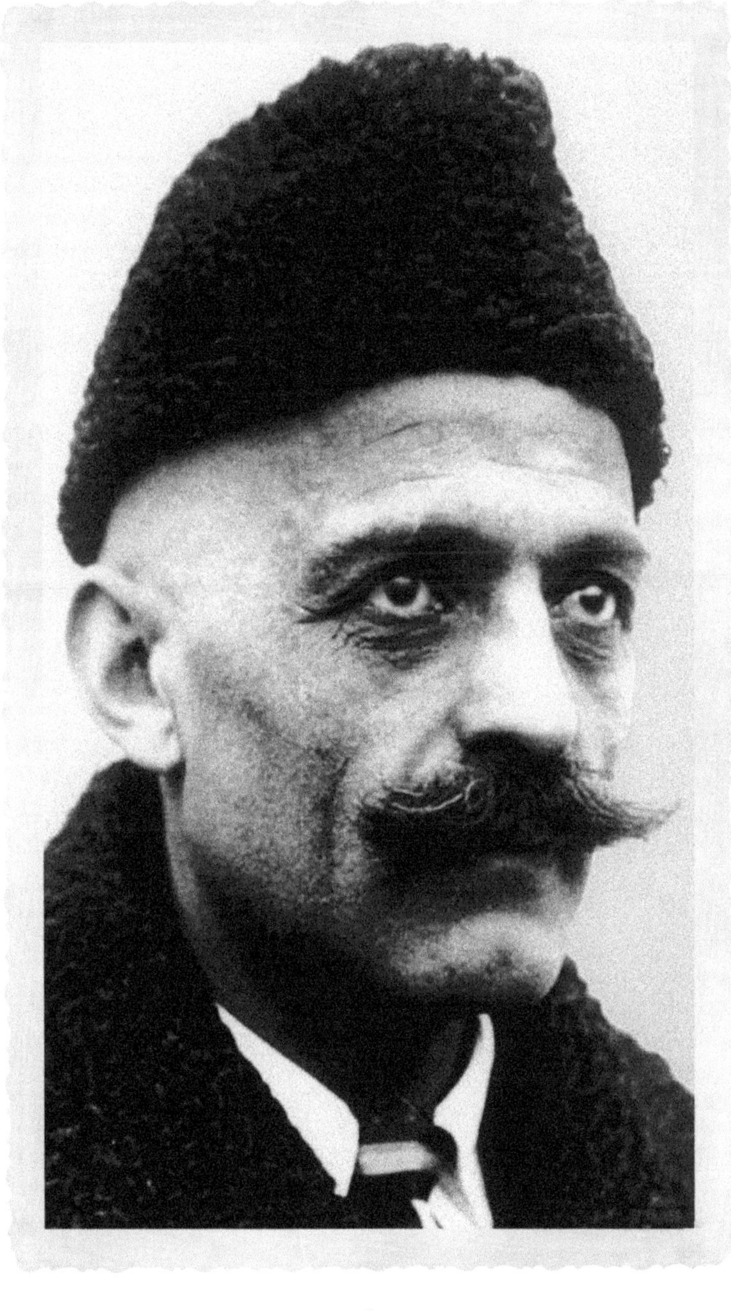

»Diese bruchstückweise erteilte Lehre muss zusammengesetzt und mit eigenen Beobachtungen und Handlungen verknüpft werden. Ist kein Kleister vorhanden, so wird nichts halten.«

Prieuré, 17. Juli 1922

»Alle unsere Gefühle sind gleichsam rudimentäre Organe von etwas Höherem. So kann etwa Furcht das Organ künftiger Hellsichtigkeit sein, Zorn dasjenige einer wirklichen Kraft und so weiter.«

Prieuré, 29. Juli 1922

»Das Geheimnis der Fähigkeit, den involutiven (das heißt den sich zurückbildenden) Teil der Luft zu assimilieren, besteht darin, dass man die eigene wahre Bedeutung zu erfassen sucht sowie die wahre Bedeutung der Menschen um einen herum. [...]

Wenn Sie Ihren Nachbarn anschauen und seine wahre Bedeutung erkennen sowie dies, dass er einst sterben wird, dann entstehen in Ihnen Mitleid und Mitgefühl, und Sie werden ihn schließlich lieben.«

New York, 8. Februar 1931

»Wenn Sie anderen helfen, so wird Ihnen Hilfe zuteil, vielleicht morgen, vielleicht in hundert Jahren, aber Sie werden Hilfe erhalten. Die Natur muss diese Schuld bezahlen. Es ist ein mathematisches Gesetz, und das gesamte Leben ist Mathematik.«

Prieuré, 12. August 1924

»Wenn wir zurückblicken, erinnern wir uns nur an die schwierigen Abschnitte unseres Lebens, nie an die friedlichen Zeiten. Die letzteren sind Schlaf, die ersteren Kampf und daher Leben.«

Prieuré, 12. August 1924

IV

Gott das Wort

New York, 1. März 1924

JEDE RELIGION GEHT VON DER GLEICHEN AUSSAGE AUS: GOTT ist das Wort, und das Wort ist Gott. Eine bestimmte Lehre behauptet, als die Welt noch nicht existierte, habe es Emanationen, habe es Gott das Wort gegeben. Gott das Wort ist die Welt. Gott sagte: »Es sei so«, und Er sandte den Vater und den Sohn. Er sendet ständig den Vater und den Sohn. Und einstmals sandte Er den Heiligen Geist.

Alles in der Welt gehorcht dem Gesetz der Drei, alles Seiende entstand gemäß diesem Gesetz. Die Verbindungen des positiven und des negativen Prinzips können nur dann neue Ergebnisse hervorbringen, wenn eine dritte Kraft hinzukommt.

Wenn ich etwas bejahe, dann verneint sie es, und wir streiten uns. Doch Neues kommt nur zustande, sofern der Auseinandersetzung etwas anderes hinzugefügt wird. Nur dann kann Neues in Erscheinung treten.

Nehmen wir den Schöpfungsstrahl. Zuoberst das Absolute, Gott das Wort, das unterteilt ist in drei: Gott den Vater, Gott den Sohn und Gott den Heiligen Geist.

Das Absolute erschafft nach diesem gleichen Gesetz. Und die drei zum Hervorbringen einer neuen Erscheinung notwendigen Kräfte befinden sich in diesem Fall im Absoluten selber. Es strahlt sie aus Sich aus.

Manchmal wechseln die drei Kräfte ihren Platz.

Die aus dem Absoluten hervorgegangenen Kräfte oder Prinzipien haben die ganze Vielzahl der Sonnen geschaffen, von denen eine unsere Sonne ist. Alles besitzt Emanationen, und deren gegenseitige Beeinflussung erzeugt neue Verbindungen. Dies gilt für den

Menschen, für die Erde und für die Mikrobe. Auch jede Sonne strahlt aus, und die Emanationen der Sonnen lassen, durch Verbindungen von positivem und negativem Stoff, neue Gebilde entstehen. Das Ergebnis einer dieser Verbindungen ist unsere Erde, und die neueste Verbindung ist unser Mond.

Nach dem Schöpfungsakt gehen Existenz und Emanationen weiter. Die Emanationen dringen entsprechend ihren Möglichkeiten überall ein. So erreichen sie auch den Menschen.

Aus der gegenseitigen Beeinflussung der Emanationen ergeben sich neue Reibungen.

Der Unterschied zwischen der schöpferischen Tätigkeit des Absoluten und den nachfolgenden Schöpfungsakten besteht wie gesagt darin, dass das Absolute aus Sich selber erschafft. Nur das Absolute verfügt über Willen; Es allein bringt die drei Kräfte in Sich selbst hervor. Die nachfolgenden Schöpfungsakte vollziehen sich mechanisch durch die gegenseitige Beeinflussung der Kräfte nach dem Gesetz der Drei. Kein Einzelwesen kann von selbst schöpferisch sein – es ist nur eine gemeinschaftliche Schöpfung möglich.

Jene Richtung der schöpferischen Tätigkeit des Absoluten, die auf den Menschen zuläuft, ist die Richtung des ursprünglichen Impulses. Nach dem Gesetz der Sieben kann sich diese Entwicklung nur bis zu einem bestimmten Punkt fortsetzen.

Wir haben die Linie genommen, die aus dem Absoluten kommt und durch uns hindurchgeht. Diese Linie endet, da sie nur bis zu einem bestimmten Punkt fortschreiten kann, in unserem Mond. Der Mond ist der letzte Schöpfungspunkt auf dieser Linie. Das Ergebnis ähnelt einer Leiter, deren unterste Sprosse der Mond ist. Die Hauptpunkte dieser Schöpfungslinie sind das Absolute, die Sonne, die Erde und als Schlusspunkt der Mond. Jeder dieser vier Punkte ist ein C, und zwischen ihnen gibt es drei Oktaven: Absolutes–Sonne, Sonne–Erde und Erde–Mond. Innerhalb dieser Oktaven finden sich an drei Stellen gleichsam drei Maschinen, deren Funktion es ist, das F zum E fortschreiten zu lassen.

In der gesamten kosmischen Oktave muss der bei F benötigte Schock von außen kommen, der Schock beim H dagegen rührt von C selber her. Mit Hilfe dieser Schocks vollzieht sich die Involution von oben nach unten und die Evolution von unten nach oben. Das Leben des Menschen spielt die gleiche Rolle wie die Planeten in Bezug auf die Erde, die Erde in Bezug auf den Mond und alle Sonnen in Bezug auf unsere Sonne.

Der Stoff, der aus dem Absoluten kommt, ist – als Ergebnis einer Verbindung von Kohlenstoff, Sauerstoff und Stickstoff – der »Wasserstoff«. Wenn sich die Bestandteile eines »Wasserstoffs« mit denen eines anderen verbinden, verwandelt er sich in eine neue Art »Wasserstoff« mit eigenen Eigenschaften und eigener Dichte.

In allem waltet ein Gesetz, ein sehr einfaches Gesetz. Ich habe Ihnen gezeigt, wie es in der Außenwelt wirkt; jetzt können Sie herausfinden, wie es in Ihnen wirkt. Ihm gemäß können Sie entweder dem Evolutionsgesetz oder dem Involutionsgesetz folgen. Sie müssen das Gesetz des Außenbereichs auf das Innere anwenden.

Wir sind als Ebenbild Gottes dreifältig. Insofern wir die drei Stoffe bewusst aufnehmen und nach außen abgeben, können wir außerhalb von uns errichten, was wir wollen. Dies bedeutet Schöpfung. Wenn es aber durch uns hindurch geschieht, dann ist es die Schöpfung des Schöpfers. In diesem Fall treten die drei Kräfte durch uns zutage und verbinden sich außerhalb von uns. Jede Schöpfung kann entweder subjektiv oder objektiv sein.

~

Frage: Was ist bei der Geburt des Menschen das neutralisierende Element?

Antwort: Eine Art Farbe, womit das aktive und das passive Prinzip durchsetzt sind; sie ist ebenfalls stofflich und weist besondere Schwingungen auf. Alle Planeten erzeugen auf der Erde Schwingungen, und das gesamte Leben wird von den Schwingungen des zu einem gegebenen Zeitpunkt erdnächsten Planeten gefärbt. Jeder Planet hat Emanationen, und deren Wirkungen machen sich umso stärker bemerkbar, je mehr sich der Planet der Erde nähert. Die Planeten senden besondere Einflüsse aus, doch jeder Einfluss bleibt nur kurze Zeit unvermischt bestehen. Zuweilen hat die Gesamtheit besondere Schwingungen. Auch hier müssen die drei Prinzipien, dem Gesetz gemäß, einander entsprechen; wenn ihre Beziehung richtig ist, kann Kristallisierung eintreten.

~

Es wird eine Frage zum Mond gestellt.

Antwort: Der Mond ist der große Feind des Menschen. Wir dienen dem Mond. Das letzte Mal sprachen wir von Kundabuffer.*

* Zur Erklärung von Kundabuffer: »Gurdjieff stellt die Hypothese auf, dass dem Menschen in früheren, prähistorischen Zeiten ein bestimmtes Organ eingepflanzt wurde, was ihn zwang, die Realität ›verkehrt herum‹ zu sehen. Diese Operation hielt ›man‹ für notwendig, weil die menschliche Evolution angehalten wer-

Kundabuffer ist der Stellvertreter des Mondes auf Erden. Wir sind gleichsam die Schafe des Mondes, die er pflegt, füttert, schert und für seinen persönlichen Gebrauch hält. Wenn er allerdings hungrig ist, so tötet er sie in großer Zahl. Das gesamte organische Leben arbeitet für den Mond. Der passive Mensch dient der Involution (dem Rücklauf); der aktive Mensch der Evolution (der Entwicklung). Es gilt zu wählen. Doch es gibt ein Prinzip: Im Dienste des einen kann man sich Hoffnung machen auf eine Karriere, im Dienste des anderen empfängt man viel, aber ohne Aussicht auf eine Karriere. In beiden Fällen sind wir Sklaven, denn in beiden Fällen hängen wir von einem Herrn ab. In uns gibt es gleichfalls einen Mond, eine Sonne und so weiter. Wir sind ein ganzes System. Wenn Sie wissen, was Ihr Mond ist und wie er wirkt, so können Sie den Kosmos verstehen.

Bejahung und Verneinung

New York, 20. Februar 1924

ALLENTHALBEN UND JEDERZEIT GIBT ES BEJAHUNG UND VERneinung, und zwar nicht nur in den einzelnen Menschen, sondern auch in der gesamten Menschheit. Wenn die eine Hälfte der Menschheit etwas bejaht, so verneint dies die andere Hälfte. Beispielsweise gibt es zwei entgegengesetzte Strömungen: die Wissenschaft und die Religion. Was die Wissenschaft bejaht, ver-

den sollte, und hätten die Menschen dies erkannt, dann wäre es zur Revolte gekommen. Das Organ wurde später wieder herausgenommen, doch zu dieser Zeit hatten sich bereits gewisse Lebensbedingungen verfestigt, welche die Folgen von Kundabuffer aufrechterhielten. Die ›kristallisierten Folgen‹ von Kundabuffer sind die Impulse in uns, die im eigentlichen Sinn menschenunwürdig sind, wie Selbstliebe, Eitelkeit, Angeberei, List und so weiter. Leben wir in diesem Zustand der Täuschung, dann dient unser Leben nur dem Vergnügen. Sobald unser Vergnügen unterbrochen wird, werden wir zur Beute verschiedener negativer Emotionen, die uns dazu bringen, uns selbst völlig zu verlieren.« Zitat aus JOHN G. BENNETT: *Die inneren Welten des Menschen*, Zürich: Chalice Verlag, 2009, Seite 168.

neint die Religion, und umgekehrt. Das ist ein mechanisches Gesetz, und es kann nicht anders sein. Es gilt überall und in jedem Maßstab – in der Welt, in den Städten, in der Familie, im inneren Leben des Einzelmenschen. Ein Zentrum des Menschen bejaht, ein anderes verneint. Wir sind ständig zwischen diesen beiden hin und her gerissen.

Es ist ein objektives Gesetz, und alle sind wir Sklaven dieses Gesetzes; zum Beispiel bin ich notwendigerweise entweder ein Sklave der Wissenschaft oder der Religion. In beiden Fällen ist der Mensch diesem objektiven Gesetz unterworfen. Es ist unmöglich, sich davon zu befreien. Nur wer in der Mitte steht, ist frei. Wenn er das vermag, dann entzieht er sich diesem allgemeinen Gesetz der Versklavung. Aber wie kann man sich dem entziehen? Es ist äußerst schwierig. Wir sind nicht stark genug, um uns gegen dieses Gesetz zu behaupten. Wir sind Sklaven, wir sind schwach. Dennoch haben wir die Möglichkeit, von diesem Gesetz loszukommen – wenn wir es langsam, schrittweise, jedoch beharrlich versuchen. Von einem objektiven Standpunkt aus betrachtet, heißt das natürlich: gegen das Gesetz, gegen die Natur gehen, mit anderen Worten, eine Sünde begehen. Doch wir können es tun, weil es auch ein ganz anders geartetes Gesetz gibt; Gott hat uns noch ein anderes Gesetz gegeben.

Was muss man also tun, um dies zu erreichen? Greifen wir das erste Beispiel wieder auf: Religion und Wissenschaft. Ich will darüber mit mir selbst Zwiesprache halten, und jeder sollte versuchen, das Gleiche zu tun. Meine Überlegungen gehen folgendermaßen: »Ich bin ein kleiner Mensch. Ich lebe erst seit fünfzig Jahren, die Religion hingegen existiert seit Tausenden von Jahren. Tausende von Menschen haben die Religionen erforscht, gleichwohl verneine ich sie.« Ich frage mich: »Ist es möglich, dass sie alle Narren waren und dass nur ich klug bin?« Das Gleiche gilt für die Wissenschaft. Sie besteht ebenfalls seit langer Zeit. Angenommen, ich verneine sie, so taucht die gleiche Frage wieder auf: »Kann es sein, dass ich allein klüger bin als die vielen Menschen, die seit so langer Zeit die Wissenschaft studiert haben?«

Wenn ich ein normaler Mensch bin und unparteiisch und unvoreingenommen nachdenke, dann sehe ich ein, dass ich wohl intelligenter als ein oder zwei Menschen sein kann, nicht aber intelligenter als Tausende, als Millionen von Menschen. Ich wiederhole, ich bin nur ein kleiner Mensch. Wie kann ich Religion und Wissenschaft kritisieren? Was wäre dann zu tun? Mir kommt allmählich der Gedanke, dass es in beiden womöglich etwas Wahres gibt. Es ist unmöglich, dass sich alle getäuscht hätten. Darum stelle ich mir die Aufgabe, herauszubekommen, wie es sich mit der Sache verhält. Wenn ich mich anschicke, unparteiisch nachzudenken und zu studieren, bemerke ich, dass beide, die Religion wie die Wissenschaft, recht haben, obwohl sie zueinander im Gegensatz stehen. Ich stoße auf ein kleines Missverständnis. Die eine greift ein Thema auf, die andere ein anderes. Oder aber sie studieren zwar dasselbe Thema, jedoch unter verschiedenem Gesichtswinkel; oder auch: Die eine studiert die Ursachen und die andere die Wirkungen derselben Erscheinung, und daher treffen sie sich nie. Trotzdem haben beide recht, denn beide stützen sich auf mathematisch genaue Gesetze. Betrachten wir nur das Ergebnis, so werden wir niemals verstehen, worin der Unterschied besteht.

~

Frage: Worin unterscheidet sich Ihr System von der Philosophie der Yogis?

Antwort: Yogis sind Idealisten; wir sind Materialisten. Ich bin ein Skeptiker. Das erste Gebot auf den Wänden des Instituts lautet: »Glauben Sie an nichts, nicht einmal an sich selbst.« Ich glaube nur, wenn ich einen statistischen Beweis habe, das heißt, wenn ich das gleiche Ergebnis wieder und wieder erzielt habe. Ich studiere, ich arbeite, um den Weg zu finden, und nicht, um zu glauben.

Ich werde versuchen, Ihnen einiges schematisch darzulegen; nehmen Sie es nicht wörtlich, sondern bemühen Sie sich, das Prinzip zu verstehen.

Außer dem Gesetz der Drei, das Sie schon kennen, gibt es das Gesetz der Sieben, welches besagt, dass nichts in Ruhe bleibt; alles bewegt sich, sei es in der Richtung der Evolution oder in der Richtung der Involution. Nur gibt es eine Grenze für diese beiden Bewegungen. In jeder Entwicklungslinie liegen zwei Punkte beschlossen, wo die Bewegung ohne äußere Hilfe nicht weitergehen kann. An zwei bestimmten Stellen ist ein zusätzlicher Schock durch eine äußere Kraft notwendig. Alles benötigt an diesen Stellen einen Impuls, sonst kann es sich nicht weiterbewegen. Dieses Gesetz der Sieben finden wir überall – in der Chemie, in der Physik und so weiter; in allem waltet dasselbe Gesetz. Das beste Beispiel für dieses Gesetz ist der Aufbau der Tonleiter. Nehmen wir eine Oktave, um dies zu erläutern. Wir beginnen mit dem C.

Zwischen diesem C und dem folgenden Ton gibt es einen Halbton, und dadurch kann das C ins D übergehen. Desgleichen kann das D zum E fortschreiten. Das E jedoch besitzt keinen Halbton, deshalb muss etwas von außen Kommendes ihm einen Schock geben, um es zum F fortschreiten zu lassen. Vom F kann die Tonleiter zum G, vom G zum A, vom A zum H weitergehen. Das H allerdings bedarf, genau wie das E, äußerer Hilfe.

Jedes Ergebnis ist ein C, nicht während des Ablaufs, sondern als Element. Jedes C ist in sich eine ganze Oktave. Etliche Musikinstrumente können sogar sieben, in diesem C enthaltene Töne hervorbringen. Jede Einheit hat in sich sieben Einheiten und lässt durch Teilung weitere sieben Einheiten entstehen. Indem wir das C unterteilen, erhalten wir wiederum C, D, E und so fort.

Die Entwicklung der Nahrung

Der Mensch ist eine dreistöckige Fabrik. Wir haben gesagt, es gebe drei Arten von Nahrung, die durch drei verschiedene Tore hereinkommen. Die erste Nahrungsart ist das, was man gemeinhin Nahrung nennt: Brot, Fleisch und so weiter.

Jede Nahrungsart ist ein C. Im Organismus geht das C zum folgenden Ton über. Jedes C hat die Möglichkeit, ins D überzugehen, und zwar im Magen, wo die Nahrungsstoffe ihre Schwingungen und ihre Dichte verändern, sich chemisch wandeln, sich mischen und vermittels bestimmter Verbindungen zum D fortschreiten. Auch das D hat die Möglichkeit, ins E überzugehen. Das E indessen kann sich nicht von selbst entwickeln: Ihm kommt hier aber die Nahrung der zweiten Oktave zu Hilfe. Das C der zweiten Nahrungsart, das heißt der zweiten (der Luft-)Oktave, hilft dem E der ersten Oktave, ins F überzugehen, wonach dann die Entwicklung weiterlaufen kann. Die zweite Oktave wiederum bedarf an einem ähnlichen Punkt ebenfalls der Hilfe einer höheren Oktave. Sie erhält diese Hilfe von einem Ton der dritten Oktave, das heißt der dritten Nahrungsart – der Oktave der Eindrücke.

Somit entwickelt sich die erste Oktave bis zum H. Die feinste Substanz, die der menschliche Organismus erzeugen kann aus dem, was man üblicherweise als Nahrung bezeichnet, ist das H. Die Entwicklung eines Stückes Brot geht also bis zum H. In einem gewöhnlichen Menschen kann sich jedoch das H nicht weiterentwickeln. Könnte sich der Ton H entwickeln und in das C einer neuen Oktave übergehen, dann wäre es möglich, einen neuen Körper in uns anzulegen. Doch hierfür sind besondere Bedingungen notwendig. Der Mensch kann nicht von selbst zu einem neuen Menschen werden; es bedarf besonderer innerer Verbindungen.

Kristallisierung

Wenn ein geeigneter Stoff sich in ausreichender Menge ansammelt, kann er zu kristallisieren beginnen, so wie das Salz im Wasser kristallisiert, wenn es einen bestimmten Anteil überschreitet. Wenn sich in einem Menschen eine große Menge feiner Substanz ansammelt, kommt ein Augenblick, wo – als C einer neuen, höheren Oktave – ein neuer Körper sich in ihm bilden und kristallisieren kann. Dieser oftmals »Astralleib« genannte Körper lässt sich nur aus jenem besonderen Stoff bilden, und er kann nicht unbewusst entstehen. Jener Stoff kann wohl im Organismus unter gewöhnlichen Verhältnissen erzeugt werden, doch er wird verbraucht und ausgeschieden.

Wege

Diesen Körper im Inneren des Menschen aufzubauen, ist das Ziel aller Religionen und aller Schulen; jede Religion hat ihren eigenen besonderen Weg, aber das Ziel ist immer dasselbe.

Es gibt viele Wege, auf denen man das Ziel zu erreichen vermag. Ich habe ungefähr zweihundert Religionen studiert; wenn man sie jedoch klassifizieren wollte, so würde ich sagen: es gibt nur vier Wege.

Wie Sie bereits wissen, besitzt der Mensch eine Anzahl spezifischer Zentren. Nehmen wir vier davon: das Bewegungszentrum, das Denkzentrum und das Gefühlszentrum sowie den formgebenden Apparat.

Stellen Sie sich den Menschen vor als eine Wohnung mit vier Zimmern. Das erste Zimmer ist unser physischer Körper, es entspricht dem Wagen in jenem anderen Bild, das ich Ihnen gab. Das zweite Zimmer ist das Gefühlszentrum und entspricht dem Pferd; das dritte Zimmer ist das Denkzentrum oder der Kutscher; und das vierte Zimmer ist der Herr.

Jede Religion geht von der Annahme aus, dass der Herr nicht anwesend ist und dass es ihn zu suchen gilt. Ein Herr kann aber nur zugegen sein, wenn die ganze Wohnung möbliert ist. Ehe man Besucher empfängt, muss man alle Räume einrichten.

Jeder macht dies auf seine Art. Wer nicht reich ist, möbliert jeden Raum einzeln, nach und nach. Um den vierten Raum ausstatten zu können, muss man zunächst die drei anderen einrichten. Worin sich die vier Wege unterscheiden, ist die Reihenfolge, in der die drei Zimmer möbliert werden.

Der erste Weg beginnt mit der Einrichtung des ersten Zimmers, und so fort.

Der Vierte Weg

Der Vierte Weg ist der Weg des Haida-Yogas.* Er ähnelt dem Weg des Yogis, hat jedoch zugleich etwas anderes.

Gleich dem Yogi studiert der »Haida-Yogi« alles, was studiert werden kann. Er hat allerdings die Fähigkeit, mehr zu erkennen als ein gewöhnlicher Yogi. Im Orient gibt es eine Sitte: Wenn ich etwas weiß, so erzähle ich es nur meinem ältesten Sohn. Dieser wird es wiederum nur seinem ältesten Sohn mitteilen. Auf diese Weise werden einige Geheimnisse weitergegeben, ohne dass Außenstehende sie erfahren.

Von hundert Yogis kennt vielleicht einer diese Geheimnisse. Es bleibt jedoch eine Tatsache, dass es ein Wissen gibt, welches die Arbeit auf dem Weg zu beschleunigen vermag.

Worin liegt der Unterschied? Ich will es Ihnen anhand eines Beispiels erklären. Nehmen wir an, ein Yogi müsse, um eine gewisse Substanz in sich zu entwickeln, eine Atemübung ausführen. Er weiß, dass er sich niederlegen und einige Zeit lang in einer bestimmten Weise atmen muss. Ein »Haida-Yogi« weiß all das, was ein Yogi weiß, und er handelt wie dieser. Aber er besitzt einen gewissen Apparat, mit dessen Hilfe er der Luft die für seinen Körper erforderlichen Elemente entnehmen kann. Der »Haida-Yogi« spart durch die Kenntnis dieser Geheimnisse Zeit. Ein Yogi braucht fünf Stunden, der »Haida-Yogi« eine Stunde. Dieser bedient sich einer Kenntnis, über die jener nicht verfügt. Der »Haida-Yogi« macht in

* Der volkstümliche russische Ausdruck *haïda* bedeutet etwa: »Los!«, »Hei!«, »Nur zu!« [A.d.Ü.].

einem Monat, was der Yogi in einem Jahr vollbringt. Und so ist es mit allem.

Alle diese Wege streben nach demselben Ziel: der innerlichen Umwandlung des H in einen neuen Körper.

So wie ein Mensch einen zweiten Körper, den Astralleib, durch einen geordneten Prozess gesetzmäßig bilden kann, so kann er in sich auch einen dritten Körper hervorbringen und danach mit der Bildung eines vierten Körpers beginnen. Die Körper entstehen so einer im anderen. Sie können getrennt werden und auf verschiedenen Stühlen sitzen.

Alle Wege, alle Schulen haben ein und dasselbe Ziel, alle streben nach der einen Sache. Freilich mag das ein Mensch, der auf einem dieser Wege unterwegs ist, möglicherweise nicht erkennen. Ein Mönch besitzt Glauben und meint daher, man könne allein auf diesem Weg ans Ziel gelangen. Nur sein Lehrer kennt das Ziel, doch er nennt es ihm absichtlich nicht, denn wenn der Schüler es wüsste, so würde er nicht so hart arbeiten.

Jeder Weg hat eigene Theorien und eigene Beweise.

~

Die Materie ist überall die gleiche, doch sie wechselt fortgesetzt ihren Ort und geht unterschiedliche Verbindungen ein. Von der Dichte eines Steines bis hin zum feinsten Stoff hat jedes C eigene Emanationen und eine eigene Atmosphäre; denn jedes Ding ernährt sich oder dient als Nahrung; ich ernähre mich von Ihnen, Sie ernähren sich von Ihrem Nächsten, und so weiter.

Alles im Menschen entwickelt sich oder bildet sich zurück. Eine Wesenheit ist etwas, das einige Zeit bestehen bleibt, ohne sich zurückzubilden. Jede Substanz, sei sie organisch oder anorganisch, kann eine Wesenheit sein. Später werden wir sehen, dass alles organisch ist.

Jede Wesenheit emaniert, sendet einen bestimmten Stoff aus. Dies gilt gleichermaßen für die Erde, für den Menschen und für die Mikrobe. Die Erde, auf der wir leben, hat eigene Emanationen und eine eigene Atmosphäre. Die Planeten sind ebenfalls Wesenheiten, auch sie emanieren, ebenso die Sonnen. Mit Hilfe von positivem und negativem Stoff entstanden aus den Emanationen der Sonnen neue Gebilde. Das Ergebnis einer dieser Verbindungen ist unsere Erde.

Die Emanationen jeder Wesenheit haben ihre Grenzen, und deshalb weist jeder Ort eine andere Stoffdichte auf. Nach dem

Schöpfungsakt nimmt die Existenz ihren Lauf und so auch die Emanationen. Hier auf diesem Planeten finden sich Emanationen der Erde, der Planeten und der Sonne. Diejenigen der Erde erstrecken sich jedoch nur bis zu einer gewissen Entfernung; jenseits davon gibt es allein die Emanationen der Sonne und der Planeten, nicht aber der Erde.

In dem Gebiet der Emanationen von Erde und Mond ist der Stoff dichter; jenseits dieses Gebietes wird er feiner. Die Emanationen durchdringen alles, entsprechend ihren Möglichkeiten. So erreichen sie auch den Menschen.

Außer der unseren gibt es andere Sonnen. So wie ich alle Planeten zusammengefasst habe, so fasse ich jetzt alle Sonnen und ihre Emanationen zusammen. Noch weiter vermögen wir nicht zu blicken, doch wir können anhand der Logik von einer Welt höherer Ordnung sprechen. Für uns ist das der Endpunkt. Auch er hat eigene Emanationen.

Nach dem Gesetz der Drei geht der Stoff fortwährend vielerlei Verbindungen ein, wird dichter, trifft auf einen anderen Stoff und wird noch dichter, wodurch er alle seine Eigenschaften und Möglichkeiten verändert. Beispielsweise besteht in den höheren Sphären Intelligenz in reiner Form; je mehr sie aber absteigt, desto weniger intelligent wird sie.

Jede Wesenheit hat in sich Intelligenz, das heißt, ist mehr oder weniger intelligent. Wenn wir die Dichte des Absoluten als 1 bezeichnen, so ist die folgende Dichte 3, weil es in Gott wie in allem drei Kräfte gibt.

Das Gesetz ist überall das gleiche. Die Dichte des nächsten Stoffes ist zweimal größer als die Dichte des zweiten und sechsmal größer als die des ersten Stoffes. Die darauffolgende Dichte ist 12, und an einer bestimmten Stelle erreicht der Stoff die Dichte 48. Dies bedeutet, dass dieser Stoff achtundvierzig Mal schwerer ist, achtundvierzig Mal weniger intelligent und so fort. Wir können das Gewicht jeden Stoffes bestimmen, sofern wir seinen Ort kennen. Oder umgekehrt, wenn wir sein Gewicht kennen, so wissen wir den Ort, woher dieser Stoff stammt.

Kann man unparteiisch sein?

New York, 20. Februar 1924

ES IST UNMÖGLICH, UNPARTEIISCH ZU SEIN, AUCH WENN MAN nicht an einer empfindlichen Stelle getroffen wird. Das Gesetz ist so, die menschliche Psyche ist so. Über das Warum und Wie werden wir später sprechen. Vorderhand wollen wir das Problem so formulieren:

1. In der menschlichen Maschine gibt es etwas, was ihr nicht erlaubt, unparteiisch zu bleiben, das heißt, ruhig und objektiv nachzudenken, ohne schmerzlich berührt zu sein.

2. Zuweilen ist es durch besondere Anstrengungen möglich, sich von diesem Charakterzug zu befreien.

Was den zweiten Punkt anbelangt, so möchte ich Sie jetzt bitten, diese Anstrengung zu versuchen und sie auch tatsächlich zu unternehmen, damit unser Gespräch nicht den Gesprächen im gewöhnlichen Leben gleicht, das heißt, nichts anderes ist als ein Umschütten aus dem Leeren ins Vakuum, sondern sich für Sie wie auch für mich als fruchtbringend erweist.

Gewöhnliche Gespräche nenne ich »ein Umschütten aus dem Leeren ins Vakuum«. Denken Sie doch einmal ernsthaft an die vielen Unterhaltungen, die Sie während Ihres ganzen Lebens führten! Fragen Sie sich, blicken Sie in sich: Haben all diese Gespräche je zu irgendetwas geführt? Wissen Sie heute etwas so sicher und zweifelsfrei wie beispielsweise dies, dass zwei mal zwei vier sind? Wenn Sie aufrichtig in sich gehen und aufrichtig antworten, müssen Sie zugeben, dass diese Gespräche ergebnislos blieben.

Demnach kann der gesunde Menschenverstand daraus schließen, dass diese Art zu reden, die ja bislang kein Ergebnis zeitigte, auch in Zukunft zu nichts führen wird. Selbst wenn ein Mensch hundert Jahre alt würde, das Ergebnis wäre das gleiche.

Infolgedessen heißt es die Ursache hierfür suchen und sie, wenn möglich, verändern. Unser Ziel ist es also, diese Ursache aufzudecken; darum werden wir sogleich versuchen, die Art unserer Gesprächsführung zu verändern.

Das letzte Mal erwähnten wir das Gesetz der Drei. Ich sagte, dass dieses Gesetz überall und in allem wirkt. Es findet sich auch in den Gesprächen. Bei allen Unterhaltungen der Menschen gibt es stets jemanden, der bejaht, und jemanden anders, der verneint. Falls die beiden nicht diskutieren, kommt aus diesen Bejahungen und Verneinungen nichts heraus. Wenn sie darüber diskutieren, so entsteht ein neues Ergebnis, das heißt eine neue Vorstellung, die anders ist als die Vorstellung dessen, der bejahte, und auch anders als die Vorstellung dessen, der verneinte.

Dies ist ebenfalls ein Gesetz; denn es trifft nicht ganz zu, wenn man behauptet, Ihre früheren Gespräche hätten nie irgendein Ergebnis gebracht. Es gab ein Ergebnis, nur war dieses Ergebnis nicht für Sie, sondern für etwas oder jemanden außerhalb von Ihnen.

Jetzt sprechen wir aber von Ergebnissen in uns oder von solchen, die wir in uns erreichen wollen. Anstatt also dieses Gesetz durch uns hindurch und außerhalb von uns wirken zu lassen, wollen wir, dass es in uns und für uns wirksam wird. Damit uns dies gelingt, brauchen wir nur den Wirkungsbereich dieses Gesetzes zu verändern.

Was Sie bislang beim Bejahen, Verneinen und Diskutieren mit den anderen getan haben, das sollten Sie jetzt – dies ist mein Wunsch – mit sich selbst machen, auf dass die Ergebnisse, zu denen Sie gelangen, nicht wie bisher objektiv, gegenständlich sind, sondern subjektiv.

Alles ist stofflich

Essentuki, 1918

ALLES IN DER WELT IST STOFFLICH UND ALLES IST – DEM universalen Gesetz gemäß – in Bewegung und in fortwährender Umwandlung begriffen. Die Umwandlung geht vom feinsten Stoff zum gröbsten und umgekehrt. Zwischen diesen beiden Extremen gibt es viele Grade der Stoffdichte.

Die Stoffumwandlung vollzieht sich nicht gleichmäßig und fortlaufend. An einigen Punkten dieser Entwicklung finden sich sozusagen Haltepunkte oder Umsetzstationen. Als solche Stationen können alle Organismen im weiten Sinn des Wortes gelten: die Sonne, die Erde, der Mensch und die Mikrobe. Es sind Transformatoren, die den Stoff umwandeln sowohl bei seiner aufsteigenden Bewegung, wo er feiner wird, wie auch bei seiner absteigenden Bewegung, wo er sich verdichtet. Die Umwandlung erfolgt rein mechanisch.

Der Stoff (die Materie) ist überall der gleiche, doch auf jeder Stufe hat er eine andere Dichte. Deshalb nimmt jede Substanz einen eigenen Platz ein in der allgemeinen Rangordnung der Stoffe, und es ist möglich anzugeben, ob sie den Weg in die Verfeinerung geht oder den in die Vergröberung.

Die Transformatoren unterscheiden sich allein in ihrem Maßstab. Der Mensch ist ebenso eine Umsetzstation wie etwa die Erde oder die Sonne; in ihm laufen die gleichen mechanischen Vorgänge ab, vollzieht sich die gleiche Umwandlung höherer Stoffformen in niedrigere und niedrigerer Formen in höhere.

Diese Umwandlung der Substanzen nach zwei Richtungen – Evolution (Entwicklung) und Involution (Rückbildung) – vollzieht sich nicht nur auf der Hauptlinie vom Feinen schlechthin zum Groben schlechthin und umgekehrt, sondern bei allen Zwischenstationen, auf allen Ebenen, entwickeln sich auch seitliche Abzweigungen. Eine Substanz kann – als die von einer Wesenheit benötigte – aufgenommen und aufgesaugt werden und dadurch deren Evolution oder Involution dienen. Alles absorbiert, das heißt, ernährt sich von etwas anderem und dient seinerseits als Nahrung. Genau dies bedeutet »wechselseitiger Austausch«. Dieser Austausch findet in allem statt, sowohl im organischen Stoff als auch im anorganischen.

Wie gesagt, ist alles in Bewegung.

Keine Bewegung folgt einer geraden Linie, vielmehr enthält jede Bewegung gleichzeitig zwei Richtungen, indem sie um sich selbst kreist und gegen den nächsten Schwerpunkt fällt. Diesen Vorgang gemäß dem Fallgesetz nennt man gemeinhin »Bewegung«. Als universales Gesetz war es in sehr alter Zeit bekannt. Zu diesem Schluss kommen wir aufgrund geschichtlicher Ereignisse, die niemals eingetreten wären, wenn die Menschen im Altertum nicht über jenes Wissen verfügt hätten. Von alters her wussten die Menschen, wie man diese Naturgesetze benutzt und beherrscht. Das künstliche Lenken mechanischer Gesetze seitens des Menschen ist Magie und schließt nicht nur eine Umwandlung von Substanzen in der geeigneten Richtung ein, sondern auch die Abwehr oder den Widerstand gegen bestimmte mechanische Einflüsse, die auf den gleichen Gesetzen beruhen. Wer diese universalen Gesetze kennt und zu handhaben versteht, ist ein Magier. Es gibt weiße und schwarze Magie. Die weißen Magier gebrauchen ihre Kenntnisse für gute Zwecke, die schwarzen Magier gebrauchen sie für böse, das heißt eigene selbstische Zwecke.

Gleich dem Großen Wissen ging die Magie, die seit der ältesten Zeit besteht, nie verloren, und die Kenntnisse, die sie bewahrt, sind gleichgeblieben. Nur die Form, in der diese Kenntnisse ausgedrückt und weitergegeben wurden, wandelte sich je nach Ort und Zeit. Wir sprechen jetzt zum Beispiel in einer Sprache, die in zweihundert Jahren nicht mehr die gleiche sein wird; und vor zweihundert Jahren war sie ebenfalls anders. Genauso wird die Form, in der das Große Wissen zu einem bestimmten Zeitpunkt zum Ausdruck kommt, den nachfolgenden Generationen fast unverständlich, sodass man sie dann zumeist wortwörtlich nimmt. Dadurch geht der innere Gehalt für die meisten Menschen verloren.

In der Geschichte der Menschheit beobachtet man zwei parallel zueinander, doch unabhängig voneinander verlaufende Zivilisationswege: den esoterischen und den exoterischen. Ständig gewinnt der eine über den anderen die Oberhand und entfaltet sich, während der andere verblasst. Eine Periode esoterischer Zivilisation tritt ein, wenn die äußeren Verhältnisse, die politischen und anderen, günstig sind. Das Wissen findet dann in Form einer Lehre, die den zeitlichen und örtlichen Gegebenheiten entspricht, weite Verbreitung. So war es beim Christentum.

Während die Religion einigen Menschen als Leitfaden dient, ist sie für andere allerdings nur ein Polizist. Auch Christus war ein Magier, ein Mann des Wissens. Er war nicht Gott, oder vielmehr: Er war Gott, jedoch auf einem bestimmten Niveau.

~

Der wahre Sinn und die wirkliche Bedeutung vieler Geschehnisse in den Evangelien sind heute nahezu vergessen. Zum Beispiel war das Abendmahl ein Ereignis von ganz anderer Natur, als man im Allgemeinen glaubt. Was Christus mit Brot und Wein vermischte und seinen Jüngern gab, war wirklich sein Blut.

Um dies zu erklären, muss ich von etwas anderem sprechen.

Jedes Lebewesen ist von einer Atmosphäre umgeben. Der Unterschied liegt nur in der Größe. Je größer der Organismus, desto größer seine Atmosphäre. In dieser Hinsicht lässt sich jeder Organismus mit einer Fabrik vergleichen. Eine Fabrik ist von einer Atmosphäre umgeben aus Rauch, Dampf, Abfallprodukten und gewissen Zusätzen, die während des Produktionsprozesses verdampfen. Die Beschaffenheit dieser mannigfaltigen Bestandteile ist verschieden. Die menschliche Atmosphäre besteht genauso aus unterschiedlichen Elementen. Und wie jede Fabrik eine Atmosphäre mit besonderem Geruch besitzt, so hat auch jeder Mensch eine ihm eigene Atmosphäre. Eine empfindlichere Nase, beispielsweise die eines Hundes, kann unmöglich die Atmosphäre eines gewissen Menschen mit der eines anderen verwechseln.

Ich sagte, auch der Mensch ist eine Station zur Umwandlung von Substanzen. Ein Teil der im Körper erzeugten Substanzen dient der Umwandlung anderer Stoffe, während der Rest sich seiner Atmosphäre anschließt, und das heißt: verlorengeht.

Demnach arbeitet der Organismus nicht allein für sich selbst, sondern auch für etwas anderes. Der mit Wissen begabte Mensch versteht die feinen Stoffe bei sich zu behalten und sie anzuhäufen. Nur eine große Anhäufung solcher Stoffe ermöglicht die Bildung eines zweiten leichteren Körpers im Menschen.

Gewöhnlich jedoch werden jene Stoffe, die die menschliche Atmosphäre ausmachen, ständig verbraucht und durch die innere Arbeit des Menschen erneuert.

Die Atmosphäre des Menschen ist nicht notwendigerweise kugelförmig, vielmehr nimmt sie fortgesetzt eine andere Gestalt an. In Augenblicken der Anspannung, der Bedrohung oder Gefahr dehnt sie sich aus in die Richtung der Anspannung. Und die entgegengesetzte Seite wird dann dünner.

Die menschliche Atmosphäre nimmt einen gewissen Raum ein. Innerhalb der Grenzen dieses Raumes steht sie unter der Anziehung des Organismus, aber jenseits davon werden die Atmosphäreteilchen fortgerissen und kehren nicht mehr zurück. Dies kann geschehen, sofern die Atmosphäre sich übermäßig in eine Richtung ausdehnt.

Das Gleiche tritt ein, wenn sich ein Mensch bewegt. Teilchen seiner Atmosphäre werden dabei abgerissen, bleiben zurück und bilden einen »Schweif«, wodurch er aufgespürt werden kann. Die Teilchen können sich schnell mit der Luft vermischen und auflösen, doch sie können ebenfalls lange Zeit an Ort und Stelle bleiben. Auch setzen sich Atmosphäreteilchen auf der Kleidung des Menschen fest, auf seiner Unterwäsche und auf anderen Gegenständen, die ihm gehören, sodass eine Art Verbindung zwischen ihnen und dem Menschen bestehen bleibt.

Magnetismus, Hypnose und Telepathie sind Erscheinungen der gleichen Ordnung. Die Wirkung des Magnetismus ist unmittelbar; die Hypnose übt mittels der Atmosphäre auf kurze Entfernung eine Wirkung aus; die Telepathie desgleichen auf größere Entfernung. Telepathie ließe sich mit dem Telefon oder dem Telegrafen vergleichen. Bei den letzteren sind die Verbindungen Metalldrähte; bei der Telepathie hingegen ist dies der Teilchenschweif, den ein Mensch zurücklässt. Wer die Gabe der Telepathie hat, kann diesen Schweif mit seinem eigenen Stoff anfüllen und somit eine Verbindung herstellen, indem er gleichsam ein Kabel bildet, wodurch er das Gemüt eines anderen zu beeinflussen vermag. Besitzt er einen Gegenstand, der dem anderen gehört, dann kann er, da auf diese Weise eine Verbindung hergestellt ist, um den Gegenstand eine Wachs- oder Tonfigur formen und so, durch Einwirkung auf diese, auf den Menschen selber einwirken.

Die vier Körper des Menschen

New York, 17. Februar 1924

AN SICH SELBST ZU ARBEITEN, IST NICHT SO SCHWIERIG, WIE arbeiten zu *wollen* – den Entschluss dazu zu fassen. Und dies deshalb, weil unsere Zentren untereinander eine Übereinstimmung herbeiführen müssen, geleitet von der Einsicht, dass sie sich, wenn sie etwas zusammen unternehmen wollen, einem gemeinsamen Herrn zu unterstellen haben. Doch es fällt ihnen schwer, sich zu einigen, denn gäbe es einen Herrn, so wäre keines von ihnen mehr in der Lage, die anderen herumzukommandieren oder das zu tun, was ihm gefällt. Im gewöhnlichen Menschen gibt es keinen Herrn. Und wo es keinen Herrn gibt, dort gibt es keine Seele.

Die Seele ist das Ziel aller Religionen, aller Schulen. Sie ist nur ein Ziel, eine Möglichkeit, nicht aber eine Gegebenheit.

Der gewöhnliche Mensch hat keine Seele und keinen Willen. Was man gemeinhin »Willen« heißt, ist nur die Resultante der Wünsche. Gesetzt, ein Mensch habe einen Wunsch und gleichzeitig steige in ihm ein entgegengesetzter Wunsch, ein Widerwille auf, der stärker ist als der erste, dann wird der zweite den ersten verhindern und auslöschen. Und das bezeichnet man in der gewöhnlichen Sprache als »Willen«.

Ein Kind wird nie mit einer Seele geboren. Die Seele kann nur im Laufe des Lebens erworben werden. Und selbst dann ist sie ein großer Luxus und nur wenigen vorbehalten. Die meisten Menschen leben ihr Leben ohne Seele, ohne Herrn. Für das gewöhnliche Leben ist eine Seele gar nicht nötig.

Doch eine Seele kann nicht aus nichts entstehen. Alles ist stofflich, so auch die Seele; allerdings besteht sie aus einer sehr feinen Substanz. Um eine Seele zu erwerben, muss man daher vor allem die entsprechende Substanz besitzen.

Nun haben wir aber nicht einmal genug Material für unsere alltäglichen Funktionen. Falls wir also den notwendigen Stoff, das unerlässliche Kapital, sicherstellen wollen, so müssen wir zu sparen beginnen, damit etwas für den nächsten Tag übrigbleibt. Bin ich zum Beispiel gewohnt, eine Kartoffel pro Tag zu essen, dann werde ich vielleicht nur eine halbe essen und die andere Hälfte beiseitelegen, oder ich werde überhaupt fasten. Und der Vorrat an Substanzen muss groß sein; sonst ist das Vorhandene bald verbraucht.

Wenn wir einige Salzkristalle nehmen und sie in ein Glas Wasser werfen, so werden sie sich schnell auflösen. Wir können mehrmals weitere Kristalle hinzufügen, auch sie werden sich zersetzen. Aber es kommt ein Augenblick, wo die Lösung gesättigt ist. Das Salz löst sich dann nicht mehr auf, und die Kristalle bleiben unverändert auf dem Boden des Glases liegen.

Mit dem menschlichen Organismus verhält es sich ebenso. Selbst wenn die Materialien für die Bildung der Seele unaufhörlich im Organismus hergestellt werden, so sind sie jedoch in ihm zerstreut und aufgelöst. Es muss ein Übermaß an diesen Materialien vorhanden sein, damit eine Kristallisierung möglich wird.

Der auf diese Weise kristallisierte Stoff nimmt die Gestalt des physischen Körpers des Menschen an und kann als eine Kopie desselben davon getrennt werden. Jeder dieser beiden Körper hat ein anderes Leben und ist einer anderen Klasse von Gesetzen unterworfen. Der zweite Körper ist der Astralleib. In Beziehung zum physischen Körper ist er das, was man »die Seele« nennt. Die Wissenschaft nähert sich schon der Möglichkeit, die Existenz des zweiten Körpers experimentell nachzuweisen.

Wenn wir von der Seele sprechen, so müssen wir darauf hinweisen, dass es mehrere Kategorien von Seelen geben kann, dass allerdings nur eine davon diesen Namen zu Recht trägt.

Eine Seele erwirbt man, wie gesagt, im Laufe des Lebens. Sofern nun ein Mensch diese Substanzen anzuhäufen begonnen hat, jedoch vor ihrer Kristallisierung stirbt, lösen sich diese Substanzen im Augenblick des Todes des physischen Körpers ebenfalls auf und werden zerstreut.

Der Mensch ist wie jede andere Erscheinung das Produkt dreier Kräfte.

Die Erde, die Planetenwelt und die Sonne verbreiten, gleich jedem Lebewesen, Emanationen. Im Raum zwischen der Sonne und der Erde gibt es drei sich vermischende Emanationsarten. Die Emanationen der Sonne, die wegen des größeren Sonnenvolumens eine größere Reichweite haben, erreichen die Erde und gehen sogar, als die feinsten, ungehindert durch sie hindurch. Die Emanationen der Planeten erreichen auch die Erde, nicht jedoch die Sonne. Die Emanationen der Erde sind noch kürzer. So gibt es in den Grenzen der Erdatmosphäre drei Arten von Emanationen – die der Sonne, die der Erde und die der Planeten. Jenseits davon finden sich keine Erdemanationen mehr, sondern nur die Emanationen der Sonne und der Planeten; und noch weiter oben existieren ausschließlich die Sonnenemanationen.

Der Mensch ist das Ergebnis der Wechselwirkung zwischen den planetarischen Emanationen und der Erdatmosphäre einerseits und den Stoffen der Erde andererseits. Beim Tode eines gewöhnlichen Menschen löst sich der physische Körper in seine Bestandteile auf; die aus der Erde hervorgegangenen Teile gehen in Erde über. »Denn du bist Erde und sollst zu Erde werden.« Die Teile, die aus den planetarischen Emanationen stammen, kehren zur Planetenwelt zurück; die Teile der irdischen Atmosphäre kehren dorthin zurück. Demnach bleibt nichts als Ganzes bestehen.

Gelingt es dem zweiten Körper, sich in einem Menschen vor dessen Tod zu kristallisieren, so kann er nach dem Tod des physischen Körpers weiterleben. Der Stoff dieses Astralleibs entspricht von seinen Schwingungen her dem Stoff der Sonnenemanationen und in den Grenzen der Erde und ihrer Atmosphäre ist er somit theoretisch unzerstörbar. Gleichwohl kann seine Lebensdauer schwanken. Er kann lange leben, aber seine Existenz kann auch sehr schnell zu Ende gehen. Der Grund hierfür ist der, dass der zweite Körper, wie der erste, Zentren hat; er lebt wie dieser und ernährt sich von Eindrücken. Und gleich einem Neugeborenen muss er, da ihm Erfahrung und Eindrucksmaterial fehlen, eine gewisse Erziehung empfangen. Andernfalls ist er hilflos und zu einer unabhängigen Existenz außerstande, und es dauert nicht lange, so zerfällt er wie der physische Körper.

Alles Seiende ist dem gleichen Gesetz unterworfen: »wie oben, so unten.« Was in einem gewissen Bedingungszusammenhang zu existieren vermag, kann unter anderen Bedingungen nicht existieren. Wenn der Astralleib auf einen Stoff von feineren Schwingungen trifft, so zerfällt er.

Und deswegen vermag man auf die Frage: »Ist die Seele unsterblich?«, allgemein nur mit »ja und nein« zu antworten. Um eine eindeutigere Antwort geben zu können, müssen wir wissen, welche Art von Seele gemeint ist und welche Art von Unsterblichkeit.

Wie schon gesagt, ist der zweite Körper des Menschen die Seele in Bezug auf den physischen Körper. Obwohl auch jener in drei Prinzipien eingeteilt ist, stellt er als Ganzes genommen die aktive Kraft, das positive Prinzip dar, und zwar in Bezug auf das passive, negative Prinzip, das der physische Körper ist. Das neutralisierende Prinzip zwischen ihnen zeigt sich als ein besonderer Magnetismus, den nicht jedermann besitzt, ohne den freilich der zweite Körper nicht Herr über den ersten zu sein vermag.

Eine weitere Entwicklung ist möglich. Ein Mensch mit zwei Körpern kann durch die Kristallisierung neuer Substanzen neue Eigenschaften erwerben. Es bildet sich dann ein dritter Körper innerhalb des zweiten, und den nennt man bisweilen »mentalen Körper«. Der dritte Körper wird danach zum aktiven Prinzip, der zweite zum neutralisierenden, und der erste – der physische Körper – zum passiven Prinzip.

Aber dies ist noch immer nicht die Seele in der wahren Bedeutung des Wortes. Beim Tode des physischen Körpers kann der Astralleib ebenfalls sterben und der mentale Körper allein zurückbleiben. Wenngleich dieser in einem gewissen Sinn unsterblich ist, kann er jedoch auch früher oder später sterben.

Nur der vierte Körper bringt die dem Menschen unter den irdischen Lebensbedingungen mögliche Entwicklung zur Vollendung. In den Grenzen des Sonnensystems ist er unsterblich. Diesem Körper eignet echter Wille. Er ist das wahre »Ich«, die Seele des Menschen, der Herr. Er ist das aktive Prinzip in Bezug auf die anderen Körper zusammengenommen.

Alle vier ineinandergefügten Körper sind verschieden. Nach dem Tod des physischen Körpers können sich die höheren Körper ablösen.

Reinkarnation, Wiederverkörperung, ist eine höchst seltene Erscheinung. Sie ist möglich am Ende eines sehr langen Zeitraums oder aber in dem Fall, dass ein Mensch vorhanden ist, dessen physischer Körper identisch ist mit dem Körper desjenigen Menschen, der die höheren Körper besaß. Zudem kann sich der Astralleib nur wiederverkörpern, sofern er durch Zufall einem solchen physischen Körper begegnet, und dies kann sich nur unbewusst ereignen. Dagegen ist der mentale Körper in der Lage zu wählen.

»Die während der Übungen gespielte Musik ändert in uns den Lauf jener angeborenen Bewegung, die im Leben die Hauptstörungsquelle ist. Die Musik allein kann nicht auf unseren gesamten unbewussten Automatismus wirken, doch sie ist hierbei eine Hilfe. Zwar vermag sie unsere Mechanität nicht ganz zu beseitigen, doch vorläufig werden wir in Ermangelung anderer Mittel uns der Musik bedienen.«

»Eines ist wichtig: Während Sie unter Musikbegleitung all die äußeren Übungen ausführen, müssen Sie von Anbeginn an lernen, nicht auf die Musik zu achten, sondern sie automatisch zu hören. Anfangs wird die Aufmerksamkeit von Zeit zu Zeit zur Musik abirren, aber später wird es möglich sein, Musik und alles Übrige mit einer ganz automatischen Aufmerksamkeit zu hören, die von anderer Natur ist.«

»Es gilt, diese Aufmerksamkeit von mechanischer Aufmerksamkeit unterscheiden zu lernen. Solange sie nicht voneinander geschieden sind, erscheinen sie so ähnlich, dass ein unwissender Mensch außerstande ist, sie auseinanderzuhalten. Volle, tiefe, ganz konzentrierte Aufmerksamkeit ermöglicht es, die eine gegen die andere abzuheben. Lernen Sie, auf den Geschmack achtend, den Unterschied kennen zwischen diesen beiden Arten von Aufmerksamkeit, um bei den Gedanken, die uns kommen, zwischen Information einerseits und Differenzierung andererseits zu unterscheiden.«

Prieuré, 20. Januar 1923

V

Das Gespann

Prieuré, 19. Januar 1923

AUF MEINE WIEDERHOLTE FRAGE: »HAT JEMAND WÄHREND DER Arbeit an den gestrigen Vortrag gedacht?«, erhalte ich ausnahmslos dieselbe Antwort: Man habe es vergessen. Und dennoch heißt denken während der Arbeit so viel wie sich seiner selbst erinnern.

Es ist unmöglich, sich seiner selbst zu erinnern. Und man erinnert sich deshalb nicht, weil man allein mit dem Kopf leben möchte. Doch der Vorrat an Aufmerksamkeit im Verstand ist (wie die elektrische Ladung einer Batterie) sehr gering. Und die anderen Körperteile verspüren nicht den Wunsch, sich zu erinnern.

Vielleicht entsinnen Sie sich, dass gesagt wurde, der Mensch gleiche einem Gespann, bestehend aus Fahrgast, Kutscher, Pferd und Wagen. Freilich kann vom Fahrgast im Sinne des Herrn nicht die Rede sein, denn er ist nicht da, darum können wir nur vom Kutscher sprechen. Unser Verstand ist der Kutscher.

Dieser unser Verstand möchte etwas tun; er hat es sich zur Aufgabe gemacht, anders zu arbeiten, als er bisher arbeitete, indem er sich nämlich seiner selbst erinnert. All unser Interesse an Selbstveränderung, Selbstverwandlung eignet nur dem Kutscher, das heißt, ist rein verstandesmäßig.

Gefühl und Körper hingegen sind nicht im entferntesten daran interessiert, die Selbsterinnerung in die Tat umzusetzen. Gleichwohl ist die Hauptsache dabei dies, dass man nicht im Verstand, sondern in jenen uninteressierten Teilen eine Veränderung bewirkt. Der Verstand kann sich sehr leicht verändern. Durch ihn gelangt man jedoch zu keinem wirklichen Ergebnis; sofern es mit Hilfe des Verstandes geschieht, ist es in keiner Weise von Nutzen.

Deshalb muss man mit dem Gefühl und dem Körper, und nicht mit dem Verstand, lehren und lernen. Nun verfügen aber Gefühl und Körper weder über unsere Sprache noch über unser Verständnis. Sie verstehen kein Russisch und auch kein Englisch; das Pferd versteht nicht die Sprache des Kutschers und der Wagen nicht die des Pferdes. Sagt der Kutscher auf Englisch: »Biege nach rechts ab«, so geschieht nichts. Das Pferd versteht die Sprache der Zügel und wird nur den Zügeln gehorchend nach rechts abbiegen. Ein anderes Pferd wendet sich ohne Zügel, wenn man es an einer gewohnten Stelle reibt – in Persien werden zum Beispiel die Esel so dressiert. Das Gleiche gilt für den Wagen: Er hat eine ihm eigene Konstruktion. Wenn die Deichsel nach rechts geht, so drehen sich die Hinterräder nach links. Darauf eine andere Bewegung, und die Räder gehen nach rechts. Und zwar deshalb, weil der Wagen nur diese Bewegung versteht und in seiner Art darauf reagiert. Der Kutscher muss also die schwachen Seiten oder die Merkmale des Wagens kennen. Nur dann vermag er, ihn in die gewünschte Richtung zu steuern. Falls er jedoch einfach auf dem Kutschbock sitzt und in seiner eigenen Sprache »nach rechts« oder »nach links« ruft, wird sich das Gespann nicht von der Stelle rühren, auch wenn er ein Jahr lang herumschreit.

Wir sind das genaue Abbild eines solchen Gespanns. Der Verstand kann nicht für sich »ein Mensch« genannt werden, wie ein in der Kneipe hockender Kutscher nicht als pflichtbewusster Kutscher gelten kann. Unser Verstand ähnelt einem berufsmäßigen Droschkenkutscher, der zu Hause oder in einer Pinte sitzt und träumt, er führe Fahrgäste an verschiedene Orte. So wie sein Fahren unwirklich ist, so führt auch der Versuch, nur mit dem Verstand zu arbeiten, nirgendwohin. Man wird nur zu einem »Professional«, einem Wahnsinnigen.

Die Kraft, sich zu wandeln, liegt nicht im Verstand, sondern im Körper und im Gefühl. Leider sind unser Körper und unsere Gefühle so beschaffen, dass sie sich um nichts kümmern, solange sie glücklich sind. Sie leben in den Tag hinein, und ihr Gedächtnis ist kurz. Allein der Verstand lebt für morgen. Jeder ist in seiner Art verdienstlich. Der Vorzug des Verstandes ist die Voraussicht. Aber nur die beiden anderen können »handeln«.

Bislang, ja bis heute, waren die Wünsche und Bemühungen zumeist zufallsbedingt und sie existierten ausschließlich im Verstand. Das heißt: In den hier Anwesenden regte sich durch Zufall der

Wunsch, etwas zu erreichen oder zu verändern. Allerdings einzig und allein im Verstand. Trotzdem hat sich in ihnen nichts geändert. Es handelte sich nur um eine Vorstellung im Kopf; jeder ist dabei so geblieben, wie er war. Und selbst wenn jemand zehn Jahre lang an seinem Verstand arbeitete, Tag und Nacht studierte, sich verstandesmäßig seiner selbst erinnerte und sich dabei abmühte, etwas Nützliches oder Wirkliches würde er nicht erreichen, weil es im Verstand nichts zu verändern gibt. Was sich ändern muss, ist die Einstellung des Pferdes. Der Wunsch muss im Pferd sein und die Fähigkeit im Wagen.

Aber wie bereits gesagt, liegt die Schwierigkeit in dem: Durch die falsche moderne Erziehung und den Umstand, dass die Beziehungslosigkeit zwischen unserem Körper, unserem Gefühl und unserem Verstand nicht schon in der Kindheit erkannt wurde, sind die meisten Menschen so verbildet, dass es keine gemeinsame Sprache mehr gibt zwischen dem einen Teil und den anderen. Aus dem Grund ist es für uns so schwierig, eine Verbindung zwischen allen unseren Teilen herzustellen, und noch schwieriger, sie zur Veränderung ihrer Lebensweise zu zwingen. Darum müssen wir sie zur Mitteilsamkeit veranlassen, freilich in einer anderen Sprache als der naturgegebenen, mit deren Hilfe sich die verschiedenen Teile rasch miteinander versöhnt und durch vereinte Anstrengung und Verständnis das allen gemeinsame, ersehnte Ziel erreicht hätten.

Für die meisten von uns ist die gemeinsame Sprache, von der ich spreche, unwiederbringlich verloren. Das Einzige, was wir noch tun können, ist, eine Verbindung auf umständliche, »arglistige« Weise herzustellen. Und diese indirekten, künstlichen, »arglistigen« Verbindungen sind notwendigerweise äußerst subjektiv, da sie ja von dem Charakter jedes Menschen abhängen und von der Form seiner inneren Beschaffenheit.

Wir müssen jetzt also diese Subjektivität bestimmen und ein Arbeitsprogramm herausfinden, um eine Verbindung zu den anderen Teilen herzustellen. Die Bestimmung dieser Subjektivität ist schwierig und lässt sich nicht auf Anhieb vollziehen, sondern erst, wenn ein Mensch gründlich analysiert und zerlegt worden, wenn man bei der Untersuchung »bis auf seine Großmutter« zurückgegangen ist.

Demnach werden wir also einerseits fortfahren, die Subjektivität eines jeden Einzeln zu bestimmen, und andererseits mit einer allgemeinen, für alle geltenden Arbeit beginnen – in Form praktischer

Übungen. Es gibt subjektive Methoden und es gibt allgemeine Methoden. Wir werden uns bemühen, subjektive Methoden zu entwickeln, und uns zugleich allgemeiner Methoden bedienen.

Beachten Sie, dass subjektive Anleitungen nur denen zuteilwerden, die sich bewähren, die zeigen, dass sie arbeiten können und keine Müßiggänger sind. Die allgemeinen Methoden, die allgemeinen Beschäftigungen sind allen zugänglich, subjektive Methoden hingegen erhalten in den Gruppen nur diejenigen, die arbeiten, die von ganzem Herzen zu arbeiten versuchen und sich diese Arbeit auch wünschen. Wer träge ist und auf den Glücksfall baut, wird niemals sehen oder hören, was wirkliche Arbeit darstellt, auch wenn er zehn Jahre lang hierbleibt.

~

Wer zu den Vorträgen gekommen ist, hat schon von der sogenannten »Erinnerung seiner selbst« gehört, hat darüber nachgedacht und sie ausprobiert. Dabei hat er wahrscheinlich festgestellt, dass diese dem Verstand so einsichtige, intellektuell gesehen so leicht mögliche und annehmbare Selbsterinnerung – trotz großer Anstrengung und großem Verlangen – sich in der Praxis, in der praktischen Anwendung als unmöglich erweist. Und sie ist in der Tat unmöglich.

Wenn wir dieses »uns unserer erinnern« sagen, meinen wir uns selbst. Aber wir selbst, mein »Ich«, sind: meine Gefühle, mein Körper, meine Empfindungen. Ich selber bin nicht mein Verstand, bin nicht mein Denken. Unser Verstand ist nicht wir – er ist bloß ein kleiner Teil von uns. Zwar hat dieser Teil eine Beziehung zu uns, doch nur eine geringe Beziehung, und deshalb weist ihm unsere Organisation nur wenig Material zu. Wenn unser Körper und unsere Gefühle für ihre Existenz Energie und verschiedenartige Elemente in einem Umfang von, sagen wir, zwanzig Teilen erhalten, dann erhält unser Verstand nur einen Teil. Unsere Aufmerksamkeit ist das Ergebnis dieser Elemente, dieses Materials. Unsere einzelnen Teile haben eine jeweils eigene Aufmerksamkeit; die Dauer dieser Aufmerksamkeit und ihre Kraft sind proportional zu dem erhaltenen Material. Der Teil, der mehr Material bekommt, verfügt über mehr Aufmerksamkeit.

Da nun unser Verstand von wenigem Material ernährt wird, so ist seine Aufmerksamkeit, das heißt sein Gedächtnis kurz, und sie ist nur so lange wirksam, wie das Material dafür ausreicht. Und in der Tat, wenn wir uns nur mit dem Verstand unserer selbst erinnern wollen (und es anhaltend wollen), dann können wir uns unserer nicht länger erinnern, als unser Material es erlaubt, wie sehr wir auch davon träumen und es uns wünschen mögen und was immer die Maßnahmen sind, die wir ergreifen. Wenn dieses Material verbraucht ist, verschwindet unsere Aufmerksamkeit.

Es ist genau wie ein Akkumulator. Dieser lässt eine Lampe so lange brennen, wie er geladen ist. Wenn die Energie verbraucht ist, kann die Lampe kein Licht mehr geben, auch wenn sie vollkommen in Ordnung ist. Das Licht der Lampe ist unser Gedächtnis. Dies erklärt Ihnen, warum sich ein Mensch seiner selbst nicht länger zu erinnern vermag. Er kann es deshalb nicht, weil dieses besondere Gedächtnis kurz ist und stets kurz sein wird. Die Dinge sind nun einmal so.

Einen größeren Akkumulator aufzustellen oder ihn mit einer größeren Energiemenge anzufüllen, als er fassen kann, ist unmöglich. Doch wir können die Selbsterinnerung steigern, indem wir nicht etwa unseren Akkumulator vergrößern, sondern indem wir andere Teile samt ihren eigenen Akkumulatoren einbeziehen und sie an der allgemeinen Arbeit teilnehmen lassen. Wenn uns dies gelingt, so werden sich alle unsere Teile an die Arbeit machen und sich gegenseitig helfen, das erwünschte Licht nicht ausgehen zu lassen.

Da wir auf unseren Verstand vertrauen und dieser zu dem Schluss gekommen ist, es sei für die anderen Teile gut und unerlässlich, so müssen wir alles in unseren Kräften Stehende tun, um deren Interesse zu wecken und sie zu überzeugen, dass das erstrebte Ergebnis auch für sie nützlich und notwendig ist.

Ich muss zugeben, dass die verschiedenen Teile unseres »Ichs« als Ganzes zumeist nicht das geringste Interesse für die Selbsterinnerung aufbringen. Schlimmer noch, sie vermuten nicht einmal das Vorhandensein dieses Wunsches in ihrem Bruder, dem Denken. Deswegen müssen wir versuchen, sie damit vertraut zu machen. Falls sich in ihnen der Wunsch nach einer Arbeit in dieser Richtung regt, ist die halbe Arbeit vollbracht. Danach können wir anfangen, sie zu unterweisen und ihnen zu helfen.

Leider kann man mit ihnen nicht sofort vernünftig reden, denn infolge einer vernachlässigten Erziehung kennen das Pferd und der Wagen keine einem wohlerzogenen Menschen gemäße Sprache. Ihr Leben und Denken ist instinktiv wie bei einem Tier, und darum ist es unmöglich, ihnen logisch zu beweisen, wo ihr künftiger Vorteil liegt, oder ihnen all ihre Möglichkeiten darzulegen. Einstweilen vermag man sie nur durch indirekte, »arglistige« Methoden zur Arbeit zu veranlassen. Hierdurch können sie eventuell Vernunft entwickeln, denn Logik und Vernunft sind ihnen nicht fremd, nur haben sie keine Erziehung erhalten. Sie gleichen einem Menschen, der gezwungen war, fern von seinen Mitmenschen und ohne Nachrichtenaustausch mit ihnen zu leben. Ein solcher Mensch kann nicht wie wir logisch denken. Wir haben diese Fähigkeit, weil wir von Kindheit an unter anderen Menschen gelebt haben und mit ihnen verkehren mussten. Gleich wie dieser von den übrigen isolierte Mensch lebten jene Teile, allein dem tierischen Instinkt folgend, ohne Denken und Logik. Demzufolge entarteten in ihnen diese Fähigkeiten, und die naturgegebenen Eigenschaften stumpften ab und verkümmerten. Doch dank ihrer ursprünglichen Natur hat diese Verkümmerung keine irreparablen Folgen, und es ist möglich, sie in ihrer anfänglichen Form wieder ins Leben zu rufen.

Natürlich bedarf es gewaltiger Arbeit, um die Schale bereits verfestigter, verderblicher Gewohnheiten zu zerbrechen. Ehe man eine neue Arbeit beginnt, gilt es zunächst, alte Sünden zu korrigieren.

~

Ich möchte mich zum Beispiel möglichst lange meiner erinnern. Doch ich habe den Beweis, dass ich die Aufgabe, die ich mir gestellt habe, sehr schnell vergesse, weil mein Verstand diesbezüglich über recht wenige Assoziationen verfügt.

Mir ist aufgefallen, dass die mit der Selbsterinnerung verbundenen Assoziationen von anderen Assoziationen aufgesogen werden. Die Assoziationen laufen im formgebenden Apparat infolge von Schocks ab, die dieser von den Zentren empfängt. Jeder Schock erzeugt Assoziationen besonderer Art, deren Stärke von dem Material abhängt, das sie hervorbrachte.

Wenn das Denkzentrum auf die Selbsterinnerung weisende Assoziationen hervorbringt, dann saugen gleichzeitig eintretende, andersartige Assoziationen, die von anderen Teilen herrühren und mit Selbsterinnerung nichts zu tun haben, diese wünschenswerten Assoziationen auf, und zwar deshalb, weil sie von so vielen Stellen kommen und folglich zahlreicher sind.

Und so sitze ich hier.

Meine Sorge gilt dem: Wie kann ich meine anderen Teile zu einem Punkt führen, wo das Denkzentrum den Zustand der Selbsterinnerung so lange wie möglich ausdehnen kann, ohne dass ihm sofort die Energie ausgeht.

~

Hier sollte darauf hingewiesen werden, dass die Erinnerung seiner selbst, wie vollständig und umfassend sie auch sei, von zweierlei Art sein kann: bewusst oder mechanisch – ein bewusstes Sich-seiner-selbst-Erinnern oder ein Sich-seiner-selbst-Erinnern durch Assoziationen. Die mechanische, das heißt assoziative Selbsterinnerung kann keinen wesentlichen Vorteil bringen, wenngleich sie am Anfang von enormem Wert ist. Später darf man nicht mehr darauf zurückgreifen, denn eine solche Selbsterinnerung, gleichviel wie vollständig sie sein mag, führt zu keiner wirklichen, konkreten Handlung. Dennoch ist sie zu Beginn notwendig.

Es gibt eine andere, eine bewusste Selbsterinnerung, die ist nicht mechanisch.

Ich will mich meiner erinnern

Prieuré, 20. Januar 1923

IM AUGENBLICK SITZE ICH HIER. ICH BIN VÖLLIG AUSSERSTANde, mich meiner zu erinnern, und habe keine Ahnung, was das ist. Doch ich habe davon gehört. Ein Freund bewies mir heute, dass es möglich sei.

Ich habe darüber nachgedacht und bin zu der Überzeugung gelangt, dass, wenn ich mich meiner lange genug erinnern könnte, ich dann weniger Fehler machen und mehr vorteilhafte Dinge vollbringen würde.

Ich will mich jetzt erinnern, aber jedes Geraschel, jeder Mensch, jeder Laut lenkt meine Aufmerksamkeit ab, und ich vergesse es.

Vor mir liegt ein Blatt Papier, worauf ich mit Bedacht »Selbsterinnerung« geschrieben habe, damit es mir als ein Schock dient und mich an mich erinnert. Aber das Papier erweist sich als nicht hilfreich. Solange meine Aufmerksamkeit darauf konzentriert ist, erinnere ich mich. Sobald sie aber abgelenkt wird, blicke ich auf das Papier und kann mich meiner nicht erinnern.

Ich versuche es auf eine andere Weise. Ich wiederhole mir gegenüber: »Ich will mich meiner erinnern.« Doch auch das hilft mir nicht. Zuweilen bemerke ich, dass ich es mechanisch wiederhole, meine Aufmerksamkeit indes ist nicht da.

Ich versuche es auf alle möglichen Arten. Zum Beispiel setze ich mich hin und versuche, ein gewisses körperliches Unbehagen mit der Selbsterinnerung zu verbinden. Etwa meinen Schmerz im Hühnerauge. Aber das Hühnerauge hilft mir nur kurze Zeit; bald empfinde ich es nur noch rein mechanisch. Trotzdem probiere ich alle nur denkbaren Mittel, denn der Wunsch, die Selbsterinnerung zuwege zu bringen, ist groß.

Um zu verstehen, wie man vorgehen könnte, wüsste ich gern, ob jemand wie ich darüber nachgedacht und es in ähnlicher Weise versucht hat.

Gesetzt, ich hätte es noch nicht in dieser Weise probiert. Angenommen, ich hätte es bislang jedes Mal direkt mit dem Verstand versucht und hätte mich noch nicht bemüht, Assoziationen anderer Natur in mir hervorzurufen, Assoziationen, die nicht ausschließlich zum Denkzentrum gehören. Ich möchte es probieren. Vielleicht wird das Ergebnis besser sein. Vielleicht werde ich die Möglichkeit zu etwas anderem schneller verstehen.

Ich will mich erinnern – in diesem Augenblick erinnere ich mich. Ich erinnere mich mit dem Verstand. Ich frage mich: Erinnere ich mich auch mit der Empfindung? Und ich stelle fest, dass ich mich mit der Empfindung meiner nicht erinnere.

~

Welcher Unterschied besteht zwischen der Sinnesempfindung und dem Gefühl? Versteht das jeder?

Zum Beispiel: Ich sitze hier. Durch meine ungewohnte Haltung sind meine Muskeln ungewöhnlich angespannt. In der Regel habe ich bei den mir vertrauten Körperstellungen keine Muskelempfindung. Ich verfüge wie jedermann über eine beschränkte Zahl von Haltungen. Jetzt hingegen habe ich eine neue, ungewohnte Haltung eingenommen. Ich habe eine Empfindung meines Körpers, wenn auch nicht des ganzen Körpers, so doch zumindest einiger Teile; eine Empfindung der Wärme, des Blutkreislaufes.

Ich spüre, dass hinter mir ein geheizter Ofen steht. Da es hinten warm und vorne kalt ist, entsteht in der Luft ein großer Temperaturunterschied, und durch diesen äußerlichen Gegensatz empfinde ich mich ständig.

Heute gab es zum Abendbrot Kaninchen. Da das Kaninchen und das *habur-chubur* sehr gut waren, habe ich zu viel gegessen. Ich spüre meinen Magen, und mein Atem geht ungewöhnlich schwer. Die Empfindung verlässt mich nicht.

Soeben habe ich zusammen mit A. ein Essen zubereitet und es in den Ofen getan. Während ich es zubereitete, erinnerte ich mich, wie meine Mutter dieses Gericht zu kochen pflegte. Ich entsann mich meiner Mutter sowie einiger Augenblicke, die hiermit in Beziehung stehen. Diese Erinnerung erweckte in mir ein Gefühl. Ich erlebe diese Augenblicke noch einmal, und mein Gefühl verlässt mich nicht.

Jetzt schaue ich auf diese Lampe. Als es im Studienhaus noch kein Licht gab, hatte ich die Vorstellung, dass genau diese Art von Beleuchtung notwendig wäre. Damals machte ich einen Plan in Bezug auf das, was für eine derartige Beleuchtung erforderlich sein könnte. Er wurde ausgeführt, und Sie sehen das Ergebnis. Als das Licht zum ersten Mal angeschaltet wurde, bewegte mich ein Gefühl der Selbstzufriedenheit; und das Gefühl, das damals aufstieg, ist noch immer da – ich fühle Selbstzufriedenheit.

Vorhin kam ich vom türkischen Bad zurück. Es war dunkel, und da ich nichts vor mir sehen konnte, stieß ich gegen einen Baum. Infolge von Assoziationen erinnerte ich mich, wie ich einmal in einer ähnlichen Finsternis unterwegs gewesen und mit einem Mann zusammengestoßen war. Der Stoß traf mich mitten auf die Brust; empört legte ich damals los und schlug auf den Unbekannten ein, der in mich hineingelaufen war. Später stellte sich heraus, dass den Mann keine Schuld traf; doch ich hatte so hart zugeschlagen, dass er mehrere Zähne verloren hatte. In jenem Augenblick war mir der Gedanke nicht gekommen, der Mann könnte unschuldig sein; als ich mich jedoch beruhigt hatte, da sah ich es ein. Wenn ich später diesem unschuldigen Menschen mit seinem entstellten Gesicht auf der Straße begegnete, schmerzte es mich so tief, dass ich, sooft ich mich heute seiner erinnere, dieselbe Gewissensqual durchmache, die ich damals fühlte. Und als ich nun vorhin gegen den Baum stieß, da wurde in mir dieses Gefühl wieder lebendig. Ich sah das unglückliche, geschundene Gesicht jenes anständigen Menschen erneut vor mir.

Ich habe Ihnen Beispiele für sechs verschiedene innere Zustände gegeben. Drei davon beziehen sich auf das Bewegungszentrum und die anderen drei auf das Gefühlszentrum. Alle sechs nennt man in der gewöhnlichen Sprache »Gefühle«. Wenn wir sie allerdings richtig klassifizieren wollen, dann sollten wir diejenigen, die mit dem Bewegungszentrum verbunden sind, »Sinnesempfindungen« nennen, und diejenigen, deren Natur mit dem Gefühlszentrum verbunden ist, »Gefühle«. Es gibt Tausende verschiedener Empfindungen, die man gemeinhin als »Gefühle« bezeichnet. Sie sind etwas ganz anderes. Ihr Material ist verschieden, ihre Wirkungen und Ursachen sind verschieden.

Wenn wir diese Empfindungen eingehender untersuchen, so können wir ihre jeweilige Natur bestimmen und ihnen die passenden Namen geben. Manchmal unterscheiden sie sich in ihrem Wesen so sehr, dass sie überhaupt nichts miteinander gemein haben. Einige entstehen an einer Stelle, andere an einer anderen. Bei manchen Leuten fehlt der Entstehungsort oder Sitz einer bestimmten Empfindungsart, bei anderen ist der Sitz einer anderen nicht vorhanden. Bei wieder anderen Menschen können sie alle vorhanden sein.

Es wird der Zeitpunkt kommen, wo wir versuchen werden, ein oder zwei oder auch mehrere zusammen künstlich auszuschließen, um so ihre wahre Natur kennenzulernen.

Vorläufig genügt es, den Unterschied zu beachten zwischen den zwei Arten des Erlebens, von denen wir die eine nach Verabredung »Gefühl« und die andere »Empfindung« nennen werden. Als »Gefühle« bezeichnen wir die, deren Entstehungsort oder Sitz das Gefühlszentrum ist, wie wir es nennen. »Empfindungen« hingegen sind jene sogenannten Gefühle, die in dem entstehen, was wir »Bewegungszentrum« heißen. Jeder von Ihnen muss natürlich seine Empfindungen und Gefühle verstehen und untersuchen, und er muss lernen, sie einigermaßen zu unterscheiden.

Für das anfängliche Sich-Üben in der Selbsterinnerung ist die Teilnahme aller drei Zentren erforderlich. Wir haben von dem Unterschied zwischen Gefühl und Empfindung zu sprechen begonnen, weil man gleichzeitig fühlen und empfinden muss. In diese Übung tritt man jedoch nur ein unter Beteiligung des Denkens. Das Denken ist das Erste. Dies wissen wir bereits. Wir wünschen es uns, wir wollen es. Unsere Gedanken lassen sich mehr oder weniger leicht auf diese Arbeit ausrichten, weil wir schon praktische Erfahrung mit ihnen haben.

Zu Beginn müssen alle drei – Gefühl, Empfindung und Denken – künstlich hervorgerufen werden. Als Mittel, Gedanken künstlich in uns hervorzurufen, dienen Gespräche, Vorträge und so weiter. Wenn nichts gesagt wird, so ist in uns nichts hervorrufbar. Lesungen, Unterhaltungen sind als künstliche Schocks von Nutzen. »Künstlich« nenne ich sie deshalb, weil ich mit diesen Wünschen nicht geboren wurde, sie somit nicht natürlich sind und keiner organischen Notwendigkeit entsprechen. Sie sind künstlich, und ihre Folgen werden gleichermaßen künstlich sein. Und wenn die Gedanken so sind, dann kann ich auch künstliche Empfindungen zu diesem Zweck in mir erschaffen.

Ich wiederhole: Künstliche Dinge sind nur am Anfang erforderlich. Die Fülle dessen, was wir uns wünschen, lässt sich nicht künstlich erreichen, aber im Anfang ist dieses Mittel notwendig.

Ich nehme etwas sehr Leichtes und Einfaches; ich will versuchsweise mit dem einfachsten beginnen. In meinen Gedanken gibt es schon eine Anzahl Assoziationen zugunsten der Erinnerung meiner selbst, und dies vor allem deshalb, weil wir hier einen geeigneten Ort und geeignete Verhältnisse haben und von Menschen umgeben sind, die die gleichen Ziele verfolgen. Daher bilden sich in mir auch weiterhin neue Assoziationen, die ergänzend zu den bereits vorhandenen hinzukommen. Ich bin demnach mehr oder weniger zuversichtlich, dass ich von dieser Seite her Mahnungen und Schocks haben werde; und so will ich den Gedanken nur wenig Aufmerksamkeit schenken, will mich vielmehr vornehmlich mit den anderen Teilen beschäftigen und ihnen meine gesamte Zeit widmen.

Die einfachste und am leichtesten zugängliche Empfindung kann man im Anfang durch unbequeme Haltungen erreichen. Ich sitze jetzt hier in einer Weise, wie ich nie zuvor gesessen habe. Eine Zeitlang geht alles gut, aber nach einer Weile entwickelt sich ein Schmerz; eine seltsame, ungewohnte Empfindung erscheint in meinen Beinen. Ich bin sicher, dass der Schmerz nicht schädlich ist und zu keinen unangenehmen Folgen führen wird; es handelt sich einfach um eine ungewohnte und daher unerfreuliche Empfindung.

Damit Sie die Empfindungen, von denen ich spreche, gut verstehen können, wäre es wohl das Beste, wenn Sie alle von jetzt an irgendeine unbequeme Haltung annähmen.

Ich habe fortwährend das Bedürfnis, mich zu rühren, meine Beine zu bewegen, um diese unbequeme Stellung zu verlassen. Doch ich habe es mir zur Aufgabe gemacht, es zu ertragen und einen »Stopp« meines ganzen Körpers beizubehalten, mit Ausnahme des Kopfes.

Im Augenblick will ich nicht an die Selbsterinnerung denken. Ich will jetzt meine gesamte Aufmerksamkeit, alle meine Gedanken zeitweilig auf dies konzentrieren, dass ich mir nicht gestatte, meine Stellung automatisch, unbewusst zu verändern.

Doch richten wir unsere Aufmerksamkeit auf Folgendes: Zunächst beginnen die Beine zu schmerzen, dann steigt diese Empfindung höher und höher, und der Bereich des Schmerzes weitet sich aus. Wenden Sie Ihre Aufmerksamkeit Ihrem Rücken zu! Gibt es eine Stelle, wo eine besondere Empfindung vorherrscht? Dies zu empfinden vermag nur, wer tatsächlich eine unbequeme, ungewohnte Haltung eingenommen hat.

Und wenn sich nun im Körper, zumal an gewissen Stellen, eine unangenehme Empfindung eingestellt hat, fange ich an, mir in Gedanken zu sagen: »Ich will, ich will mich häufig sammeln können, um mich zu besinnen, dass ich mich meiner erinnern muss. Ich will! Du – das bin ich, das ist mein Körper.« Ich sage zu meinem Körper: »Du. Du – ich. Du bist auch ich. Ich will!« Jene Empfindungen, die mein Körper in diesem Augenblick verspürt – und alle ähnlichen Empfindungen –, sollen mich, dies ist mein Wille, an mich erinnern. »Ich will! Du bist ich. Ich will, ich will so oft als möglich mich besinnen, dass ich mich erinnern will, dass ich mich meiner erinnern will.«

Meine Beine sind eingeschlafen. Ich erhebe mich.

»Ich will mich erinnern.«

Wer es auch will, möge sich erheben. »Ich will mich oft erinnern.«

Alle diese Empfindungen werden mich an mich erinnern. Jetzt fangen unsere Empfindungen an, sich stufenweise zu verändern. Jede Stufe, jede Veränderung in diesen Empfindungen möge mich an die Selbsterinnerung erinnern. Denken Sie, gehen Sie! Gehen Sie umher, und denken Sie! Mein unbequemer Zustand ist verschwunden.

Ich nehme eine andere Haltung an.

1. *Ich* – 2. *will* – 3. *mich erinnern* – 4. *meiner selbst.*

Ich: einfach »ich« verstandesmäßig.

Will: Ich empfinde. Erinnern Sie sich jetzt der Schwingungen, die in Ihrem Körper auftreten, wenn Sie sich eine Aufgabe für den nächsten Tag setzen. Eine Empfindung, ähnlich derjenigen, die morgen bei der Ausführung Ihrer Aufgabe entstehen wird, sollte in

Ihnen jetzt in abgeschwächter Form ablaufen. Ich will mich dieser Empfindung erinnern. Um Ihnen ein Beispiel zu geben: Ich möchte fortgehen und mich hinlegen. Bei diesem Gedanken verspüre ich eine angenehme Empfindung. In meinem ganzen Körper spüre ich jetzt in abgeschwächter Form die angenehme Empfindung, die ich später erleben werde. Wenn man aufmerksam ist, so kann man diese Schwingungen deutlich in sich wahrnehmen. Dazu muss man auf die verschiedenen Arten von Empfindungen achten, die im Körper auftauchen. In diesem Augenblick gilt es, den Geschmack zu verstehen, den die Empfindung eines verstandesmäßigen Wunsches mit sich bringt.

Ich möchte, dass Sie beim Aussprechen dieser vier Wortgruppen: »Ich will mich erinnern meiner selbst« das erleben, was ich Ihnen jetzt darlegen werde.

Wenn Sie das Wort *»ich«* aussprechen, haben Sie je nach dem Zustand, in dem Sie sich befinden, eine rein subjektive Empfindung im Kopf, in der Brust, im Rücken. Ich darf nicht rein mechanisch »ich« sagen, als wäre es bloß ein Wort, sondern ich muss seinen Widerhall in mir beobachten. Das bedeutet: Sie müssen beim Aussprechen des Wortes »ich« sorgfältig auf die innere Empfindung hören. Und Sie müssen darauf achten, dass Sie das Wort »ich« nicht ein einziges Mal automatisch sagen, auch wenn Sie es häufig gebrauchen.

Das zweite Wort ist *»will«*. Empfinden Sie mit Ihrem ganzen Körper die Schwingung, die in Ihnen auftritt.

»Mich erinnern.« Bei jedem Menschen, der sich erinnert, vollzieht sich ein kaum wahrnehmbarer Vorgang mitten in der Brust.

»Meiner selbst«. Wenn ich »meiner« oder »mich« sage, so meine ich mich als Ganzes. Gewöhnlich verstehe ich unter dem Wort »mich« das Denken, das Gefühl oder den Körper. Jetzt müssen wir es im Sinne des Ganzen, der Atmosphäre, des Körpers und all dessen, was darin ist, nehmen.

Alle vier Wortgruppen haben je ihre eigene Natur, und jede hallt in uns an einer bestimmten Stelle wider.

Würden diese Worte an ein und derselben Stelle nachschwingen, dann könnten niemals alle vier die gleiche Intensität haben. Unsere Zentren sind gleichsam Batterien, Akkumulatoren, aus denen, wenn man auf einen Knopf drückt, eine gewisse Zeit lang Strom fließt. Danach hört der Strom auf, und man muss den Knopf loslassen, damit sich die Batterie wieder aufladen kann.

Doch in unseren Zentren ist der Energieverbrauch noch schneller als in einer Batterie. Diesen Zentren, die mit einem Widerhall reagieren, sooft wir eine der vier Wortgruppen aussprechen, muss man der Reihe nach eine Ruhepause gewähren, auf dass sie ihre Fähigkeit zur Antwort behalten. Es sind sozusagen verschiedenartige Glocken, von denen jede eine eigene Batterie besitzt. Wenn ich »ich« sage, antwortet eine Glocke, beim »will« eine andere, dem »mich erinnern« eine dritte, und auf das »meiner« antwortet das gesamte Geläute.

~

Vor einiger Zeit haben wir gesagt, dass jedes Zentrum einen eigenen Akkumulator besitze. Zugleich gibt es in unserer Maschine einen zentralen Akkumulator, der unabhängig ist von den Akkumulatoren der Zentren. Die Energie in diesem großen Akkumulator wird nur dann erzeugt, wenn all die anderen Akkumulatoren nacheinander in einer bestimmten Ordnung arbeiten und so den zentralen Akkumulator aufladen. In dem Fall wird er zu einem Akkumulator im vollen Sinn des Wortes, denn er sammelt und speichert Energiereserven in den Augenblicken, da keine Energie ausgegeben wird.

Eine uns allen gemeinsame Eigentümlichkeit zeigt sich darin, dass die Akkumulatoren unserer Zentren sich nur in dem Maße mit Energie aufladen, wie sie diese verbrauchen, und so bleibt in ihnen nie mehr Energie, als sie zuvor ausgegeben haben.

Die Besinnung auf die Selbsterinnerung immer weiter auszudehnen, ist dadurch möglich, dass man die Energiereserven länger in sich bestehen lässt, vorausgesetzt, man vermag einen solchen Vorrat anzulegen.

Die zwei Flüsse

New York, 22. Februar 1924

FRAGE: WIE KANN EIN WASSERTROPFEN AUS DEM ERSTEN FLUSS, dem mechanischen, in den zweiten, den bewussten Fluss, hinüberwechseln?

Antwort: Mit einer Fahrkarte, die er sich kaufen muss. Es gilt einzusehen, dass nur derjenige hinübergehen kann, der eine wirkliche Möglichkeit zum Wandel in sich hat. Diese Möglichkeit hängt vom Verlangen ab, von einem starken Wunsch ganz besonderer Art, der aus dem Wesen kommt, und nicht aus der Persönlichkeit.

Vor allem müssen Sie verstehen, dass es äußerst schwierig ist, gegen sich aufrichtig zu sein. Der Mensch hat große Angst, die Wahrheit zu sehen.

Aufrichtigkeit ist eine Funktion des Gewissens. Jedermann hat ein Gewissen – es ist jedem normalen Menschen eigen. Doch durch die Zivilisation wurde diese Funktion mit einer dicken Schicht überdeckt, und ihre Wirkung hörte auf, außer bei besonderen Umständen, wo sehr starke Assoziationen auftreten. Da funktioniert es für kurze Zeit und verschwindet dann wieder. Solche Augenblicke haben ihre Ursache in einem heftigen Schock, in großer Sorge oder in einer Beleidigung. Das Gewissen vereint in dem Fall Persönlichkeit und Wesen, die sonst völlig getrennt sind.

Die Frage nach den zwei Flüssen bezieht sich – wie alles Wirkliche – auf das Wesen. Ihr Wesen ist etwas Dauerhaftes; Ihre Persönlichkeit hingegen ist dies: Ihre Erziehung, Ihre Vorstellungen, Ihre Überzeugungen – das, was Ihre Umgebung hervorbringt; dergleichen können Sie schnell erwerben und schnell verlieren. Das Ziel unserer Gespräche ist es, Ihnen zu etwas Wirklichem zu verhelfen. Aber diese Frage nach den Flüssen können wir noch nicht ernsthaft stellen; wir müssen uns zunächst fragen: »Wie kann ich mich auf diese Fragestellung vorbereiten?«

Ich vermute: Was Sie von Ihrer Persönlichkeit verstanden haben, hat in Ihnen eine Art Unzufriedenheit mit Ihrem Leben, so wie es ist, entstehen lassen und andererseits die Hoffnung, etwas Besseres zu finden. Sie hoffen, ich würde Ihnen etwas mitteilen, was Sie nicht wissen und was Ihnen den ersten Schritt zeigt.

Versuchen Sie zu begreifen, dass, was Sie gemeinhin »ich« nennen, nicht das Ich ist; es gibt viele »Ichs«, und jedes »Ich« hat einen anderen Wunsch. Versuchen Sie, dies selber zu erfahren. Sie wollen sich wandeln, aber welcher Teil von Ihnen hat diesen Wunsch? Es gibt in Ihnen viele Teile, die alle vielerlei wünschen, doch nur ein Teil ist wirklich. Der Versuch, gegen sich selbst aufrichtig zu sein, wird Ihnen sehr helfen. Aufrichtigkeit ist der Schlüssel, der die Tür öffnet, wohindurch Sie Ihre einzelnen Teile sehen werden, und Sie werden etwas völlig Neues erblicken. Sie müssen mit dem Versuch, aufrichtig zu sein, beharrlich fortfahren. Jeden Tag setzen Sie sich eine Maske auf; die müssen Sie mit der Zeit abnehmen.

Es ist überaus schwierig, auf einmal aufrichtig zu sein, aber falls Sie es versuchen, werden Sie allmählich Fortschritte machen. Wenn es Ihnen gelingt, aufrichtig zu sein, kann ich Ihnen die Sachen zeigen, vor denen Sie sich fürchten, oder Ihnen helfen, sie zu sehen; und Sie werden schließlich entdecken, was für Sie notwendig und nützlich ist.

Doch man muss etwas Wichtiges verstehen. Der Mensch kann sich nicht selbst befreien; er kann sich nicht fortwährend beobachten; vielleicht vermag er es fünf Minuten lang, um sich jedoch wirklich zu kennen, muss er wissen, wie er seinen ganzen Tag verbringt. Überdies verfügt der Mensch nur über eine gewisse Aufmerksamkeit. Er ist nicht jederzeit in der Lage, neue Dinge zu sehen, aber er kann mitunter durch Zufall einige Aspekte in sich entdecken und diese danach wiedererkennen. Es gibt diese Eigentümlichkeit: sobald man einmal etwas in sich entdeckt, kann man es erneut sehen. Wenn Sie etwas Neues wahrnehmen, behalten Sie ein Bild davon, und später sehen Sie diese Sache von dem gleichen Bild her, das richtig oder falsch sein mag. Wenn Sie von jemandem hören, bevor Sie ihn kennenlernen, so machen Sie sich von ihm ein Bild, und sofern es irgendeine Ähnlichkeit mit dem Original aufweist, wird dieses Bild fotografiert, und nicht die Wirklichkeit. Sehr selten sehen wir das, worauf wir schauen.

Der Mensch ist als Persönlichkeit voller Vorurteile. Es gibt zwei Arten von Vorurteilen: die des Wesens und die der Persönlichkeit. Der Mensch weiß nichts, er lebt in der Abhängigkeit, nimmt alle Einflüsse auf und glaubt daran. Wir wissen nichts. Wir vermögen nicht zu unterscheiden, ob ein Mensch über ein Thema spricht, das er wirklich kennt, oder ob er Unsinn redet – wir glauben ihm alles. Wir haben nichts zu eigen; was wir in die Tasche stecken, gehört uns nicht – und innerlich sind wir Habenichtse.

In unserem Wesen, in unseren Zentren, haben wir deshalb fast nichts, weil wir seit unserer Kindheit kaum etwas aufnahmen. Nur durch Zufall mag gelegentlich etwas in uns eindringen.

In unserer Persönlichkeit verfügen wir vielleicht über zwanzig oder dreißig Ideen, die wir irgendwie aufgegriffen haben. Woher wir sie haben, wissen wir gar nicht mehr, doch wenn etwas auftaucht, was ihnen ähnelt, so glauben wir, dass wir es verstünden. Es ist bloß ein Eindruck im Gehirn. In Wirklichkeit sind wir Sklaven und wir stellen ein Vorurteil neben das andere.

Das Wesen ist gleichermaßen beeindruckbar. Wir sprachen neulich über Farben, und ich sagte, dass jedermann eine Farbe hat, der er besonders zugetan ist. Auch solche Eigenheiten werden mechanisch erworben.

~

Kehren wir nun zu der Frage zurück. Ich kann es folgendermaßen formulieren. Gesetzt, Sie fänden einen Lehrer mit wirklichem Wissen, der Ihnen helfen möchte und von dem Sie lernen wollten: Selbst dann kann er Ihnen nicht helfen. Er vermag es nur, wenn Sie es in der richtigen Weise wünschen. Dies muss Ihr Ziel sein.

Allein dieses Ziel ist zu weit entfernt; Sie müssen herausfinden, was Sie dorthin oder doch wenigstens in seine Nähe bringt. Man sollte schrittweise vorgehen. Das Wunschvermögen muss demnach als unser Ziel gelten; und erreichen kann dieses nur, wer die eigene Nichtigkeit einsieht. Wir haben unsere Werte umzuwerten, und zwar auf der Grundlage eines echten Bedürfnisses. Diese Umwertung kann der Mensch nicht allein vornehmen.

Ich kann Ihnen wohl einen Rat erteilen, aber helfen kann ich Ihnen nicht; auch das Institut kann Ihnen nicht helfen. Es vermag Ihnen nur dann zu helfen, wenn Sie auf dem Weg sind – aber Sie sind noch nicht auf dem Weg.

Zunächst gilt es zu entscheiden: Ist der Weg für Sie notwendig oder nicht? Wie wollen Sie es anfangen, um dies herauszufinden? Wenn es Ihnen ernst damit ist, dann müssen Sie Ihren Blickpunkt verändern, müssen in einer neuen Weise denken und Ihr Ziel entdecken, sofern es eines gibt. Doch das können Sie nicht allein. Sie müssen sich an einen Freund wenden, der imstande ist, Ihnen zu helfen. Jeder vermag zu helfen – doch vor allem können sich zwei Freunde gegenseitig helfen bei der Umwertung ihrer Werte.

Sogleich aufrichtig zu sein, ist äußerst schwierig, falls Sie es jedoch versuchen, so werden Sie nach und nach Fortschritte machen. Wenn Sie aufrichtig sein können, vermag ich Ihnen zu zeigen, wovor Sie Angst haben, oder ich kann Ihnen helfen, es zu sehen, und Sie werden dann entdecken, was Sie brauchen und was Ihnen nützt. Diese Werte können sich wirklich wandeln. Ihr Verstand kann sich jeden Tag ändern, aber Ihr Wesen bleibt, wie es ist.

Allerdings gibt es ein Risiko. Selbst diese Vorbereitung des Verstandes führt zu Ergebnissen. Gelegentlich mag ein Mensch mit seinem Wesen etwas verspüren, was sehr schlecht für ihn ist oder zumindest für seinen Seelenfrieden. Er hat bereits einen Vorgeschmack, und auch wenn er es vergisst, kann diese Erfahrung wiederkehren. Wenn sie sehr stark ist, dann werden Ihre Assoziationen Sie immer wieder daran erinnern, und falls sie intensiv ist, werden Sie halb hüben und halb drüben sein und sich nie ganz wohl fühlen.

Dies ist nur gut, insofern ein Mensch wirklich die Möglichkeit zum Wandel besitzt und auch die Chance dazu hat. Die Menschen können sehr unglücklich sein: weder Fisch noch Fleisch noch Hering. Es ist ein großes Risiko. Ehe Sie daran denken, Ihren Stuhl auszuwechseln, sollten Sie klugerweise beide Stühle sorgfältig gegeneinander abwägen und sich beide sehr genau anschauen. Wohl dem, der auf seinem gewöhnlichen Stuhl sitzt. Tausendmal glücklicher ist, wer auf dem Stuhl der Engel sitzt, doch unglückselig der, der keinen Stuhl hat. Sie müssen sich entscheiden – lohnt es sich? Prüfen Sie die Stühle und werten Sie Ihre Werte um.

Das erste Ziel ist: alles übrige zu vergessen, mit Ihrem Freund zu sprechen sowie die Stühle zu untersuchen und zu prüfen. Doch ich warne Sie, sobald Sie anfangen, genau hinzuschauen, werden Sie an Ihrem augenblicklichen Stuhl viel Schlechtes entdecken. Falls Sie sich beim nächsten Mal klargeworden sind über die Art, wie Sie Ihr Leben ausrichten wollen, kann ich mit Ihnen anders über dieses Thema sprechen. Versuchen Sie, sich zu sehen, denn Sie kennen sich nicht. Das Risiko müssen Sie einkalkulieren: Wer sich zu sehen versucht, kann sehr unglücklich sein, denn er wird viel Schlechtes erblicken und vieles, was er verändern möchte – und diese Veränderung ist sehr schwierig. Der Beginn ist leicht, wenn

Sie jedoch einmal Ihren Stuhl aufgegeben haben, ist es sehr schwer, einen anderen zu finden, und das kann großes Leiden hervorrufen. Jeder kennt die Gewissensbisse. Gegenwärtig ist Ihr Gewissen relativ, wenn Sie aber Ihre Werte verändern, müssen Sie aufhören, sich selbst zu belügen. Wenn Sie eine Sache gesehen haben, ist es viel leichter, eine weitere Sache zu gewahren, und zugleich schwerer, die Augen zu schließen. Sie müssen entweder auf das Schauen verzichten oder zu Risiken bereit sein.

Es gibt zwei Arten der Liebe

Prieuré, 24. Mai 1923

ES GIBT ZWEI ARTEN DER LIEBE. DIE EINE IST EINE SKLAVIsche Liebe; die andere muss durch Arbeit erworben werden. Die erste hat gar keinen Wert; nur die zweite ist als Ergebnis einer Arbeit wertvoll. Es ist die Liebe, von der alle Religionen sprechen.

Falls Sie lieben, wenn »es« liebt, dann hängt das nicht von Ihnen ab und ist nicht verdienstvoll. So etwas nennen wir »Sklavenliebe«. Sie lieben sogar, wenn Sie nicht lieben sollten. Die Umstände veranlassen Sie, mechanisch zu lieben.

Wirkliche Liebe ist christliche, religiöse Liebe; niemand wird mit einer solchen Liebe geboren. Um diese Liebe zu erfahren, müssen Sie arbeiten. Einige lernen diese schon in der Kindheit kennen, andere erst in fortgeschrittenem Alter. Hat jemand wirkliche Liebe, so hat er sie im Laufe seines Lebens erworben. Sie ist allerdings äußerst schwer zu erlernen. Und es ist unmöglich, sie direkt von den Menschen zu lernen. Jeder berührt uns an einer empfindlichen Stelle, lässt uns auf der Hut sein und gibt uns sehr wenig Möglichkeiten, es zu versuchen.

Liebe kann verschiedenartig sein. Um zu verstehen, von welcher Art Liebe wir sprechen, müssen wir sie bestimmen.

Zunächst sprechen wir von der Liebe zum Leben. Überall, wo es Leben gibt, angefangen mit den Pflanzen und den Tieren, wo immer Leben ist, da gibt es Liebe. Jedes Leben ist ein Stellvertreter

Gottes. Wer den Stellvertreter sehen kann, der sieht Den, Der vertreten wird. Jedes Leben ist für Liebe empfänglich. Selbst unbeseelte Dinge wie die Blumen, die kein Bewusstsein haben, verstehen, ob man sie liebt oder nicht. Sogar das unbewusste Leben reagiert in unterschiedlicher Weise auf jeden Menschen und antwortet ihm je nach seinen Reaktionen.

Wie man sät, so erntet man; und nicht nur in dem Sinn, dass, wenn man Weizen sät, man dann auch Weizen erhält. Die Frage ist, auf welche Weise man sät. Getreide kann buchstäblich zu Stroh werden. Auf dem gleichen Boden können verschiedene Leute die gleichen Samenkörner säen, und die Ergebnisse werden verschieden sein. Und hier handelt es sich nur um Samenkörner. Der Mensch ist gewiss empfänglicher für das, was in ihn gesät wird. Auch die Tiere sind überaus empfänglich, wenngleich weniger als der Mensch. Ein Beispiel: X. wurde beauftragt, sich um die Tiere zu kümmern. Mehrere wurden danach krank und starben, die Hennen legten weniger Eier und so weiter. Selbst eine Kuh wird weniger Milch geben, wenn Sie sie nicht lieben. Der Mensch ist empfänglicher als eine Kuh, freilich auf unbewusste Weise. Und wenn Sie also Abneigung oder Hass gegen einen anderen Menschen empfinden, dann nur deshalb, weil jemand etwas Schlechtes in Sie gesät hat. Wer lernen möchte, seinen Nächsten zu lieben, der muss damit beginnen, dass er Pflanzen und Tiere zu lieben versucht. Wer das Leben nicht liebt, der liebt Gott nicht. Sofort damit zu beginnen, dass man einen Menschen liebt, ist unmöglich, weil der andere Mensch so ist wie Sie und als Antwort auf Sie losschlagen wird. Ein Tier hingegen ist stumm und wird sich traurig damit abfinden. Darum ist es leichter, sich zunächst an Tieren zu üben.

~

Für einen Menschen, der an sich selbst arbeitet, ist es wichtig zu verstehen, dass ein Wandel sich in ihm nur vollziehen kann, sofern er sein Verhalten gegen die Außenwelt ändert. In der Regel wissen Sie nicht, was geliebt werden muss und was nicht geliebt werden darf, weil all das relativ ist. Bei Ihnen wird ein und dieselbe Sache geliebt und nicht geliebt; doch es gibt objektiv Dinge, die wir zu lieben haben oder nicht lieben dürfen. Deshalb ist es vorteilhafter und praktischer, wenn Sie nicht mehr an das denken, was Sie »gut« und »böse« nennen, und nur dann zu handeln beginnen, wenn Sie gelernt haben, selbst zu wählen.

Wenn Sie jetzt an sich selbst arbeiten wollen, so müssen Sie verschiedene Verhaltensarten in sich entwickeln. Von großen und eindeutigeren Dingen, die unbestreitbar schlecht sind, einmal abgesehen, sollten Sie sich auf folgende Weise üben: Wenn Ihnen eine Rose gefällt, so versuchen Sie, eine Abneigung gegen sie zu empfinden; falls sie Ihnen nicht gefällt, bemühen Sie sich, sie gern zu haben. Man fängt am besten mit der Pflanzenwelt an; versuchen Sie von morgen an, die Pflanzen in einer Weise zu betrachten, wie Sie es nie zuvor getan haben. Jeder von uns wird von einigen Pflanzen angezogen, von anderen nicht. Vielleicht haben wir es bislang nicht bemerkt. Zuerst müssen Sie sich die Pflanze anschauen, sodann eine andere an ihre Stelle setzen, beobachten und zu verstehen versuchen, warum diese Anziehung oder diese Abneigung besteht. Ich bin sicher, dass jeder etwas fühlt oder empfindet. Es ist ein Vorgang, der im Unterbewusstsein abläuft und den der Verstand nicht sieht; wenn Sie sich aber anschicken, bewusst hinzuschauen, werden Sie vieles sehen und viele Amerikas entdecken. Wie die Menschen, so haben auch die Pflanzen untereinander Beziehungen, und es bestehen auch Beziehungen zwischen den Pflanzen und den Menschen, doch sie ändern sich von Zeit zu Zeit. Alle Lebewesen sind miteinander verbunden. Dies gilt für alles Lebende. Alle Dinge hängen voneinander ab.

Die Pflanzen wirken auf die Stimmungen des Menschen, und die Stimmung des Menschen wirkt auf die Stimmung der Pflanze. Unser ganzes Leben lang sollten wir hierzu Versuche anstellen. Sogar Topfpflanzen werden je nach unserer Stimmung leben oder sterben.

Der freie Wille

New York, 1. März 1924

FRAGE: HAT DER FREIE WILLE EINEN PLATZ IN IHRER LEHRE?

Antwort: Freier Wille ist eine Funktion des wirklichen Ichs, desjenigen, den wir den »Herrn« nennen. Wer einen Herrn hat, der hat Willen. Wer keinen Herrn hat, der hat keinen Willen. Was man gewöhnlich »Willen« nennt, ist ein Ausgleich zwischen Bereitwilligkeit und Widerwillen. Der Verstand möchte beispielsweise eine Sache, das Gefühl hingegen möchte sie nicht; wenn sich der Verstand als stärker erweist als das Gefühl, dann gehorcht der Mensch seinem Verstand. Im entgegengesetzten Fall gehorcht er seinen Gefühlen. Dies bezeichnet man im gewöhnlichen Menschen als »freien Willen«. Der gewöhnliche Mensch wird bald vom Verstand, bald vom Gefühl und bald vom Körper beherrscht. Sehr häufig befolgt er die Befehle des automatischen Apparates; tausendmal häufiger wird er von seinem Geschlechtszentrum herumkommandiert.

Ein wirklicher freier Wille kann nur dort bestehen, wo die Leitung von einem einzigen Ich ausgeht, das heißt, wenn der Mensch für sein Gespann einen Herrn hat. Der Durchschnittsmensch hat keinen Herrn: Die Droschke wechselt unaufhörlich die Fahrgäste, und jeder Gast nennt sich »Ich«.

Gleichwohl ist der freie Wille eine Wirklichkeit, er existiert durchaus. Aber wir, so wie wir sind, können ihn nicht haben. Nur ein wirklicher Mensch kann ihn haben.

~

Frage: Leute, die freien Willen haben, gibt es nicht?

Antwort: Ich spreche von der Mehrheit der Menschen. Die, die Willen haben, haben Willen. Auf jeden Fall ist der freie Wille keine gewöhnliche Erscheinung. Man bekommt ihn nicht auf Bestellung geliefert und kann ihn auch nicht im Laden kaufen.

~

Frage: Welche Einstellung hat Ihre Lehre zur Moral?

Antwort: Moral kann subjektiv oder objektiv sein. Die objektive Moral ist auf der ganzen Erde die gleiche, die subjektive Moral ist überall anders, und jedermann bestimmt sie anders: Was für den einen gut ist, ist für den anderen schlecht, und umgekehrt. Die Moral ist ein Stock mit zwei Enden – er lässt sich so oder so drehen.

Seit der Mensch auf der Erde lebt, seit Adams Tagen, bildete sich – mit Hilfe Gottes, der Natur und all dessen, was uns umgibt – allmählich ein Organ in uns, dessen Funktion das Gewissen ist. Jeder Mensch hat dieses Organ, und wer vom Gewissen geleitet wird, der verhält sich automatisch gemäß den Geboten. Wäre unser Gewissen offen und rein, so brauchten wir nicht über Moral zu sprechen. Dann würde jeder bewusst oder unbewusst sich entsprechend den Weisungen dieser inneren Stimme verhalten.

Das Gewissen ist kein Stock mit zwei Enden. Es ist die über viele Epochen hinweg in uns entwickelte klare Einsicht in das, was gut, und in das, was schlecht ist. Unglücklicherweise wird dieses Organ aus mannigfachen Gründen zumeist von einer Art Kruste überdeckt.

~

Frage: Was kann diese Kruste brechen?

Antwort: Nur starkes Leiden oder ein Schock können die Kruste durchstoßen, und dann spricht das Gewissen. Nach einiger Zeit aber beruhigt sich der Mensch, und das Organ wird erneut zugedeckt. Ein gewaltiger Schock ist notwendig, damit das Organ automatisch freigelegt wird.

Beispielsweise beim Tod der Mutter eines Menschen. Instinktiv fängt dann das Gewissen in ihm zu sprechen an. Seine Mutter zu lieben, zu ehren und wertzuhalten, ist die Pflicht jedes Menschen. Aber der Mensch ist selten ein guter Sohn. Wenn seine Mutter stirbt, erinnert er sich, wie er sich gegen sie verhalten hat, und er beginnt, Gewissensbisse zu empfinden und zu leiden. Doch der Mensch ist ein Schweinehund; er vergisst es recht bald und lebt wieder wie vorher.

Wer kein Gewissen hat, kann nicht moralisch sein. Ich mag wissen, was ich nicht tun sollte, aber aus Schwäche kann ich mich nicht zurückhalten, es zu tun. So weiß ich – der Doktor hat es mir gesagt –, dass der Kaffee schlecht für mich ist. Doch wenn ich Lust auf eine Tasse Kaffee habe, erinnere ich mich allein an den Kaffee. Nur wenn ich keinen Kaffee möchte, stimme ich mit dem Doktor überein und übe mich in Enthaltsamkeit. Wenn ich gesättigt bin, vermag ich bis zu einem gewissen Grad moralisch zu sein.

Sie sollten nicht mehr an die Moral denken. Jedes Gespräch über Moral ist jetzt bloß leeres Gerede.

Ihr Ziel ist: innere Moral. Ihr Ziel ist: das Christsein. Doch hierfür müssen Sie imstande sein zu handeln – und Sie sind dazu nicht imstande. Wenn Sie zu handeln in der Lage sind, werden Sie zu einem Christen.

Ich wiederhole, die äußere Moral ist überall anders. Man sollte sich in seinem Verhalten dem der anderen anpassen, und es heißt, man muss mit den Wölfen heulen. Das ist äußerliche Moral.

Bei der inneren Moral hingegen muss der Mensch handeln können, und dafür braucht er ein Ich. Das erste Erfordernis ist, Inneres von Äußerem zu trennen, so wie ich es im Zusammenhang mit dem inneren und äußeren Sich-Richten erwähnte.

Zum Beispiel, ich sitze hier, und obwohl ich den Schneidersitz gewohnt bin, richte ich mich nach der Ansicht der hier Anwesenden und nach dem, was sie gewohnt sind, und sitze wie sie mit den Beinen nach unten.

Irgendjemand wirft mir einen vorwurfsvollen Blick zu. In meinem Gefühl entstehen sogleich entsprechende Assoziationen, und mich erfasst Verärgerung. Ich bin zu schwach, um nicht zu reagieren, um mich nicht innerlich zu richten.

Oder ein anderes Beispiel: Ich weiß wohl, dass Kaffee für mich schlecht ist. Aber ich weiß auch: Wenn ich ihn nicht trinke, kann ich nicht sprechen – ich fühle mich zu müde. Ich richte mich nach meinem Körper und trinke Kaffee; ich tue es für meinen Körper.

Wir leben gewöhnlich so; was wir innen fühlen, geben wir außen kund. Doch es sollte eine Grenzlinie gezogen werden zwischen dem Innen und dem Außen; und wir müssen lernen, innerlich auf nichts zu reagieren, von äußeren Einflüssen nicht betroffen zu sein, andererseits aber uns äußerlich bisweilen noch mehr zu richten, als wir es jetzt tun. Wenn beispielsweise von uns Höflichkeit verlangt wird, sollten wir notfalls lernen, noch höflicher zu sein als bisher. Man kann sagen: Was fortwährend im Inneren stattfand, soll sich jetzt außen abspielen, und was außen war, soll im Inneren sein.

Leider reagieren wir unaufhörlich. Wenn ich zum Beispiel verärgert bin, ist alles in mir verärgert – alle meine Äußerungen. Ich kann wohl lernen, trotz meiner Verärgerung höflich zu sein, innerlich jedoch bleibe ich, wie ich bin. Wenn ich mich hingegen des gesunden Menschenverstandes bediene – warum sollte ich dann über jemanden verärgert sein, der mir einen vorwurfsvollen Blick zuwirft oder ein verletzendes Wort? Vielleicht macht er es aus Dummheit. Oder vielleicht hat ihn jemand gegen mich aufgehetzt. Er ist ein Sklave der Meinung eines anderen – ein Automat, ein Papagei, der die Worte anderer Leute nachplappert. Seine Meinung kann er morgen ändern. Er ist schwach; wenn ich aber deswegen verärgert bin, so bin ich noch schwächer. Und ich laufe Gefahr, mein Verhältnis zu anderen zu verderben, falls ich mich über ihn ärgere und aus einer Mücke einen Elefanten mache.

Sie müssen verstehen und sich zur festen Regel machen, dass Sie den Ansichten anderer Leute keine Aufmerksamkeit schenken dürfen; Sie müssen von den Leuten um Sie herum frei sein. Wenn Sie innerlich frei sind, sind Sie wirklich frei.

Äußerlich ist es mitunter notwendig, so zu tun, als sei man aufgebracht. Möglicherweise müssen Sie vorgeben, ungehalten zu sein. Schlägt man Sie auf die eine Backe, so brauchen Sie nicht unbedingt auch die andere hinzuhalten. Zwar ist es manchmal nötig, dem anderen so ausfallend zu antworten, dass er seine Großmutter vergisst. Innerlich jedoch darf man sich nicht richten.

Sofern Sie innerlich frei sind, kann es sich auch einmal als richtig erweisen, dass, wenn jemand Sie auf die rechte Backe schlägt, Sie ihm die linke hinhalten. Dies hängt vom Typus des Menschen ab. Womöglich wird der andere eine solche Lektion in hundert Jahren nicht vergessen.

In gewissen Fällen bedarf es der Heimzahlung, in anderen nicht. Sie müssen sich den Umständen anpassen – im Augenblick können Sie es nicht, weil bei Ihnen alles auf dem Kopf steht. Lernen Sie Ihre inneren Assoziationen unterscheiden, bis Sie die einzelnen Gedanken auseinanderzuhalten und zu erkennen vermögen; doch hierfür ist es notwendig, nach dem Warum zu fragen und darüber nachzudenken. Die Wahl, so oder so zu handeln, wird nur möglich, wenn der Mensch innerlich frei ist. Der Durchschnittsmensch kann nicht wählen, kann nicht zu einer kritischen Beurteilung der Lage gelangen; für ihn ist das Äußere das Innere. Man muss lernen, unvoreingenommen zu sein, jede Handlung so einzuordnen und zu analysieren, als wäre man ein Fremder. Dann kann man gerecht sein. Im Augenblick des Handelns gerecht sein, ist hundertmal wertvoller als hinterher gerecht sein. Hierfür ist vielerlei nötig. Eine vorurteilsfreie Haltung ist die Grundlage innerer Freiheit und der erste Schritt in Richtung auf den freien Willen.

~

Frage: Ist fortgesetztes Leiden notwendig, um das Gewissen offenzuhalten?

Antwort: Es gibt viele Arten des Leidens. Auch das Leiden ist ein Stock mit zwei Enden. Eins davon führt zum Engel, das andere zum Teufel. Man sollte sich an das Schwingen des Pendels erinnern sowie daran, dass nach einem großen Leiden eine entsprechend große Reaktion entsteht. Der Mensch ist eine äußerst komplizierte Maschine. Neben jedem guten Weg verläuft, ihm entsprechend, stets ein schlechter Weg. Das eine ist allemal dicht neben dem anderen. Wo es wenig Gutes gibt, dort gibt es auch wenig Schlechtes. Wo sich viel Gutes findet, dort findet man auch viel Schlechtes. Das Gleiche gilt für das Leiden: Man gelangt schnell auf den falschen Weg. Leiden wird leicht zum Gefallen. Wenn Sie das erste Mal geschlagen werden, fühlen Sie sich verletzt; beim zweiten Mal weniger; beim fünften Mal möchten Sie bereits geschlagen werden. Man muss auf der Hut sein, muss wissen, was in jedem Augenblick nottut, weil man vom Wege abkommen und in einen Graben fallen kann.

~

Frage: Welche Beziehung gibt es zwischen dem Gewissen und dem Erwerb des Ichs?

Antwort: Das Gewissen hilft, im Anfang, nur insoweit, als es einen Zeit gewinnen lässt. Wer ein Gewissen hat, der ist ruhig; wer ruhig ist, hat Zeit, die er für die Arbeit gebrauchen kann. Beim gewöhnlichen Menschen ist es so, dass er seine gesamte Zeit mit Kleinigkeiten hinbringt. Eine Schwingung hört auf, eine andere setzt ein. Er ist bald fröhlich, bald traurig und zuweilen zornig. Die Maschine läuft unaufhörlich, und ebenso unaufhörlich vollzieht sich auch die Vergeudung.

Der Akkumulator, über den wir verfügen, kann nur einen bestimmten Energievorrat aufnehmen, der jeden Tag angesammelt und ausgegeben wird. Die während des Schlafes angehäufte Energie setzt tagsüber unsere Assoziationen in Bewegung. Den ganzen Tag über wird sie ausgegeben und des Nachts muss sie erneuert werden.

Unser Energievorrat genügt für die Bedürfnisse des gewöhnlichen mechanischen Lebens, nicht jedoch für eine aktive Arbeit an uns selbst. Wenn unser Energieverbrauch bei mechanischen Erfahrungen dem Stromverbrauch einer fünfkerzigen Glühbirne gleichkommt, dann entspricht der Verbrauch, der für die aktive Arbeit an sich selbst erforderlich ist, einer tausendkerzigen Glühbirne, die den Strom sehr schnell aufbraucht. Mit unserem Vorrat kann man vielleicht den ganzen Vormittag arbeiten, aber für den Nachmittag bleibt uns keine Energie mehr, nicht einmal für unsere gewöhnlichen Tätigkeiten. Und ohne diese Energie ist der Mensch nur ein Stück Fleisch.

Energie muss sowohl für die neue Arbeit wie auch für die alltägliche Arbeit in hinreichender Menge vorhanden sein. Nun gibt es aber keinen Platz für einen weiteren Akkumulator und auch keine Ersatzbatterien. Alles, was wir tun können, ist, die Energie maßvoll auszugeben. Die Natur hat uns so geschaffen, dass wir bei normalem Funktionieren über genug Energie verfügen können für beide Arten von Arbeit. Aber wir sind normale Arbeit nicht mehr gewohnt – es gibt in uns viel unnötigen Verbrauch; dabei sollte es gar keinen geben. Die gesamte Energie, die unser Dynamo erzeugt, wird für unsere Bewegungen, Gedanken, Gefühle, Empfindungen, Äußerungen eingesetzt; und diese Ausgaben fließen nicht nur in das, was nötig ist, sondern vor allem in das, was durchaus unnötig ist.

Ein Beispiel: Wenn ich sitze und spreche, brauche ich Energie für meinen Kopf, aber zugleich führe ich Gesten aus. Auch wenn die Gesten zur Betonung von etwas notwendig sind, die Beine bedürfen keiner Energie, und dennoch befinde ich mich in einem Zustand fortgesetzter Spannung.

Selbst wenn Sie daran denken, können Sie nicht umhin, die Muskeln zu spannen. Sie sind ohnmächtig, Ihr Verstand hat nicht die Kraft, Befehle zu erteilen. Lange praktische Erfahrung ist erforderlich, um sich von nutzlosen Spannungen zu befreien.

Trotzdem verbraucht der Körper nicht so viel Energie wie die Assoziationen. In jedem Augenblick haben wir Tausende von mechanischen und unnötigen Gedanken, Gefühlen, Erfahrungen. Darüber hinaus kommen all diese Erfahrungen ohne unser Dabeisein zustande. Unbewusst geben wir unsere Energie nach allen Richtungen hin aus, und wenn wir sie dann brauchen, ist keine mehr vorhanden. Bei bewusster Arbeit wäre der Verbrauch nicht größer.

Wie schon gesagt, können wir weder die Energieerzeugung steigern noch unser System verändern noch die Kapazität unseres

Akkumulators vergrößern. Um die notwendige Energie für die Arbeit an uns selbst zu erhalten, müssen wir demnach lernen, mit der verfügbaren Energie sparsam umzugehen.

~

Frage: Wie kann man Energie sparen?

Antwort: Man kann lernen, sie einzusparen, doch das erfordert Zeit. Fangen Sie mit dem an, was Ihnen am leichtesten zugänglich ist: dem Energieverbrauch des Körpers. Mit dem Gefühl können Sie nicht beginnen. Wenn Sie aber gelernt haben, mit der Körperenergie hauszuhalten, dann haben Sie einen Geschmack davon, und das wird Ihnen weiterhelfen.

~

Frage: Verbraucht ein Mensch im Liegen weniger Energie?

Antwort: Energie wird nicht allein bei den Körperfunktionen ausgegeben. Wenn Sie liegen, besteht der einzige Unterschied darin, dass Sie weniger äußere Einflüsse empfangen, hingegen ist der Energieverbrauch bei den Denkassoziationen größer als gewöhnlich. Wenn ich gehe, gebe ich weniger Energie aus, als wenn ich sitze, weil sich meine Beine mit Hilfe des Schwungmoments bewegen; nur von Zeit zu Zeit gebe ich ihnen einen Impuls. Es ist wie beim Auto; beim Start verbraucht der Motor mehr Energie als später, wenn der Wagen eine bestimmte Geschwindigkeit erreicht hat, denn ein Großteil der Bewegung rührt dann von seinem Schwung her. Ihr Energieverbrauch im Liegen entspricht demjenigen eines Autos im ersten Gang. Die Energieausgabe für die Bewegung ein und desselben Muskels kann ebenfalls verschieden sein. Wenn Sie zum ersten Mal Leibesübungen machen, setzen Sie Muskeln in Bewegung, die bislang selten arbeiteten und demzufolge keinen Schwung haben. Man braucht lange, um diesen Schwung zu entwickeln. Später erfordern die gleichen Bewegungen eine geringere Energieausgabe. Freilich ist das ein Ergebnis, zu dem man nicht schnell gelangt.

~

Frage: Stimmt es, dass Kinder mehr Energie haben als Erwachsene?

Antwort: Nein. Die Energiemenge ist proportional zur Größe des Organismus. Eine große Maschine hat mehr Energie. Nur geben Kinder weniger Energie aus. Sie haben weniger Assoziationsmaterial als die Erwachsenen, daher steht ihnen für körperliche Äußerungen mehr Energie zur Verfügung.

Befürchtungen – Identifizierung

Essentuki, 1917

ZUWEILEN VERLIERT SICH DER MENSCH IN BEDRÄNGENDEN Gedanken, die immer wieder zu derselben Sache zurückkehren, zu derselben Unannehmlichkeit, die er sich zwar vorstellt, die jedoch nicht nur nicht eintreten wird, sondern es in Wirklichkeit auch gar nicht kann.

Diese Vorahnungen künftiger Widerwärtigkeiten, Krankheiten, Verluste, peinlicher Situationen bemächtigen sich seiner häufig so stark, dass sie die Form von Wachträumen annehmen. Der Mensch hört auf, das zu sehen und zu hören, was tatsächlich geschieht; und wenn es jemandem gelingt, ihm zu beweisen, dass seine Vorahnungen und Befürchtungen in einem bestimmten Fall unbegründet waren, so fühlt er sogar eine gewisse Enttäuschung, als hätte man ihn um eine angenehme Aussicht gebracht. Ein kultivierter Mensch, der einem gebildeten Milieu angehört, ist sich sehr oft nicht darüber im Klaren, welch große Rolle Befürchtungen in seinem Leben spielen. Er fürchtet sich vor allem und jedem; vor seinen Dienern, vor den Kindern seines Nachbarn, vor dem Portier im Hausflur, vor dem Zeitungshändler an der Straßenecke, dem Taxifahrer, dem Verkäufer, vor dem Freund, dem er auf der Straße begegnet und auszuweichen versucht, um nicht gesehen zu werden. Und die Kinder, die Diener, der Portier und so weiter fürchten sich ihrerseits vor ihm.

Und wenn es sich schon in gewöhnlichen, normalen Zeiten damit so verhält, dann wird in Zeiten, wie wir sie durchmachen, diese alles durchdringende Furcht ganz offenkundig.

Es ist keine Übertreibung, wenn man sagt, ein Großteil der Ereignisse des letzten Jahres gründen in der Furcht und sind ein Ergebnis der Furcht.

Unbewusste Angst ist ein sehr charakteristisches Merkmal des Schlafes.

Der Mensch ist in der Gewalt von allem, was ihn umgibt, weil er sein Verhältnis zu seiner Umgebung nie in hinreichend objektiver Weise zu betrachten vermag.

Er kann niemals auf die Seite treten und sich selbst anschauen in eins mit dem, was ihn gerade anzieht oder abstößt. Und durch dieses Unvermögen identifiziert er sich mit allem.

Auch dies ist ein Kennzeichen des Schlafes.

Sie beginnen ein Gespräch mit dem festen Ziel, von jemandem eine gewisse Auskunft zu erhalten. Um dieses Ziel zu erreichen, dürfen Sie nie ablassen, sich zu beobachten, sich dessen, was Sie wollen, zu erinnern, Abstand zu nehmen sowie sich selbst und Ihren Gesprächspartner im Blick zu behalten. Doch Sie können es nicht. Bei zehn Anlässen identifizieren Sie sich neunmal mit dem Gespräch, und statt die gewünschte Auskunft zu erhalten, sagen Sie dem anderen Dinge, die Sie ihm gar nicht mitteilen wollten.

Die Menschen ahnen nicht, wie sehr sie der Furcht ausgeliefert sind. Diese Furcht ist nicht leicht zu bestimmen. Zumeist ist es Furcht vor peinlichen Situationen, Furcht vor dem, was der andere denken mag. Manchmal wird diese Furcht fast zu einem manischen Zustand.

Die verschiedenen Arten von Einflüssen

New York, 24. Februar 1924

DIE ZAHLREICHEN EINFLÜSSE, DENEN DER MENSCH UNTERworfen ist, lassen sich in zwei Kategorien einteilen: in diejenigen, die aus chemischen und physikalischen Ursachen hervorgehen, und in die, welche assoziativen Ursprungs sind und aus unserer Beingtheit erwachsen.

Die chemisch-physikalischen Einflüsse sind stofflicher Natur und stammen aus der Verbindung zweier Substanzen, die etwas Neues hervorbringen. Diese Einflüsse entstehen unabhängig von uns. Sie wirken von außen.

Die Emanationen eines Menschen beispielsweise können sich mit den meinen verbinden – die Vermischung bringt etwas Neues hervor. Und das stimmt nicht nur für die äußerlichen Emanationen; das Gleiche vollzieht sich auch im Inneren des Menschen.

Sie haben vielleicht bemerkt, dass Sie sich wohl oder unwohl fühlen, wenn jemand dicht bei Ihnen sitzt. Falls keine Übereinstimmung besteht, fühlen wir uns unwohl.

Jeder Mensch hat verschiedene Arten von Emanationen, die ihre eigenen Gesetze haben und vielerlei Verbindungen zulassen.

Die Emanationen eines Zentrums bilden vielfältige Verbindungen mit den Emanationen eines anderen Zentrums. Eine solche Verbindung ist chemisch. Die Emanationen wandeln sich, wobei sie sogar davon abhängen, ob ich Tee oder Kaffee getrunken habe.

Die assoziativen Einflüsse sind ganz anders. Wenn mich jemand anstößt oder wenn er weint, so ist die Auswirkung auf mich mechanisch. Sie löst in mir eine Erinnerung aus, und diese Erinnerung oder Assoziation lässt andere Assoziationen in mir entstehen und so weiter. Infolge dieses Schocks verändern sich meine Gefühle und Gedanken. Ein solcher Vorgang ist nicht chemisch, sondern mechanisch.

Diese beiden Arten von Einflüssen entspringen den Dingen in unserer Nähe. Freilich gibt es auch andere Einflüsse, die von großen Körpern herrühren, wie etwa der Erde, den Planeten, der Sonne, wo Gesetze einer anderen Ordnung walten. Zugleich können uns zahlreiche Einflüsse, die von diesen großen Wesenheiten ausgehen, nicht erreichen, wenn wir völlig unter dem Einfluss kleiner Dinge stehen.

~

Sprechen wir zunächst von den chemisch-physikalischen Einflüssen. Ich sagte schon, dass der Mensch mehrere Zentren hat. Ich erwähnte den Wagen, das Pferd und den Kutscher sowie die Deichsel, die Zügel und den Äther. Alles hat eigene Emanationen und eine eigene Atmosphäre. Die Natur jeder Atmosphäre unterscheidet sich von der der anderen, weil jede einen anderen Ursprung, andere Eigenschaften und einen anderen Inhalt aufweist. Sie ähneln einander, aber die Schwingungen ihres Stoffes sind verschieden.

Der Wagen, unser Körper, hat eine Atmosphäre mit besonderen Eigenschaften.

Auch meine Gefühle bringen eine Atmosphäre hervor, deren Emanationen sich über eine große Entfernung ausdehnen können.

Wenn ich auf assoziative Weise denke, so ergeben sich Emanationen einer dritten Art.

Wenn ein Fahrgast den leeren Platz im Wagen einnimmt, zeigen sich wiederum andere Emanationen, die sich von denen des Kutschers abheben. Der Fahrgast ist kein Bauernlümmel: Er denkt über Philosophie nach und nicht über Whiskey.

Demnach kann jeder Mensch vier Arten von Emanationen haben, er hat sie jedoch nicht notwendigerweise. Er mag mehr Emanationen von der einen Art besitzen, von der anderen weniger. Die Menschen unterscheiden sich in dieser Hinsicht; und selbst ein und derselbe Mensch kann zu verschiedenen Zeiten verschieden sein. Ich habe Kaffee getrunken, er hingegen nicht – die Atmosphäre ist verschieden. Ich rauche, sie aber seufzt.

Ständig gibt es eine Wechselwirkung, die zuweilen schlecht für mich ist, zuweilen gut. Jede Minute bin ich dies oder das, und um mich herum ist es so oder so. Und die Einflüsse in mir schwanken gleichfalls. Verändern kann ich nichts. Ich bin ein Sklave. Diese Einflüsse nenne ich »chemisch-physikalische«.

~

Die assoziativen Einflüsse sind ganz anderer Natur. Nehmen wir als Erstes die assoziativen Einflüsse der »Form«. Mich beeinflusst die Form. Ich habe die Gewohnheit, eine bestimmte Form zu sehen, und wenn sie fehlt, fürchte ich mich. Die Form gibt meinen Assoziationen den anfänglichen Schock. Etwas Schönes beispielsweise ist ebenfalls Form. In Wirklichkeit können wir die Form nicht so sehen, wie sie ist, wir sehen nur ein Bild.

Die zweite Art der assoziativen Einflüsse sind meine Gefühle, meine Sympathien und Antipathien.

Ihre Gefühle berühren mich, dementsprechend reagieren meine Gefühle. Aber mitunter verläuft es andersherum. Das hängt von den Verbindungen ab. Entweder Sie beeinflussen mich, oder ich beeinflusse Sie. Dieser Einfluss kann »Beziehung« genannt werden.

Die dritte Art der assoziativen Einflüsse kann man als »Überredung« oder »Einflüsterung« bezeichnen. Zum Beispiel: Ein Mensch überredet einen anderen. Jemand überredet Sie, Sie überreden einen Dritten. Jedermann gebraucht die Überredung, jedermann arbeitet mit Einflüsterungen.

Die vierte Art der assoziativen Einflüsse beruht auf der Überlegenheit des einen Menschen über einen anderen. Hierbei gibt es möglicherweise keinen Einfluss, der von der Form oder dem Gefühl ausgeht. Sie wissen, dass mancher Mensch intelligenter, reicher ist und über gewisse Themen sprechen kann; mit einem

Wort: Er besitzt etwas Besonderes, eine Art Ansehen. Dies beeinflusst Sie, weil Sie da nicht mitkommen, und es geschieht ohne irgendein Gefühl.

Somit haben wir acht verschiedene Arten von Einflüssen. Die Hälfte davon ist chemisch-physikalisch, die andere Hälfte assoziativ.

Darüber hinaus existieren andere Einflüsse, die uns sehr tief berühren. Jeder Augenblick unseres Lebens, jedes Gefühl und jeder Gedanke erhält seine besondere Färbung durch planetarische Einflüsse. Auch diesen Einflüssen sind wir unterworfen.

Ich will nur kurz bei diesem Aspekt verweilen und dann zum Hauptthema zurückkehren. Vergessen Sie nicht, worüber wir gesprochen haben. Die meisten Menschen sind inkonsequent und schweifen fortwährend vom Thema ab.

~

Die Erde und all die anderen Planeten sind ständig in Bewegung, jeder mit einer anderen Geschwindigkeit. Bald nähern sie sich einander, bald ziehen sie sich voneinander zurück. Ihre gegenseitige Beeinflussung wird auf diese Weise verstärkt oder abgeschwächt oder setzt sogar völlig aus. Ganz allgemein kann man sagen, dass die planetarischen Einflüsse auf der Erde abwechseln: Erst wirkt der eine Planet, sodann ein anderer, darauf ein dritter und so fort. Eines Tages werden wir die Einflüsse jedes Planeten einzeln studieren, um Ihnen jedoch eine allgemeine Vorstellung zu geben, wollen wir sie heute in ihrer Gesamtheit nehmen.

Wir können diese Einflüsse schematisch auf folgende Weise darstellen. Stellen Sie sich ein großes Rad, senkrecht über der Erde hängend, vor, auf dessen Radkranz sieben oder neun gewaltige Farbscheinwerfer befestigt sind. Das Rad dreht sich, und das Licht der verschiedenen Scheinwerfer wird so der Reihe nach auf die Erde gelenkt – infolgedessen findet sich die Erde immer vom Licht desjenigen Scheinwerfers eingefärbt, der sie zu einem bestimmten Zeitpunkt beleuchtet.

Alle Erdenwesen empfangen die Farbe des Lichtes, das im Augenblick ihrer Geburt vorherrschte, und behalten diese Farbe ihr ganzes Leben lang. Wie keine Wirkung ohne Ursache sein kann, so kann auch keine Ursache ohne Wirkung sein. Und tatsächlich haben die Planeten einen ungeheuren Einfluss sowohl auf das Leben der Menschheit insgesamt als auch auf das Leben jedes einzelnen Menschen. Es ist ein großer Fehler der modernen Wissenschaft, diesen Einfluss nicht anzuerkennen. Allerdings ist dieser Einfluss nicht so groß, wie die modernen »Astrologen« uns glauben machen möchten.

Der Mensch ist das Ergebnis der Wechselwirkung dreier Stoffarten: einer positiven (der Erdatmosphäre), einer negativen (Minerale, Metalle) und einer dritten Verbindung (der planetarischen Einflüsse), die von außen kommt und auf jene zwei Stoffe trifft. Die neutralisierende Kraft ist der Planeteneinfluss, der jedem neu geborenen Leben seine besondere Farbe gibt. Diese Färbung bleibt während seiner gesamten Existenz bestehen. War die Farbe rot, dann empfindet sich dieses Leben, wenn es dem Rot begegnet, in Einklang damit.

Gewisse Farbverbindungen haben eine beruhigende Wirkung, andere eine störende. Jede Farbe hat ihre besondere Eigenschaft. Hierin waltet ein Gesetz, es handelt sich dabei um chemische Unterschiede. Es gibt sozusagen verwandte und fremdartige Verbindungen. Rot zum Beispiel erregt Zorn, Blau erweckt Liebe. Streitbarkeit entspricht dem Gelb. Wenn ich also dazu neige, plötzlich die Nerven zu verlieren, so ist das auf den Einfluss der Planeten zurückzuführen.

Dies bedeutet nicht, dass Sie oder ich tatsächlich so sind, aber die Möglichkeit besteht. Es können stärkere Einflüsse vorherrschen. Manchmal wirkt ein anderer Einfluss von innen her und hindert Sie daran, den äußeren Einfluss zu fühlen; womöglich werden Sie von einer so großen Sorge beherrscht, dass Sie gleichsam in einem Panzer eingeschlossen sind. Und das gilt nicht nur in Bezug auf die planetarischen Einflüsse. Oftmals kann ein ferner Einfluss Sie nicht erreichen. Je weiter der Einfluss entfernt ist, desto schwächer ist er. Und selbst wenn er eigens für Sie ausgesendet würde, er kann nicht zu Ihnen gelangen, weil Ihr Panzer es verhindert. Je entwickelter ein Mensch ist, umso mehr ist er Einflüssen unterworfen. Manchmal möchten wir uns von den Einflüssen befreien, kommen auch von einem los, jedoch nur um unter viele andere zu geraten und so noch unfreier und versklavter zu werden.

Wir sprachen von neun Einflüssen.

In jedem Augenblick stehen wir unter dem Einfluss von allem. Jeder Gedanke, jedes Gefühl, jede Bewegung ist das Ergebnis aus dem einen oder anderen Einfluss. Alles, was wir tun, alle unsere Äußerungen sind, was sie sind, weil uns etwas von außen beeinflusst. Mitunter demütigt uns diese Versklavung, mitunter auch nicht: Es hängt davon ab, was wir mögen. Zudem stehen wir unter etlichen Einflüssen, die wir mit den Tieren gemeinsam haben. Wir können versuchen, uns von ein oder zwei freizumachen, doch sind wir einmal davon frei, legen wir uns zehn andere zu. Gleichwohl haben wir in der Tat eine gewisse Wahl, das heißt, wir können an einigen Einflüssen festhalten und uns von anderen befreien. Es ist möglich, sich zweier Arten von Einflüssen zu entziehen.

Um sich von chemisch-physikalischen Einflüssen zu befreien, muss man passiv sein. Ich wiederhole: Es handelt sich um die Einflüsse, die auf den Emanationen der Körper-, der Gefühls- und der Denkatmosphäre beruhen und bei einigen Menschen auch auf denen der Ätheratmosphäre. Um diesen Einflüssen widerstehen zu können, gilt es, passiv zu sein. Dann kann man etwas freier davon werden. Hier waltet das Gesetz der Anziehung. Gleiches zieht Gleiches an (Gleich und Gleich gesellt sich gern). Das heißt, alles bewegt sich zu dem Ort, wo sich mehr Artverwandtes findet. Wer viel besitzt, dem wird noch mehr gegeben. Wer wenig hat, dem wird selbst das genommen.

Wenn ich ruhig bin, so haben meine Emanationen Gewicht; folglich kommen andere Emanationen zu mir, und ich kann so viele aufnehmen, wie ich Platz für sie habe. Wenn ich jedoch aufgeregt bin, so besitze ich nicht genug Emanationen, denn sie gehen hinaus zu anderen.

Insofern Emanationen zu mir kommen, belegen sie leere Stellen, denn sie sind dort erforderlich, wo es ein Vakuum gibt.

Emanationen bleiben dort, wo Stille herrscht, wo es keine Reibung gibt, wo noch Platz ist. Ist kein Platz vorhanden, ist alles voll, dann können die Emanationen mich wohl treffen, aber sie prallen ab oder gehen an mir vorbei. Wenn ich ruhig bin, dann habe ich Platz und kann sie daher empfangen; wenn ich aber besetzt bin, so stören sie mich nicht. Demnach bin ich in beiden Fällen geschützt.

Die Befreiung von den Einflüssen der zweiten, das heißt der assoziativen Art erfordert einen künstlichen Kampf. Hier gilt das Gesetz der Abstoßung. Dieses Gesetz besteht in Folgendem: Wo es wenig gibt, dort wird viel hinzugefügt. Anders gesagt, es ist das Gegenteil des ersten Gesetzes. Bei den Einflüssen dieser Art vollzieht sich alles gemäß dem Gesetz der Abstoßung.

Somit gibt es, zur Befreiung von den Einflüssen, zwei unterschiedliche Prinzipien für die beiden Einflussarten. Wenn Sie sich befreien wollen, müssen Sie in jedem einzelnen Fall wissen, welches Prinzip anzuwenden ist. Falls Sie sich dort der Abstoßung bedienen, wo Anziehung vonnöten ist, sind Sie verloren. Viele tun das Gegenteil von dem, was notwendig ist. Gleichwohl ist es recht einfach, zwischen diesen beiden Einflüssen zu unterscheiden; es lässt sich sofort ausführen.

Bei den anderen Einflüssen muss man sehr vieles wissen. Doch diese beiden Einflussarten sind einfach und leicht zu unterscheiden; jeder, der sich die Mühe macht hinzuschauen, kann bemerken, um welche Art Einfluss es sich handelt. Einige Menschen sehen allerdings, auch wenn sie um die Existenz der Emanationen wissen, zwischen diesen keinen Unterschied. Dennoch sind sie leicht zu unterscheiden, wenn man sie aufmerksam beobachtet. Sich auf ein solches Studium einzulassen, ist höchst interessant; jeden Tag erhält man wichtigere Ergebnisse, man bekommt ein Gefühl für den Unterschied. Theoretisch ist das freilich nur sehr schwer erklärbar.

Es ist unmöglich, sofort ein Ergebnis zu erzielen und sich ohne Weiteres von diesen Einflüssen freizumachen. Studium und Unterscheidung sind jedoch jedem möglich.

Die Wandlung ist ein fernes Ziel, das viel Zeit und Mühe verlangt; das Studium hingegen nimmt nicht viel Zeit in Anspruch. Wenn Sie sich nun auf die Wandlung vorbereiten, wird es weniger schwierig sein; Sie brauchen keine Zeit auf die Unterscheidung zu verschwenden.

~

Das Studium der zweiten Art von Einflüssen, der assoziativen Einflüsse, ist im praktischen Vollzug leichter. Nehmen Sie etwa den Einfluss durch die Form. Entweder Sie beeinflussen mich, oder ich beeinflusse Sie. Aber die Form ist äußerlich: Bewegungen, Kleidung, Sauberkeit oder Sonstiges – das, was man gemeinhin die »Maske« nennt. Wenn Sie es verstehen, so können Sie das leicht verändern. Er mag Sie beispielsweise in Schwarz, und dadurch können Sie ihn beeinflussen. Oder aber sie kann Sie beeinflussen. Doch wollen Sie sich nur für ihn umziehen oder für viele? Einige wollen es nur für ihn, andere nicht. Mitunter ist ein Kompromiss notwendig.

Nehmen Sie nie etwas wortwörtlich. Ich sage dies nur als Beispiel.

Was die zweite Art der assoziativen Einflüsse angeht, die wir Gefühl und Beziehung nannten, so sollten sie wissen, dass die

Haltung der anderen uns gegenüber von uns abhängt. Wollen Sie auf intelligente Weise leben, dann müssen Sie vor allem verstehen, dass die Verantwortung für nahezu alle guten oder schlechten Gefühle bei Ihnen liegt, in Ihrer äußeren und inneren Haltung. Häufig spiegelt die Haltung der anderen Ihre eigene Haltung wider: Sie fangen an, und der andere tut es Ihnen nach. Sie lieben, und so liebt sie. Sie sind verärgert, und folglich ist sie verärgert. Es ist ein Gesetz: Sie empfangen, was Sie geben.

Aber hin und wieder ist es anders. Manchmal sollte man den einen lieben und den anderen nicht. Gelegentlich ist es so: Wenn man sie gernhat, dann mag sie einen nicht; doch sobald man aufhört, sie gern zu haben, fängt sie an, einen zu mögen. Dies ist auf chemisch-physikalische Gesetze zurückzuführen.

Alles ist ein Ergebnis aus drei Kräften: Allenthalben gibt es Bejahung und Verneinung, Kathode und Anode. Der Mensch, die Erde, alles Seiende ist gleichsam ein Magnet. Der Unterschied liegt nur in der Emanationsmenge. Überall sind zwei Kräfte am Werk, die eine zieht an, die andere stößt ab. Der Mensch ist, wie gesagt, ebenfalls ein Magnet. Die rechte Hand stößt, die linke Hand zieht, oder umgekehrt. Einige Dinge weisen viele Emanationen auf, andere weniger; doch jedes Ding zieht an oder stößt ab. Fortwährend gibt es Stoß und Zug oder Zug und Stoß. Wenn Ihr Stoß und Zug gut abgestimmt sind auf einen anderen, ergeben sich Liebe und richtige Anpassung. Aus dem Grund können die Ergebnisse überaus verschieden sein. Je nachdem, ob mein Stoßen und sein Ziehen miteinander im Einklang stehen oder nicht, ist das Ergebnis verschieden. Bisweilen stoßen er und ich gleichzeitig zurück. Wenn eine gewisse Übereinstimmung eintritt, so ist der Einfluss, der sich daraus ergibt, beruhigend. Wenn nicht, dann ist er das Gegenteil.

Eins hängt vom anderen ab. Ich kann beispielsweise nicht ruhig sein: Ich stoße, und er zieht. Oder ich kann nicht ruhig sein, wenn ich die Situation nicht zu ändern vermag. Wir können freilich versuchen, uns anzupassen. Es gibt ein Gesetz, dem zufolge nach einem Stoß eine Pause eintritt. Diese Pause können wir benutzen, sofern wir sie auszudehnen in der Lage sind, und uns nicht auf den nächsten Stoß stürzen. Vermögen wir ruhig zu sein, dann ziehen wir möglicherweise Nutzen aus den Schwingungen, die auf den Stoß folgen.

Jeder ist imstande anzuhalten, denn es gibt ein Gesetz, dass sich alles nur so lange bewegt, wie die Schwungkraft andauert. Danach hält es an. Sowohl er wie auch ich kann die Bewegung zum Halten bringen. Alles geschieht auf diese Weise. Ein Schock im Gehirn, und die Schwingungen kommen in Bewegung. Durch die Schwungkraft setzen sich die Schwingungen fort, gleich den Kreisen auf der Oberfläche des Wassers, in das man einen Stein geworfen hat. Falls der Aufschlag stark ist, vergeht eine längere Zeit, ehe die Bewegung abklingt. Das Gleiche gilt für die Schwingungen im Gehirn. Wenn ich ihm nicht ständig weitere Schocks versetze, hören sie auf und beruhigen sich. Man sollte lernen, sie anzuhalten.

Handle ich bewusst, so ist die Wechselwirkung bewusst. Handle ich unbewusst, so ist alles ein Ergebnis dessen, was von mir ausgeht.

Ich bejahe eine Sache, sogleich schickt er sich an, sie zu verneinen. Ich sage: »Dies ist schwarz«; er weiß, dass es schwarz ist, jedoch ihn verlangt nach einer Auseinandersetzung, und so fängt er an zu behaupten, es wäre weiß. Wenn ich ihm mit Bedacht recht gebe, macht er eine Kehrtwendung und bejaht, was er zuvor verneinte. Er kann nicht zustimmen, weil jeder Schock in ihm das Gegenteil hervorruft. Wenn er müde wird, mag er wohl äußerlich zustimmen, doch innerlich nicht. Zum Beispiel: Ich sehe Sie; mir gefällt Ihr Gesicht. Dieser neue Schock, der stärker ist als das Gespräch, lässt mich äußerlich einverstanden sein. Manchmal ist man bereits überzeugt, argumentiert aber trotzdem weiter.

Es ist höchst interessant, das Gespräch anderer Menschen zu beobachten, sofern man nicht daran teilhat. Ja, es ist interessanter als das Kino. Mitunter sprechen zwei Menschen von derselben Sache: Der eine bejaht etwas, der andere versteht es nicht, sondern beginnt zu diskutieren, obwohl er der gleichen Meinung ist.

Alles ist mechanisch.

Zu den Beziehungen lässt sich Folgendes sagen: Die äußeren Beziehungen hängen von uns ab. Wir können sie verändern, wenn wir die erforderlichen Maßnahmen ergreifen.

~

Die dritte assoziative Einflussart, Suggestion oder Einflüsterung, erweist sich als sehr machtvoll. Jedermann steht unter dem Einfluss der Suggestion; jeder legt einem anderen etwas nahe. Viele Einflüsterungen üben sehr leicht eine Wirkung aus, vor allem wenn wir nicht wissen, dass wir ihnen ausgesetzt sind. Doch selbst wenn wir es wissen, dringen die Einflüsterungen durch.

Es ist sehr wichtig, dass man ein gewisses Gesetz versteht. In der Regel arbeitet in uns jeweils nur ein Zentrum – entweder der Verstand oder das Gefühl. Unser Gefühl ist von einer bestimmten Art, wenn ihm kein anderes Zentrum zuschaut, wenn das Kritikvermögen fehlt. An sich hat ein Zentrum weder Bewusstsein noch Gedächtnis; es ist ein Stück salzloses Fleisch besonderer Art, ein Organ, eine gewisse Substanzenverbindung, die einfach eine eigentümliche Aufzeichnungsfähigkeit besitzt.

In der Tat ließe es sich durchaus mit der empfindlichen Schicht eines Tonbands vergleichen. Wenn ich etwas zu ihm sage, kann es das später wiederholen. Es ist völlig mechanisch, in organischer Weise mechanisch. Alle Zentren unterscheiden sich, geringfügig hinsichtlich ihrer Substanz, aber ihre Eigenschaften sind gleich.

Wenn ich einem Zentrum sage, Sie seien schön, so glaubt es das. Sage ich ihm, dies sei rot, so glaubt es das auch. Es versteht es allerdings nicht; sein Verständnis ist ganz subjektiv. Wenn ich ihm später eine Frage stelle, wiederholt es als Antwort das, was ich gesagt habe. Es wird sich in hundert, ja in tausend Jahren nicht verändern – sondern sich immer gleichbleiben. Unser Verstand hat in sich kein kritisches Vermögen, kein Bewusstsein, nichts. Und all die anderen Zentren sind ähnlich.

Was ist dann unser Bewusstsein, unser Gedächtnis, unser kritisches Vermögen? Ganz einfach. Solches zeigt sich, wenn ein Zentrum eigens einem anderen zuschaut, wenn es sieht und fühlt, was dort vor sich geht, und im Sehen alles bei sich aufzeichnet.

Es empfängt neue Eindrücke; und wenn wir später wissen wollen, was vorher geschah, so können wir – sofern wir in einem anderen Zentrum danach suchen – herausfinden, was sich in dem ersten Zentrum zugetragen hat. Das Gleiche gilt auch für unser kritisches Vermögen – ein Zentrum beobachtet ein anderes. Mit dem einen Zentrum wissen wir, dass dieses Ding rot ist, aber ein anderes Zentrum sieht dasselbe als etwas Blaues. Das eine Zentrum versucht ständig, ein anderes davon zu überzeugen. Das nennt man »Kritik«.

Sind zwei Zentren lange Zeit hindurch über etwas uneins, dann hindert uns dieser Zwiespalt daran, fortan darüber nachzudenken.

Wenn kein anderes Zentrum zusieht, so denkt das erste weiter so, wie es vorher dachte. Recht selten schauen wir einem Zentrum von einem anderen aus zu – nur gelegentlich, vielleicht eine Minute pro Tag. Während des Schlafs blicken wir niemals von einem Zentrum auf ein anderes Zentrum, wir tun das nur hin und wieder im Wachzustand.

Zumeist lebt jedes Zentrum sein eigenes Leben. Alles, was es hört, nimmt es kritiklos hin und zeichnet es dann so auf, wie es ihm zu Ohren kam. Falls es etwas schon früher Gehörtes vernimmt, so zeichnet es dasselbe nur auf. Wenn etwas von dem Gehörten unklar bleibt, zum Beispiel, wenn das, was zuvor rot war, jetzt blau ist, dann sträubt es sich, aber nicht deshalb, weil es herausfinden möchte, was richtig ist, sondern einfach, weil es nicht sofort daran glaubt. Gleichwohl glaubt es durchaus, und zwar alles. Wenn sich etwas ändert, so braucht es einfach Zeit, damit die Wahrnehmungen sich setzen. Schaut ihm in diesem Augenblick nicht gerade ein anderes Zentrum zu, dann legt es das Blau über das Rot. Und so bleiben Blau und Rot zusammen, und wenn wir später die Aufzeichnungen lesen, antwortet es zunächst mit »Rot«. Doch »Blau« könnte genauso gut herauskommen.

Eine kritische Wahrnehmung neuer Eindrücke können wir sicherstellen, indem wir darauf achten, dass während der Wahrnehmung ein anderes Zentrum anwesend ist und dieses Eindrucksmaterial von einem anderen Blickpunkt aus gewahrt. Angenommen, ich sage jetzt etwas Neues. Wenn Sie mir nur mit einem Zentrum zuhören, wird es für Sie nichts Neues geben in dem, was ich sage. Sie müssen auf andere Weise zuhören. Sonst wird es, so wie es vorher nichts gab, auch jetzt nichts geben. Der Wert wird der gleiche sein: Blau wird Rot sein oder umgekehrt, und es kommt wiederum zu keiner Erkenntnis. Blau kann sogar zu Gelb werden.

Wenn Sie Neues auf eine neue Art und Weise hören möchten, müssen Sie neu hinhören. Das ist nicht nur in der Arbeit notwendig, sondern auch im Leben. Sie können im Leben etwas freier, etwas sicherer werden, sofern Sie anfangen, sich für alles Neue zu interessieren, und sich durch eine neue Methode daran erinnern. Diese neue Methode ist leicht zu verstehen. Sie ist nicht mehr völlig automatisch, sondern halb automatisch. Sie besteht in Folgendem: Wenn das Denken da ist, versuchen Sie zu fühlen. Wenn Sie etwas fühlen, versuchen Sie, die Gedanken auf Ihr Gefühl zu lenken. Bislang waren Denken und Gefühl getrennt.

Fangen Sie an, Ihrem Verstand zuzuschauen. Bereiten Sie sich auf morgen vor und schützen Sie sich vor Täuschungen. Sie werden nie verstehen, was ich Ihnen mitteilen möchte, wenn Sie in der gewohnten Weise hinhören.

~

Nehmen Sie Ihr gesamtes Wissen, alles, was Sie gelesen und gehört haben, alles, was man Ihnen gezeigt hat – ich bin sicher, dass Sie nichts davon verstehen. Wenn Sie sich je aufrichtig fragen könnten: »Verstehe ich, warum zwei mal zwei vier ist?«, würden Sie entdecken, dass Sie nicht einmal dessen sicher sind. Sie haben gehört, wie jemand anders es sagte, und Sie wiederholen, was Sie gehört haben. Und nicht nur Fragen des alltäglichen Lebens, sondern auch die höheren und ernsten Themen bleiben Ihnen unverständlich. Nichts von dem, was Sie haben, ist Ihr eigen.

Sie verfügen über einen Mülleimer, und bisher haben Sie alles Mögliche hineingeworfen. Er ist voll mit wertvollen Dingen, wovon Sie Gebrauch machen könnten. Es gibt Spezialisten, die allerlei Abfälle aus Mülleimern zusammentragen; einige verdienen eine schöne Stange Geld dabei. In Ihren Mülleimern haben Sie genug Material, um alles zu verstehen. Wenn Sie es verstehen, werden Sie alles wissen. Man braucht nicht noch mehr in diese Müllbehälter zu stecken – alles ist bereits vorhanden. Allerdings fehlt es an Verständnis – der Platz für das Verständnis ist leer.

Sie können sehr viel Geld besitzen, das nicht Ihr Eigentum ist, freilich wären Sie besser daran, wenn Sie weniger hätten, und wären es auch nur hundert Dollar, die Ihnen wirklich gehörten. Leider ist aber nichts von dem, was Sie haben, Ihr eigen.

Einer großen Idee sollte nur mit großem Verständnis begegnet werden. Wir hingegen sind allenfalls in der Lage, kleine Ideen zu verstehen – wenn überhaupt. Es ist besser, im Inneren etwas Kleines zu besitzen als etwas Großes im Äußeren.

Nehmen Sie sich Zeit. Sie können etwas Ihnen Genehmes auswählen und darüber nachdenken; aber denken Sie in einer anderen Weise nach als bisher.

Befreiung führt zu Befreiung

Prieuré, 13. Februar 1923

BEFREIUNG FÜHRT ZU BEFREIUNG. DIES SIND DIE ERSTEN Worte der Wahrheit, nicht der Wahrheit in Anführungszeichen, sondern der Wahrheit in der wirklichen Bedeutung des Wortes; der Wahrheit, die nicht bloß theoretisch ist, nicht einfach ein Wort, sondern in die Tat umgesetzt werden kann.

Die Bedeutung jener Worte ließe sich wie folgt erläutern: Unter »Befreiung« ist diejenige Befreiung gemeint, die zu allen Zeiten das Ziel aller Schulen ist und aller Religionen.

Diese Befreiung kann fürwahr sehr groß sein. Alle Menschen sehnen sich und streben danach. Doch sie ist nicht erreichbar ohne die erste Befreiung, eine kleinere Befreiung. Die große Befreiung meint Befreiung von den äußeren Einflüssen. Die kleinere Befreiung ist Befreiung von den inneren Einflüssen.

Am Anfang erscheint diese kleine Befreiung überaus groß, denn ein Anfänger hängt recht wenig von äußeren Einflüssen ab. Nur wer bereits von den inneren Einflüssen frei ist, gerät unter äußere Einflüsse.

Die inneren Einflüsse verhindern, dass ein Mensch unter äußere Einflüsse gerät. Vielleicht ist es sogar besser so. Die inneren Einflüsse, die innere Sklaverei, stammen aus vielerlei Quellen sowie von zahlreichen unabhängigen Faktoren – unabhängig in dem Sinne, dass es sich bald um eine Sache handelt, bald um eine andere, denn wir haben viele Feinde.

Die Zahl dieser Feinde ist so groß, dass ein Leben nicht ausreichen würde, müsste man mit jedem Feind einzeln kämpfen, um sich so von ihnen zu befreien. Deshalb gilt es, eine Methode, eine Arbeitsweise zu finden, die es uns ermöglicht, diese inneren Feinde und mit ihnen die Quellen jener Einflüsse in größtmöglicher Zahl gleichzeitig zu vernichten.

Ich sagte, wir haben viele unabhängige Feinde, jedoch die wichtigsten und aktivsten sind Eitelkeit und Eigenliebe. Eine gewisse Lehre bezeichnet sie sogar als Stellvertreter und Boten des Teufels.

Aus irgendeinem Grund nennt man sie auch »Frau Eitelkeit« und »Herrn von Eigenliebe«.

Es gibt, wie gesagt, zahlreiche Feinde. Ich habe nur diese beiden als die wesentlichsten angeführt. Im Augenblick hätte man Mühe, sie alle aufzuzählen, und es wäre schwierig, an jedem von ihnen eigens und direkt zu arbeiten; auch würde es bei ihrer Zahl zu viel Zeit erfordern. Deswegen müssen wir uns mit ihnen indirekt befassen, um uns so von mehreren auf einmal zu befreien.

Diese Stellvertreter des Teufels stehen ununterbrochen auf jener Schwelle, die uns von der Außenwelt trennt, und hindern nicht nur die guten, sondern auch die schlechten äußeren Einflüsse daran, in uns einzudringen. Daher haben sie eine schlechte und zugleich eine gute Seite.

Wer unter den Einflüssen, die er empfängt, eine Auswahl treffen möchte, für den ist es von Vorteil, diese Wächter zu haben. Wer hingegen alle Einflüsse aufnehmen will, gleichviel welcher Art sie sein mögen – denn es ist unmöglich, nur die guten auszuwählen –, der muss sich möglichst weitgehend und schließlich ganz und gar von diesen Wächtern freimachen.

Hierfür gibt es viele Methoden und mancherlei Mittel. Ich persönlich würde Ihnen zu dem Versuch raten, sich zu befreien, und zwar ohne unnötiges Theoretisieren, sondern einfach durch Nachdenken, durch aktives Nachdenken.

Durch aktives Nachdenken ist die Sache möglich. Für den freilich, dem es nicht gelingt, der es mit dieser Methode nicht vermag, für den gibt es im Folgenden keine anderen Mittel.

Nehmen wir zum Beispiel die Eigenliebe, die beinahe die Hälfte unserer Zeit und unseres Lebens einnimmt. Wenn irgendjemand oder irgendetwas von außen unsere Eigenliebe verletzt hat, dann versperrt dieser Stoß alle Türen und schließt uns vom Leben aus, und nicht nur in jenem Augenblick, sondern für lange Zeit.

Wenn ich mit der Außenwelt in Verbindung stehe, lebe ich. Falls ich nur in mir lebe, so ist das kein Leben. Doch so lebt jedermann. Wenn ich mich beobachte, trete ich mit der Außenwelt in Verbindung.

Ein Beispiel: Ich sitze jetzt hier. M. ist anwesend und auch K. Wir leben zusammen. M. schimpfte mich einen Narren – ich bin beleidigt. K. sah mich verächtlich an – ich bin beleidigt. Ich richte mich nach so etwas, bin verletzt und werde mich lange Zeit nicht beruhigen und auch nicht zu mir kommen.

Alle Menschen sind gleichermaßen empfindlich, alle machen ständig ähnliche Erfahrungen durch. Sobald eine Erfahrung abgeklungen ist, setzt eine andere ein von gleicher Natur. Unsere Maschine ist so angelegt, dass sie keine abgesonderten Bereiche enthält, in denen unterschiedliche Dinge zur gleichen Zeit erfahrbar sind.

Für unsere psychischen Erfahrungen haben wir nur einen Ort. Und wenn nun dieser Ort mit Erfahrungen wie den erwähnten belegt ist, so kann davon, die Erfahrungen zu machen, die wir uns wünschen, keine Rede sein. Und wenn auch eine gewisse innere Leistung oder Befreiung uns auf den Weg zu bestimmten Erfahrungen bringen sollte, werden sich diese nicht ereignen, solange die Dinge so bleiben, wie sie sind.

M. schimpfte mich einen Narren. Warum sollte ich beleidigt sein? So etwas verletzt mich nicht, daher nehme ich ihm das nicht übel. Nicht dass ich keine Eigenliebe hätte; womöglich habe ich mehr Eigenliebe als irgendjemand hier. Aber vielleicht hindert mich gerade diese Eigenliebe daran, beleidigt zu sein.

Ich denke und überlege in einer Weise, die genau im Gegensatz steht zu der üblichen Weise. Er hieß mich einen Narren. Ist er deswegen ein weiser Menschenkenner? Er mag selber ein Narr sein oder ein Verrückter. Von einem Kind kann man keine Weisheit verlangen. Ich kann nicht erwarten, dass er ein Weiser ist. Sein Urteil war dumm. Entweder hat ihm jemand etwas über mich gesagt, oder er hat sich diese verrückte Meinung, ich wäre ein Narr, selber gebildet – umso schlimmer für ihn. Ich weiß, dass ich kein Narr bin, deshalb beleidigt mich das nicht. Wenn ein Narr mich einen Narren genannt hat, berührt mich das innerlich keineswegs.

Aber wenn ich mich in einer bestimmten Lage wie ein Narr verhalten habe und jemand mich darum einen Narren heißt, dann bin ich ebenfalls nicht verletzt, weil es meine Aufgabe ist, kein Narr zu sein; ich nehme an, dies ist das Ziel eines jeden. Folglich erinnert er mich daran und hilft mir zu der Einsicht, dass ich ein Narr bin und närrisch handelte. Ich werde darüber nachdenken und das nächste Mal vielleicht nicht wie ein Narr handeln.

Demnach bin ich weder in dem einen Fall noch in dem anderen verletzt.

K. hat mich verächtlich angeschaut. Mich beleidigt das nicht. Im Gegenteil, K. tut mir leid, und zwar wegen des gemeinen Blickes, den er mir zuwarf. Für einen gemeinen Blick muss es einen Grund geben. Kann er einen solchen Grund haben?

Ich kenne mich. Aufgrund der Kenntnis meiner selbst kann ich darüber urteilen. Vielleicht hat ihm jemand etwas erzählt, was in ihm eine falsche Meinung von mir aufkommen ließ. Er dauert mich; ist er doch derart ein Sklave, dass er mich mit den Augen anderer Leute anschaut. Dies beweist, dass er nicht *ist.* Er erweist sich als Sklave und darum kann er mich nicht verletzen.

All dies erwähne ich als Beispiel für nachdenkendes Überlegen.

~

In Wirklichkeit gründen Geheimnis und Ursache all dieser Reaktionen in dem Umstand, dass wir nicht Herr über uns selbst sind und auch keine wahre Eigenliebe besitzen. Eigenliebe ist etwas Großes. Ist die Eigenliebe, wie wir sie gemeinhin verstehen, tadelnswert, dann ist die echte Eigenliebe – die wir leider nicht besitzen – wünschenswert und notwendig.

Eigenliebe ist das Zeichen für eine hohe Meinung von sich selbst. Dass ein Mensch diese Eigenliebe hat, beweist, was er ist.

Wie bereits gesagt, ist Eigenliebe ein Stellvertreter des Teufels; sie ist unser schlimmster Feind, der stärkste Hemmschuh für unsere Bestrebungen und Taten. Eigenliebe ist die Hauptwaffe des Vertreters der Hölle.

Doch Eigenliebe ist ein Kennzeichen der Seele. Durch die Eigenliebe wird der Geist sichtbar. Eigenliebe weist darauf hin und beweist, dass ein bestimmter Mensch ein Teil des Himmels ist. Eigenliebe ist das Ich, und das Ich ist Gott. Demzufolge ist es wünschenswert, Eigenliebe zu haben.

Eigenliebe ist die Hölle, und Eigenliebe ist der Himmel. Beide tragen denselben Namen, sind äußerlich ähnlich, jedoch in ihrem Wesen gänzlich verschieden und einander entgegengesetzt. Aber wenn wir oberflächlich hinschauen, können wir sie unser gesamtes Leben über betrachten, ohne jemals die eine von der anderen zu unterscheiden.

Ein alter Spruch lautet: »Wer Eigenliebe besitzt, hat den Weg zur Freiheit zur Hälfte zurückgelegt.« Alle, die hier sitzen, sind bis zum Überfließen voll mit Eigenliebe. Doch ungeachtet der Tatsache, dass wir vor Eigenliebe überquellen, haben wir noch immer nicht auch nur ein winziges Stück Freiheit erlangt. Es muss unser

Ziel sein, Eigenliebe zu haben. Wenn wir über Eigenliebe verfügen, werden wir allein dadurch von zahllosen inneren Feinden befreit. Wir können uns sogar von jenen beiden Hauptfeinden freimachen: Herrn von Eigenliebe und Frau Eitelkeit.

Wie lässt sich die eine Art der Eigenliebe von der anderen unterscheiden? Wir haben gesagt, äußerlich sei es sehr schwer. Die Unterscheidung ist schon schwierig, wenn wir die anderen betrachten; wenn wir uns selbst anschauen, ist es noch viel schwieriger.

Gott sei Dank sind wir, die wir hier sitzen, dagegen gefeit, die eine mit der anderen zu verwechseln. Wir haben Glück! Die wahre Eigenliebe fehlt hier ganz und gar, sodass eine Verwechslung unmöglich ist.

Zu Beginn des Vortrags gebrauchte ich den Ausdruck »aktives Nachdenken«. Aktives Nachdenken lernt man, indem man es vollzieht; man sollte es lange und in vielerlei Weisen vollziehen.

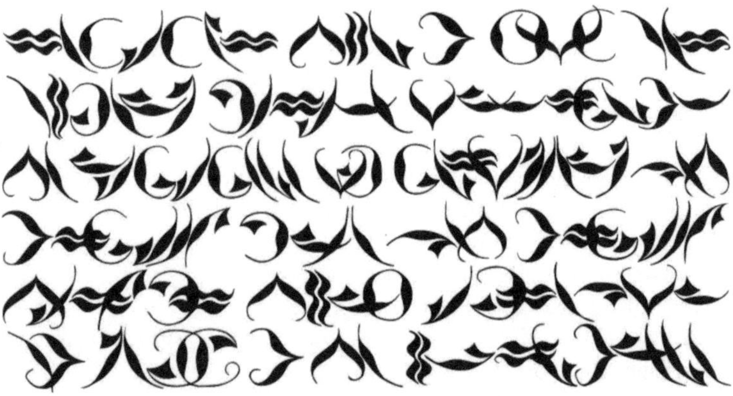

Diese Aphorismen waren, als Inschriften auf dem Zeltdach des Studienhauses im Prieuré, in einem geheimen Alphabet geschrieben, das nur die Schülerinnen und Schüler zu entziffern vermochten. Das oben abgebildete Beispiel (Quelle: Jim Kendrick) stammt aus ROGER LIPSEY: Gurdjieff in neuem Licht: Sein Leben, sein Werk, sein Vermächtnis, *Xanten: Chalice Verlag, 2019, Seite 124*

VI

Aphorismen

1. Liebe, was du »nicht liebst«.

2. Das Höchste, was ein Mensch erreichen kann, ist das Vermögen zu tun.

3. Je schlimmer die Lebensumstände, desto besser die Ergebnisse der Arbeit – vorausgesetzt, man erinnert sich unaufhörlich an die Arbeit.

4. Erinnere dich deiner allezeit und allenthalben.

5. Entsinne dich, du bist hierhergekommen, weil du die Notwendigkeit verstanden hast, mit dir selbst zu kämpfen – nur mit dir selbst. Danke also jedem, der dir eine Gelegenheit bietet.

6. Hier können wir eine Richtung geben und Bedingungen schaffen, nicht jedoch helfen.

7. Wisse, dass dieses Haus nur denen zu nutzen vermag, die ihre Nichtigkeit erkannt haben und an die Möglichkeit eines Wandels glauben.

8. Wenn du weißt, dass es schlecht ist, und es trotzdem tust, so begehst du eine Sünde, die sich schwer wiedergutmachen lässt.

9. Das beste Mittel, in diesem Leben glücklich zu sein, ist die Fähigkeit, sich jederzeit äußerlich zu richten, innerlich nie.

10. Liebe die Kunst nicht mit deinen Gefühlen.

11. Ein eindeutiges Zeichen, woran man einen guten Menschen erkennt, ist, dass er seinen Vater und seine Mutter liebt.

12. Urteile über die anderen mit dem, was du bist, und du wirst dich selten irren.

13. Hilf nur dem, der kein Müßiggänger ist.

14. Achte alle Religionen.

15. Ich liebe den, der die Arbeit liebt.

16. Wir können uns nur bemühen, fähig zu werden, Christen zu sein.

17. Beurteile einen Menschen nicht nach dem Gerede anderer.

18. Achte auf das, was die Leute von dir denken – und nicht auf das, was sie sagen.

19. Nimm das Verständnis des Orients und das Wissen des Westens – und dann suche.

20. Nur wer auf die Habe anderer achtzugeben vermag, verdient eigene Habe.

21. Allein bewusstes Leiden hat einen Sinn.

22. Lieber vorübergehend selbstsüchtig sein als nie gerecht sein.

23. Übe dich zuerst in der Liebe zu Tieren: Sie sind feinfühliger.

24. Indem du andere unterrichtest, lernst du selber.

25. Erinnere dich daran, dass die Arbeit hier kein Selbstzweck ist. Sie ist nur ein Mittel.

26. Gerecht zu sein vermag nur, wer sich in die Lage anderer versetzen kann.

27. Wenn du nicht von Natur aus einen kritischen Verstand hast, ist dein Aufenthalt hier sinnlos.

28. Wer sich von der Krankheit des »morgen« befreit hat, der hat eine Chance, das zu erreichen, um dessentwillen er hierherkam.

29. Wohl dem, der eine Seele hat. Wohl dem, der keine hat. Doch wehe demjenigen, der sie nur keimhaft hat.

30. Erholung hängt nicht von der Quantität des Schlafes ab, sondern von der Qualität.

31. Schlafe wenig, ohne Bedauern.

32. Die für eine aktive innere Arbeit ausgegebene Energie wird sofort in einen neuen Vorrat umgewandelt; die für eine passive Arbeit verwendete ist für immer verloren.

33. Eines der besten Mittel, den Wunsch nach der Arbeit an sich selbst wachzurufen, ist die Einsicht, dass man jeden Augenblick sterben kann. Und man muss lernen, das nicht zu vergessen.

34. Bewusste Liebe erweckt das Gleiche. Gefühlsmäßige Liebe ruft das Gegenteil hervor. Körperliche Liebe hängt von Typus und Polarität ab.

35. Bewusster Glaube ist Freiheit. Gefühlsmäßiger Glaube ist Sklaverei. Mechanischer Glaube ist Dummheit.

36. Unerschütterliche Hoffnung ist Stärke. Hoffnung, von Zweifel durchsetzt, ist Feigheit. Hoffnung, mit Furcht vermischt, ist Schwäche.

37. Dem Menschen ist eine begrenzte Zahl von Erfahrungen gegeben – geht er sparsam damit um, so verlängert er sein Leben.

38. Hier gibt es weder Russen noch Engländer noch Juden noch Christen. Es gibt nur Menschen, die ein und dasselbe Ziel verfolgen: die Fähigkeit zu sein.

Weiterführende Quellen

Auf Deutsch veröffentlichte Werke Gurdjieffs

GURDJIEFF, G.I.: *Beelzebubs Erzählungen für seinen Enkel – Eine objektiv unparteiische Kritik des Lebens der Menschen [All und Alles – Erste Serie],* drei Bände, New York: Triangle Editions, 2010.

GURDJIEFF, G.I.: *Begegnungen mit bemerkenswerten Menschen [All und Alles – Zweite Serie],* Berlin: Alexander Verlag, 2013.

GURDJIEFF, G.I.: *Das Leben ist nur dann wirklich, wenn »Ich bin« [All und Alles – Dritte Serie],* Basel: Sphinx Verlag, 1987.

GURDJIEFF, G.I.: *Gurdjieffs Gespräche in Paris 1941–1946,* ohne Verlag (nur über Amazon zu beziehen), 2021.

Ausgewählte Aufnahmen der Musik Gurdjieffs

BLOM, GERT-JAN [Hrsg.]: *G.I. Gurdjieff: Harmonic Development; The Complete Harmonium Recordings 1948–1949,* Aalsmeer, Niederlande: Basta Audio Visuals, 2004.

BLOM, GERT-JAN: *Gurdjieff / de Hartmann: Oriental Suite; The Complete Orchestral Music 1923–1924,* Aalsmeer, Niederlande: Basta Audio Visuals, 2006.

JARRETT, KEITH: *Sacred Hymns of G.I. Gurdjieff,* ECM Records, 1980.

LYTLE, CECIL: *Seekers of the Truth: The Complete Piano Music of Georges I. Gurdjieff and Thomas de Hartmann,* drei CDs, Celestial Harmonies, 2003.

SICROFF, ELAN: *The Thomas de Hartmann Project – Music for Piano, Voice and Chamber Ensemble,* Aalsmeer, Niederlande: Basta Audio Visuals, 2016.

VAN DULLEMEN, WIM: *Thomas de Hartmann – Music for Gurdjieff's 39 Series,* Channel Crossings, 2001.

VAN DULLEMEN, WIM: *Gurdjieff's Music for the Movements,* Channel Crossings, Datum unbekannt.

Ausgewählte deutsche Literatur über Gurdjieff

Bennett, John G.: *Das Durchqueren des großen Wassers – Die Geschichte einer Suche,* Xanten: Chalice Verlag, 2011.

Bennett, John G. und Elizabeth Bennett: *Monsieur Gurdjieff und seine Idioten. Aus den Tagebüchern und Memoiren von Elizabeth und John G. Bennett, 1949,* Xanten: Chalice Verlag, 2016.

Bourgeault, Cynthia: *Die Heilige Dreifaltigkeit und das Gesetz der Drei: Der Schlüssel zum Geheimnis des Christentums,* Xanten: Chalice Verlag, 2020.

Bourgeault, Cynthia: *Mystische Beherztheit: Eine Auswahl kontemplativer Übungen von G.I. Gurdjieff,* Xanten: Chalice Verlag, 2021.

de Hartmann, Thomas & Olga: *Expeditionen ins Wunderbare – Unser Leben mit Herrn Gurdjieff,* Xanten: Chalice Verlag, 2019.

de Salzmann, Jeanne: *Die Wirklichkeit des Seins – Der Vierte Weg Gurdjieffs,* Xanten: Chalice Verlag, 2017.

Firestone, Lillian: *Die vergessene Sprache der Kinder: Kreativität, Mut und Achtsamkeit gemeinsam entdecken,* Xanten: Chalice Verlag, 2019.

Lipsey, Roger: *Gurdjieff in neuem Licht: Sein Leben, sein Werk, sein Vermächtnis,* Xanten: Chalice Verlag, 2019.

Ouspensky, P.D.: *Auf der Suche nach dem Wunderbaren – Perspektiven der Welterfahrung und der Selbsterkenntnis,* München: Otto Wilhelm Barth-Verlag, 1993.

Ouspensky, P.D.: *Der Vierte Weg: Anleitung zur Entfaltung des wahren menschlichen Potenzials nach G.I. Gurdjieff,* Saunstorf: advaitaMedia, 2013.

Martin, Bruno: *Auf einem Raumschiff mit Gurdjieff: Die kosmische Lebensphilosophie von G.I. Gurdjieff,* Norderstedt: BoD, 2009.

Martin, Bruno: *Gurdjieff Praxisbuch 1: Innere Übungen und heilige Tänze zur Entfaltung des Bewusstseins,* Norderstedt: BoD, 2014.

Martin, Bruno: *Gurdjieff Praxisbuch 2: Nahrung für das Wachstum der Seele – Neue Übungsanregungen für innere Arbeit,* Norderstedt: BoD, 2016.

Martin, Bruno: *Der verwirklichte Idiot: Die kunstvolle Psychologie von G.I. Gurdjieff,* Norderstedt: BoD, 2008.

NICOLL, MAURICE: *Psychologische Kommentare zu den Lehren von Gurdjieff und Ouspensky.* Fünf Bände, ohne Verlag (nur über Amazon zu beziehen), 2021.

PETERS, FRITZ: *Meine Kindheit mit Gurdjieff,* Köln: Innenwelt Verlag, 2003.

ZUBER, RENÉ: *Wer sind Sie, Herr Gurdjieff?,* Basel: Sphinx Verlag, 1981.

Register

A

Abendmahl, letztes 198
Abneigung und ↗Zuneigung
Absolute, das | Brahma 72, 184, 185
Achtsamkeit 252
Adam 227
Akkumulatoren der ↗Zentren 218
Alters, Relativität unseres 147
Amerika entdecken 88, 156, 225
Analogiegesetz | ↗Wie oben, so unten
Anspannung ↗Entspannung
Anstrengung|en 29, 37, 51, 104, 115
Aphorismen 250–253
Apparat, formgebender 125–131, 139
Arbeit an sich selbst, innere 8, 9, 10, 50, 97, 112, 159, 170, 208, 224, 225, 230–232, 252, 253
↳ Bedingungen für die 108, 140, 251
Arbeiten wie ein Mensch 104, 105, 106, 112
Architektur 172, 173
Assoziationen | Eindrücke 50, 55, 76–79, 86, 94, 102, 107, 115, 119–121, 125, 129–131, 135, 164–169, 189, 202, 210, 212, 219, 222, 228–232, 235, 236, 240, 244
Astralleib | zweiter ↗Körper des Menschen
Astrologie | Planeteneinflüsse 237, 238
Astronomie 25, 71, 72
Atemübungen 157–159, 191
Atom 30, 31
Aufmerksamkeit 10, 50, 65, 69, 91–95, 115, 140, 142, 150, 204, 205, 208, 211, 212, 216, 220
Aufrichtigkeit 48, 69, 77, 141, 219, 220, 222
Aura 95
Äußerungen, automatische | mechanische 93, 124, 130, 135–137, 140, 228, 231
Äußerungen anderer Menschen ertragen 93

B

Bedeutung der Menschen erfassen 182
Befreiung führt zu Befreiung 220, 246
Befürchtungen | Furcht | Grübelei 233, 234
Begabung 173
Bejahung und Verneinung 186, 187, 195, 241
Beobachter ↗Selbstbeobachtung
Bewegung|en
↳ alles ist in Bewegung 197
↳ Gurdjieffsche | *movements* | heilige Tänze 40, 89, 90, 160, 169, 171, 173, 204
↳ unwillkürliche körperliche 92, 113, 115, 136, 151, 215, 231, 238
Bewusstsein 8, 50, 55, 74, 77, 84, 139, 224, 243
Bewusstseinszustände 84, 85
Bildhauerei 42, 43
Bücher 14, 15, 41, 60, 98, 106, 170

C

Charakter 56, 78, 138, 207
Chemie 30, 31, 33
Christen vor dem Christentum 148
Christsein 147–149, 179, 228, 252
Christus Jesus 89, 198

D

de Hartmann, Olga 11
de Salzmann, Jeanne 9
Denken | Gedanken | Denkzentrum 32, 36, 37, 44, 50, 51, 58, 63, 68, 77, 105, 120, 121, 128–131, 142–147, 151, 210, 212, 214, 231, 232, 235, 238
↳ kritisches 83, 188, 243, 244, 253
Der Kampf der Magier (Ballett) 16–19, 39, 40
Dichte, Skala der 193, 196
Dogmen 58

E

Egoismus | Eigenliebe | ↗ Selbstliebe 89, 122
↳ bewusster 109–111, 122
Ehe 89
Einflüsse 234–242, 246
Eingebung ↗ Assoziation
↳ Göttliche 41
Einheit von allem Seienden 24, 26, 28–30, 34, 177
Eindrücke ↗ Assoziationen
Einflüsterung | Suggestion | Überredung 121, 236, 242
Einweihung | Initiation 36–38, 62
Eitelkeit 247
Eltern | Mutter und Vater 227, 252
Emanationen 183, 184, 192, 193, 201, 202, 234–236, 239–241
Empfindung 208, 212–217, 225, 231
Energie 113–118, 230–232, 253 ↗ Kraftverbrauch
Entspannung | Spannungslosigkeit 94, 112–115, 118, 231
Entwicklung, menschliche innere 7, 8, 34, 46, 51, 56, 62, 112, 133, 134, 139, 171, 178
↳ einseitige 86, 87
Erde als Organismus 25, 89
Erfahrungen 253
Erinnerung | ↗ Gedächtnis
Erinnerung seiner selbst | ↗ Selbsterinnerung
Erkenne dich selbst | ↗ Selbsterkenntnis
Ernsthaftigkeit 51
Erziehung 50, 97, 121–124, 128, 138, 153, 202, 207, 210, 219, 223 ↗ Kinder
esoterische und exoterische Zivilisationswege 197, 198
Ethik ↗ Moral
Eucharistie | Abendmahl, letztes 198
Evolution und Involution 174, 177, 179, 184, 186, 196, 197

F

Fabrik, ↗ Körper als dreigeschossige 31–33
Fasten 34
Flüsse, zwei 88, 219
Form, zeitlich beschränkte 9
Fragen 69, 70, 107
Frauen und Männer 90
Freiheit 50–52, 54, 79, 229, 230, 249 ↗ Selbstbefreiung
Fühlen der Wahrheit 25, 42, 244 ↗ Gefühle
Furcht | Befürchtungen | Grübelei 233, 234

G

Gebote, Göttliche 149, 165, 227
Geburt des Menschen 185
Gedächtnis | Erinnerung 78, 115, 117, 142, 208, 209, 213, 235, 243
Gedanken | ↗ Denken
Gefühl|e | Fühlen | Gefühlszentrum 10, 51, 55, 56, 81–84, 105, 141, 142, 151, 162–164, 168, 180, 182, 205–208, 212–214, 217, 226, 228, 231, 235, 236, 238, 240, 252
↳ ausdrücken 112
↳ negative 93
gegenseitige Ernährung | Erhaltung | Trogoautoegokrat | wunderbarer Austausch 176, 177, 197
Geheimnisvollen, Gift des 37
Gehirne | ↗ Zentren
Geist 55, 249
Geltzer, Jekaterina Wassiljewna (1876–1962, berühmte Balletttänzerin am Bolschoi-Theater in Moskau) 17
Gerechtigkeit 252

Gesetz der Abstoßung 239
Gesetz der Anziehung 239
Gesetz der Drei 25, 27, 100, 175, 176, 183, 184, 188, 193, 195
Gesetz der Sieben 184, 188, 189 ↗ Oktave
Gewissen 50, 219, 223, 227, 230
Gewohnheiten 93, 140
Gewohnheitsmuster 10
Glaube 179, 192, 253
Glauben Sie an nichts… | *sapere aude* 83, 188, 244, 253
Gleiches zieht Gleiches an 239
Gott das Wort 183
Grübelei | Furcht | Befürchtungen 233, 234

H

Haida-Yoga 191
Haltung|en 134, 136, 137, 150–152, 160–162, 166, 212, 215
handeln | ↗ Tun
heilige Orte 95
Heilkunst 95
Heimzahlung 229
helfen, anderen 122, 182, 252
Hermes Trismegistos 24, 25
Herr, der | wirkliches ↗ Ich
Hoffnung 64, 253
Hypnose 79, 199

I

Ich, kleines 80–84, 208, 209, 217, 218, 220
Ich, wirkliches | wahres | der Herr 167, 180, 191, 200, 203, 205, 226, 228, 230, 249
Identifikation | ↗ Verhaftetsein
Illusionen 78
Individuum 137
Informationen ↗ Kenntnisse
Initiation | Einweihung 36–38, 62
Institut für die harmonische Entwicklung des Menschen 7, 88, 105–111, 147, 151, 170, 250
Intelligenz 50, 187, 193
Involution und ↗ Evolution

J

Jesus Christus 89, 198

K

Kampf | Konflikt | Widerstreit erzeugt Substanz 102, 103, 112, 182, 183, 251
Kenntnisse | Informationen | Pseudowissen 54, 57, 83, 100, 123, 138, 161
Kesdschan-Körper | zweiter ↗ Körper des Menschen
Kinder 121–124, 134, 146, 147, 221, 223, 232 ↗ Erziehung
Konzentration 106, 142
Körper des Menschen
↳ erster | physischer 31, 43, 82, 112, 132–136, 142, 144, 180, 202, 206–208, 216, 217, 226, 232, 235
↳ zweiter | Kesdschan-Körper | Astralleib 192, 198–203
↳ dritter und vierter 192, 200–203
Kraft, dritte 175, 183
Kräfte, die drei 153–156, 176, 183–185, 201, 241
Kraftverbrauch | -vergeudung 154, 155, 230, 231 ↗ Energie
Kristallisierung 190, 201–203
Kundabuffer, Organ 185, 186
Kunst 40–45, 62, 124, 166–174, 252

L

Lage des anderen, Hineinversetzen in die 141, 252
Leben, das 89, 95, 96, 99, 142, 223
↳ als Stellvertreter Gottes 223, 224
↳ ist Mathematik 182
Lebensdauer 118–121, 202
Lebenselixier 118
Lehre braucht Kleister 182
Lehrer 63, 85, 221
Leiden, bewusstes und unbewusstes 46, 88, 89, 95, 100–103, 180, 227, 230, 252
Liebe 148, 223–225, 251, 253
Lücken in der ↗ Oktave 27
Lügen 81

M

Magie 197, 198
Magnetismus 94, 95, 199
Makrokosmos und Mikrokosmos 31
Männer und Frauen 90
Maske | ↗ Persönlichkeit 110, 122
Materialität | ↗ Stofflichkeit
Mathematik, Leben ist 182
mechanisch, alles ist 242
Mechanität des Menschen 77–80, 83, 118, 119
Meditation 36
Meinungen | ↗ Überzeugungen
Mensch 73–79, 138
↳ als Apparat zur Umwandlung feinstofflicher Substanzen 175, 176, 198
↳ als Ebenbild Gottes 185
↳ ohne Anführungszeichen 86
↳ vollkommener 85, 86
Menschenverstand, gesunder 36, 153, 194, 229
Menschheit 28, 81
Mesmer, Franz Anton (1734–1815) 95
Mitgefühl 182
Möglichkeiten des Menschen 8, 77, 177, 222, 251
Mönch 192
Mond 184–186, 193
Moral 50, 82, 121, 153, 164, 227, 228
»morgen«, Krankheit des 253
movements | ↗ Bewegungen
Musik 168, 169, 172–174, 204
↳ heilige | wahre 44
Müßiggänger 252
Mutter und Vater | Eltern 227, 252
Mysterienspiel 39

N

Nachdenken, aktives 247, 250
Nächstenliebe 224
Nahrung 32, 33, 55, 101, 132, 143, 157, 158, 189, 197, 201
Neugier 65
Nichtidentifikation ↗ Verhaftetsein
Nichtigkeit, die eigene 251

O

Objektivität | Unparteilichkeit 51, 57, 194
Okkultismus 15, 16, 24, 36, 37, 58–63
Oktave | Tonleiter 27–33, 43, 101, 174–177, 184, 188–190 ↗ Gesetz der Sieben
Onanie 86
Organismen 196, 198
Ost und West 252
Ouspensky, P.D. 11

P

Passivität 100, 101
Persönlichkeit 49, 50, 78, 86, 87, 132, 133, 136–140, 219–221, 240
Pferdegespann 98–102, 139, 140, 190, 205–209, 226, 235, 236
↳ Fahrgast | kleines ↗ Ich | ↗ Persönlichkeit
↳ Herr | wahres ↗ Ich
↳ Kutscher | ↗ Verstand
↳ Pferd | ↗ Gefühle | ↗ Wesen
↳ Wagen | erster ↗ Körper des Menschen
Pflanzen 224, 225
Philadelphia | »brüderliche Liebe« 178, 179
Phonograph 78, 79, 134
Planeteneinflüsse | Astrologie 237, 238
Psyche 47, 48, 59, 194
Puffer 46

R

Reagieren ↗ Sich-Richten
Reinkarnation ↗ Sterben und Wiedergeburt
Religion|en 8, 89, 90, 148, 165, 167, 178, 183, 187–190, 198, 200, 223, 246, 252
Rituale | Zeremonien 90, 124
Russische Revolution (Februarrevolution 1917) 233

S

sapere aude ↗ Glauben Sie an nichts...
Schauspieler 97, 160, 161, 165–167 ↗ Sich-Richten

Schicksal 29
Schlaf 75, 84, 113–117, 135, 182, 230, 233, 234, 253
Schock 26, 28, 33, 109, 184, 188, 189, 210, 215, 219, 227, 242
Schönheit 41, 44
Schöpfung | sstrahl 183–185, 193
Seele 55, 169, 170, 175, 178, 179, 200–203, 249, 253
Seelenwanderung 90
sehen, worauf wir schauen 220
Sein 49, 55, 63, 75, 77, 84, 148, 253
Seinsstufen 81, 83
Selbstbefreiung 220, 246
Selbstbeherrschung 81–85, 143, 145
Selbstbeobachtung 77, 78, 82, 85, 88, 91, 92, 141, 142, 161, 220
Selbsterinnerung 84, 85, 142, 205, 208–218, 251
Selbsterkenntnis 34, 49–51, 56, 63, 84, 103, 249
Selbstliebe | Eigenliebe | ↗ Egoismus 89, 247–252
Selbstprüfung 10
Sexualität 123, 124
Sich-Richten 96, 97, 101, 109, 110, 138, 139, 228, 251
Sinne 86, 212, 214
»smaragdene Tafel« (*Tabula Smaragdina*) des Hermes Trismegitos 24
Sprache 66–75, 79, 80, 194, 195, 197
Sterben und Wiedergeburt 46, 89, 202, 203, 253
sterben, willentlich 75
Stofflichkeit | Materialität von allem 30–31, 192, 193, 196, 200
Stopp-Übung 149–152, 160, 216
studieren 46, 66, 207
Subjektivität 207, 208
Substanz ↗ Kampf
Suggestion | Überredung | Einflüsterung 121, 236, 242
Sünde 187, 251
Sympathie und Antipathie ↗ Zuneigung

T

Tänze, heilige ↗ Bewegungen
Telepathie 199
Tiere 224, 252
Tod 201–203, 227 ↗ Sterben
Tonleiter | ↗ Oktave
Transformation
↳ innere | Wandlung | Veränderung 10, 83, 84, 96–101, 122, 139, 205–207, 222, 224, 240, 251
↳ kosmische, permanente 196
Trennung von sich selbst 143, 145, 228
Trogoautoegokrat | ↗ gegenseitige Ernährung
Tun | bewusstes Handeln 48, 56, 63, 74–77, 81, 94, 170, 228, 229, 242, 251

U

Überredung | Suggestion | Einflüsterung 121, 236, 242
Überzeugungen | Meinungen 41, 55, 58–61, 69, 139, 153, 219, 229
Übungen, innere | spirituelle 163
Uhrmechanik als Bild für ↗ Lebensdauer 119
Umschütten aus dem Leeren ins Vakuum 194
Unparteilichkeit | Objektivität 51, 57, 194
unterrichten 252
Unvoreingenommenheit 229, 230
urteilen über andere 252

V

Veränderung | ↗ Transformation
Verantwortung für unsere ↗ Gefühle 241
Verbundenheit von allem 43
Vererbung 119, 132, 133, 153
Verhaftetsein | Identifizierung 51, 56, 79, 94, 233
Vernunft, menschliche 25, 26, 29
Verstand 10, 98, 120, 121, 139–147, 162, 179, 205–209, 212, 222, 226, 231, 243, 244, 253 ↗ Denken
Verstehen | Verständnis 38, 44, 47, 83, 162, 245, 252

Vierter Weg 191, 192
Vorsehung 29
Vorurteile 220, 221

W

Wahrheit 9, 24, 28, 41, 55, 57, 81, 90, 188, 219, 246
↳ des Herzens 49
Wahrnehmung 162
Wahrscheinlichkeit 43
Wandlung | ↗ Transformation
»Wasserstoff« 177, 185
Wege, spirituelle 190, 192
Welt 68–73
Werk, das | ↗ Arbeit an sich selbst
Wesen 86, 87, 121, 132, 133, 136–145, 219–221
Widerstreit | ↗ Kampf
Wie man sät, so erntet man 224
Wie oben, so unten | Analogiegesetz 24–26, 176, 202
Wille 29, 56, 74–77, 82, 124, 152, 153, 184, 200, 203
↳ freier 226, 230
wirklich 222
Wissen 25, 34–36, 49, 50, 55, 56, 61, 68, 75, 83, 84, 89, 167, 173, 175, 191, 198, 221, 245, 252
↳ das Große 29, 30, 44, 62, 63, 197
↳ Pseudowissen ↗ Kenntnisse
Wissenschaft 36, 57, 67, 187, 188
Wunsch 93, 100, 143, 147, 148, 200, 207, 219, 220, 221

Y

Yogi 188, 191, 192

Z

Zeit 88, 120, 121, 230
↳ wertvolle 39, 51, 65
Zentren | Gehirne | Akkumulatoren 46, 82, 86, 103–107, 115–117, 121, 124–137, 162, 165, 178, 190, 200, 213, 214, 217, 218, 221, 235, 242–244
↳ Bewegungszentrum | erster ↗ Körper 87, 130, 131
↳ Denkzentrum | ↗ Persönlichkeit 87, 133
↳ Gefühlszentrum | ↗ Wesen | ↗ Gefühle 87, 135
↳ Geschlechtszentrum 124, 130, 131, 226
Zeremonien | Rituale 90, 124
Zivilisationswege, esoterische und exoterische 197, 198
Zuhören 46–48, 162, 244
Zuneigung und Abneigung | Sympathie und Antipathie 51, 78, 96, 97, 155, 224, 225, 236
Zynismus 85

Gurdjieff in Frankreich, ca. 1947. Quelle: The Collection of Gert-Jan Blom

Der Chalice Verlag widmet sich
der Publikation von wertvollen Texten
aus verschiedenen spirituellen Traditionen

Unser gesamtes aktuelles Verlagsprogramm sowie
weiterführende Textbeiträge, Audioaufnahmen und Videos
finden Sie auf unserer Webseite

www.chalice-verlag.com

Wie Sie unsere Arbeit unterstützen können

Gute Bücher mit anspruchsvoller Literatur zu machen,
ist heutzutage ein steiniges Unterfangen, besonders
für kleine Verlage, die knappe finanzielle Mittel
mit umso mehr Herzblut wettmachen müssen.
Wir sind ein nicht-profitorientierter Kleinverlag,
arbeiten für weniger als ein Taschengeld und reinvestieren
alle unsere Erträge in neue Buchprojekte.

Wenn Sie den Chalice Verlag unterstützen möchten,
freuen wir uns natürlich über jeden Kauf und
jede Weiterempfehlung der von uns verlegten Bücher.
Auch falls Sie uns eine Spende zukommen lassen möchten,
die uns neue Buchprojekte ermöglichen hilft und
unsere Verlagsarbeit fördert, danken wir Ihnen von Herzen.

Unsere Bankverbindung:
Iban-Nr. DE89 3545 0000 1150 0050 54 · Bic WELADED1MOR

Unser PayPal-Konto: kontakt@chalice-verlag.com

Chalice Verlag

WEITERE TITEL IM CHALICE VERLAG

Erfrischend anders als die vielen theoretischen Bücher über Gurdjieffs Lehren des Vierten Weges vermittelt dieses Meisterwerk eines introspektiven Erfahrungsberichts außergewöhnlich konkrete, authentische Einblicke in die praktischen Aspekte der Arbeit entlang des Pfades der Selbsterkenntnis. Jeanne de Salzmann (1889–1990), die wohl engste Schülerin des großen Lehrers, studierte dessen Ideen drei Jahrzehnte lang unmittelbar an seiner Seite. Als sie, genau so wie er es ihr kurz vor seinem Tod ›aufgetragen‹ hatte, erst im Alter von 101 Jahren starb, blickte sie zurück auf eine mehr als siebzigjährige Praxis dessen, was »die spirituelle Arbeit« oder »das Werk« genannt wird. Dieses eindrückliche, aus ihren persönlichen Aufzeichnungen zusammengestellte Buch hält die inneren Erfahrungen bei der Umsetzung von Gurdjieffs Ideen und der Praktizierung seiner Übungen fest und analysiert minuziös das erlebte Zusammenspiel von Körper, Verstand und Gefühl in dem harten Kampf um Selbsterinnerung, Aufmerksamkeit und Bewusstsein. Mit akribischer Genauigkeit und in einer erfrischend eigenen Sprache beschreibt sie ebenso selbstkritisch wie lehrreich ihre Schwierigkeiten und ihre Fortschritte bei dem Versuch, durch das Sterbenlassen des »gewöhnlichen Ichs« oder des Egos an die Schwelle zur wahren Realität zu gelangen und am eigenen Leib zu erfahren, dass das Leben nur dann *wirklich* ist, wenn ICH BIN.

ISBN 978-3-942914-17-8
324 Seiten

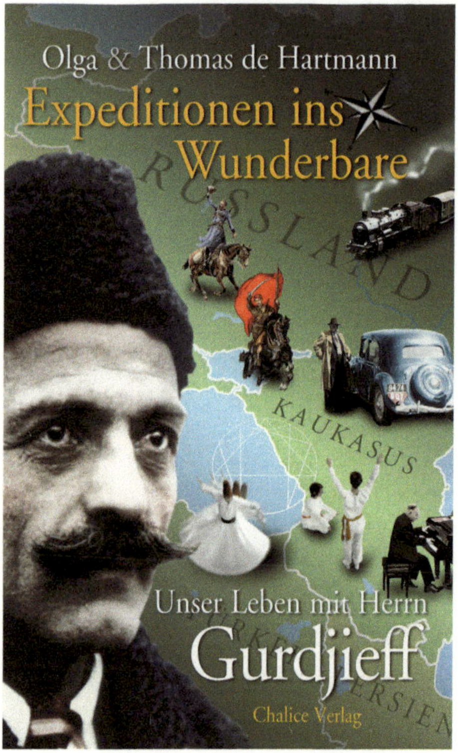

Inmitten der Wirren des Ersten Weltkriegs und der Russischen Revolution schließen sich die Sängerin und der Komponist Olga und Thomas de Hartmann in Sankt Petersburg dem geheimnisvollen spirituellen Lehrer G.I. Gurdjieff an und weichen ihm siebzehn Jahre lang nicht mehr von der Seite. Nach ihrer abenteuerlichen, als wissenschaftliche Expedition getarnten Flucht aus dem untergehenden Zarenreich gelangt die eingeschworene Gruppe von Wahrheitssuchern über den Kaukasus, die Türkei und Berlin nach Frankreich und bis in die USA. Dabei erdulden die ehemaligen Aristokraten psychische und körperliche Prüfungen, Krankheit, Armut und Hunger, während sie unter der weisen Leitung ihres Meisters an einer Vervollkommnung ihres Wesens arbeiten und mit schier übermenschlicher Kraft nach Selbsterkenntnis streben. Als Vertraute des charismatischen Lebenslehrers sind sie maßgeblich beteiligt am Aufbau von dessen »Institut für die harmonische Entwicklung des Menschen« und an der Entstehung seiner einzigartigen rhythmischen Bewegungen, seiner Herz und Seele berührenden Musik und seiner Schriften. Diese sehr persönlichen Aufzeichnungen ihrer äußeren und inneren Reise als wichtigste frühe Weggefährten Gurdjieffs ergeben ein beeindruckendes Zeitzeugnis und eine äußerst spannende Lektüre, die authentische Einblicke gewährt in außergewöhnliche Lebensgeschichten rund um eine der faszinierendsten und rätselhaftesten Figuren des zwanzigsten Jahrhunderts.

ISBN 978-3-942914-39-0
380 Seiten · 60 Abbildungen

Diese Tagebücher aus dem Jahr 1949 zeichnen ein plastisches Bild der letzten Monate im Leben des rätselhaft-genialen spirituellen Lehrers Gurdjieff in Paris anhand der Beobachtungen und persönlichen Eindrücke zweier mit Entschlossenheit nach Selbsterkenntnis Suchender. Während John G. Bennett vorwiegend seine bohrenden Fragen und inneren Kämpfe bei der Umsetzung von Gurdjieffs Lehren schildert, beschreibt Elizabeth einfühlsam und humorvoll die Ereignisse und Personen in der illustren Gruppe von Schülern aus aller Welt, die sich an der Rue des Colonels Renard Nr. 6 um ihren Meister scharten. Für diejenigen, die wach genug waren, bot jeder Augenblick in seiner Gegenwart eine Möglichkeit zu lernen – zum Beispiel beim Ritual der Trinksprüche während der Mahlzeiten, mit dem Gurdjieff seine »Wissenschaft der Idiotie« zu veranschaulichen pflegte: eine schonungslose Bestandsaufnahme des »schlafenden Menschen« und der zahlreichen Unwägbarkeiten bei seinem Streben nach Selbstbefreiung.

Der zweite Teil dieses mit seltenem Fotomaterial reich illustrierten Doppelbandes bilden die Memoiren von Elizabeth Bennett. Darin beschreibt sie spannend und selbstkritisch ihre Jugend, den Beginn ihrer inneren Suche, ihr Zusammentreffen mit John G. und ihren gemeinsamen Lebensweg, den die beiden kompromisslos in den Dienst am »großen Werk« stellten und auf dem sie für Tausende spirituell Suchender zu wichtigen Wegweisern wurden.

ISBN 978-3-942914-14-7
348 Seiten · 70 Abbildungen

Das innere Leben von Kindern und Jugendlichen ist für die meisten Erwachsenen zu einem Rätsel geworden, nachdem sie die Sprache der Kindheit verlernt haben. Wie können wir diese kostbare Innenwelt von Heranwachsenden nähren und heilen angesichts der schlechten Einflüsse einer Gesellschaft, die sich rein materiellen Werten verschrieben hat und Geist und Seele vernachlässigt? Dieses einzigartige Buch gibt viele praktische, intelligente und überraschende Impulse dazu, wie wir schädliche Erziehungsmethoden maßvoll korrigieren und unsere Kinder und Teenager ermutigen können, eigenständig zu denken und sich angstfrei und emotional ausgeglichen zu entwickeln. Das kann aber nur geschehen, wenn wir Erwachsenen bereit sind, uns selbst zu verändern und gemeinsam mit unseren Kindern »größer zu werden«. Lillian Firestone beschreibt hier einfühlsam, selbstkritisch, humorvoll und höchst unterhaltsam, wie wir gemäß den weisen Ratschlägen des genialen Lebenslehrers Georges I. Gurdjieff ein Umfeld schaffen können, in dem Kinder mit Freude lernen, kreativ und mutig zu sein, Verantwortung zu übernehmen, gesunden Menschenverstand (das heißt einen klugen Kopf *und* ein kluges Herz) zu entwickeln und sich ihre Neugier, ihre Abenteuerlust und ihre Achtsamkeit gegenüber dem Wunder des Lebens zu bewahren. Eine inspirierende und ermutigende Lektüre für alle, die das Staunen, Lernen und Wachsen nicht allein den Kindern überlassen wollen.

ISBN 978-3-942914-37-6
224 Seiten · 21 Abbildungen

Die in Expertenkreisen hochgelobte Biografie des griechisch-armenischen Mystikers, Autors, Choreografen und aufgeklärten Provokateurs G.I. Gurdjieff (1866–1949). Als einer der originellsten spirituellen Lehrer im modernen Westen pflegte er gute Beziehungen zu vielen bedeutenden Künstlerinnen und Künstlern, wie dem Architekten Frank Lloyd Wright oder der Schriftstellerin Katherine Mansfield, und beeinflusste nachhaltig Hunderte von Studentinnen und Studenten. Der Kunsthistoriker und Biograf Roger Lipsey, der sich ein halbes Jahrhundert lang intensiv mit dessen Lehre, Leben und Vermächtnis beschäftigt hat, legt hier ein objektives und einfühlsames Porträt vor, das uns die charismatische und geheimnisvolle Figur Gurdjieffs als einen mitfühlenden Menschenkenner, anspruchsvollen Denker und wahren Weisen nahebringt. Dabei widmet sich der Autor auch ausführlich der teils beißenden Kritik aus Kreisen von Intellektuellen und religiösen Traditionalisten, die ihn jahrzehntelang bewusst in ein falsches Licht rückten. Auf Basis umfangreicher, bislang teils unveröffentlichter Quellen werden Gurdjieffs Bildungsreisen durch Zentralasien, sein Lehrinstitut in Frankreich sowie die Entwicklung seiner rhythmischen Bewegungen, seiner einzigartigen Musik und seiner wegweisenden Lehre nachgezeichnet. Eine Pflichtlektüre für alle »Mitarbeiterinnen und Mitarbeiter des Lebens«.

ISBN 978-3-942914-40-6
416 Seiten · 16 Abbildungen

Wenn Sie all das, was Sie über Jesus zu wissen *glauben,* beiseitelegen und die Evangelien lesen, als wäre es das erste Mal, geschieht Bemerkenswertes: Jesus begegnet Ihnen als ein Meister der Weisheit, der eine Transformation von Herz und Bewusstsein lehrt, welche die Kraft hat, unser Leben vollständig zu verwandeln. Cynthia Bourgeault, die episkopale anglikanische Priesterin und Kontemplationslehrerin, bietet eine mystisch inspirierte und wissenschaftlich fundierte Neubetrachtung der Frohen Botschaft Christi: eine exzellente Auslegung der glänzenden Vision des Jesus von Nazareth, die mutig aufräumt mit den überkommenen Dogmen einer patriarchalischen und paternalistischen Theologie und die innere Bedeutung der christlichen Mysterien frisch und intelligent beleuchtet. Unter Einbezug der jüngsten Erkenntnisse der Bibelforschung, neuer Quellen wie der Evangelien des Thomas und der Maria Magdalena sowie von spirituellen Einsichten auch aus anderen Weisheitstraditionen erklärt die Autorin mit viel Esprit und einer guten Prise Humor, wie wir die Worte und Gleichnisse Jesu über den Verstand in unser Herz bringen und sie in unserem Alltagsleben aufblühen lassen können. In einem großen Praxisteil gibt sie zusätzlich wertvolle Anleitungen aus ihrer jahrelangen Erfahrung mit Übungen wie dem zentrierenden Gebet oder dem Gebet der Sammlung, der Textmeditation der *lectio Divina* sowie der »Willkommensübung« und dem Chanten oder Singen von heiligen Texten wie den Psalmen.

ISBN 978-3-942914-44-4
260 Seiten

WEITERE TITEL IM CHALICE VERLAG

Das für viele Menschen schwer zu verstehende christliche Dogma der Dreifaltigkeit aus brillanten neuen Perspektiven beleuchtet. Auf Basis der visionären Einsichten der großen Mystiker Jakob Böhme und G.I. Gurdjieff entwickelt die Autorin bahnbrechende Interpretationsmodelle für ein zeitgemäßes, non-duales und fruchtbares Verständnis der Trinität. Dabei erklärt sie das traditionelle Bild von »Vater, Sohn und Heiligem Geist« nicht etwa für obsolet, sondern erweitert es grundlegend von einem erstarrten Standbild zu einem dynamischen Prozess der Transformation, in welchem die Göttliche Liebe sich unablässig entfaltet – bis in den gegenwärtigen Augenblick und darüber hinaus. Mithilfe ihrer ternären Metaphysik beschreibt Cynthia Bourgeault eine Geschichte des Universums, die theologische und naturwissenschaftliche Erkenntnisse miteinander versöhnt, und schreckt auch nicht vor schwierigen Fragen zurück: Wie fing alles an, und was geschah davor? Handelt es sich bei Jesu »Himmelreich« möglicherweise um eine höhere Ebene des Bewusstseins? Wie führt eine neu verstandene Trinität zu einem intelligenten Gleichgewicht der Geschlechter? Welche Ausblicke eröffnet sie auf den individuellen Tod und auf die apokalyptische »Erfüllung der Zeiten« einer globalisierten Welt in der Krise? Die Autorin entzündet einen Hoffnungsschimmer und wirft vielleicht sogar einen Rettungsring aus für ein aufgeklärtes Christentum im einundzwanzigsten Jahrhundert.

ISBN 978-3-942914-45-1
288 Seiten

Was ist das Wesen des Kindes? Was bedeutet Kind*heit* als Archetyp, als spirituelles Ideal und lebendige Wirklichkeit? Wie können wir Kindern helfen, das zu werden, was zu sein sie von der Schöpfung gedacht sind? Was können wir von ihnen lernen, da wir doch aufgerufen sind, zu werden wie sie? Wie können wir ihnen in liebender Achtsamkeit begegnen und ihnen die Art von Nahrung verschaffen, die sie in unserer Zeit brauchen? Dieses Lesebuch bietet Denkanstöße, Erfahrungsberichte und Verhaltensvorschläge aus dem Weisheitsschatz der mystischen Überlieferungen der verschiedenen Religionen wie auch von maßgeblichen Wegbereitenden einer neuen ganzheitlichen Pädagogik. Nicht nur Eltern, Betreuende und Erziehende sind hier angesprochen, sondern alle, die die »versöhnende Kraft des Kindes« (Gurdjieff) verstehen möchten, die »Achtung haben vor den Geheimnissen und den Schwankungen der schweren Arbeit des Wachsens« (Janusz Korczak) und die es sich zur Aufgabe machen, das Kind als »lebendiges menschliches Bild der Wahrheit zu umsorgen« (Bülent Rauf). Und weil letztlich »alle Bildung Selbstbildung ist« (Edith Stein), geht es dabei immer auch um unser »inneres« Kind, das, »wenn die Zeit reif ist, in uns geboren wird« (Reshad Feild). Dieses Buch kann uns helfen, zu verstehen und unsere Kinder zu lehren, was Gott zu jeder und jedem Einzelnen von uns sagt: »Du bist Mein Schmuck; du bist Meine Schönheit; du bist Meine Vollkommenheit; du bist Mein Name« (al-Dschīlī).

ISBN 978-3-942914-34-5
480 Seiten

Guter Geschmack will gelernt sein: *Le bon-goût s'apprend.* Das gilt insbesondere für das spirituelle Schmecken der Einheit des Seins. In dieser einzigartigen Anthologie beschreiben liebestrunkene Sufis, wahrheitshungrige Gnostiker, erkenntnisdurstige Geisterseher und verschmitzt-weise Skandalgurus, hingebungsvolle Brotbäcker, humorbegnadete Geschichtenerzähler, ägäisverzauberte Lebensreisende und extremfastende Meisterspione Möglichkeiten und Wege, das Feine vom Groben zu unterscheiden, das Obere mit dem Unteren zu verbinden und so die scheinbare Trennlinie zwischen dem Körperlichen und dem Spirituellen zu überwinden. Wenn wir die ›Küchenarbeit an uns selbst‹ in der richtigen, nämlich dienenden Haltung angehen, kultivieren wir in uns diesen guten, feinen Geschmack für die Nähe Gottes. Bewusstes Kochen und Gekochtwerden lässt uns die Heiligkeit in der Transformation von Äußerem und Innerem entdecken.

Neben Ausgesuchtem von Dschalāl ad-Dīn Rūmī, Bahauddin Walad, Hafis, Khalil Gibran, Bülent Rauf, Reshad Feild, Muzaffer Ozak, G. I. Gurdjieff, P. D. Ouspensky, Idries Shah, Osho, Scotus Eriugena, Emanuel Swedenborg oder Henry Miller finden sich hier zum ersten Mal auf Deutsch vorliegende Trouvaillen von Annemarie Schimmel, Muḥyīddīn Ibn 'Arabī, John G. Bennett, Christopher Bamford und Paul Dukes.

ISBN 978-3-942914-20-8
324 Seiten

Das wundervolle Buch über die morgen- und abendländische Sakralkunst ist ein Klassiker der kunsthistorischen wie auch der religionswissenschaftlichen Literatur.

Dank seinem großen Verständnis der Geschichte, Theorie und Praxis aller Weltreligionen und seinem außergewöhnlichen Gespür für den spirituellen Gehalt und die mythologische Symbolik handwerklicher und künstlerischer Ausdrucksformen des Sakralen gelingt es Titus Burckhardt, die Leserinnen und Leser im wahrsten Sinne des Wortes geistreich zu bilden. So eloquent wie unterhaltsam schärft er unsere inneren Augen und Ohren für den Anblick und den Klang der Echtheit, Schönheit und Wahrheit heiliger Kunst.

Anhand kenntnisreich ausgewählter Beispiele bedeutender Sakralwerke aus Hinduismus, Buddhismus, Taoismus, Christentum und Islam erfahren wir, nach welchen Prinzipien und Gesetzen das Ewige sich durch die Jahrhunderte und die Kulturen hinweg in vielfältigen Formen offenbart hat, die bei tieferer Betrachtung eine beeindruckend einheitliche Essenz enthüllen.

Diese vollständig durchgesehene Neuausgabe ist mit zahlreichen zusätzlichen, jetzt größtenteils farbigen Abbildungen illustriert und wurde um ein ausführliches Begriffsregister ergänzt.

ISBN 978-3-942914-29-1
224 Seiten · 83 Abbildungen

Ein Schatz tiefer Einsichten aus spiritueller Perspektive in das große Mysterium des Atems. Inspirierende Vorträge, praktische Übungsanleitungen und eine Auswahl poetischer Texte aus unterschiedlichsten Traditionen laden uns ein, den Atem als Wunder auf vielen Ebenen zu erforschen.

Was ist dieser Atem? Welche Bedeutung liegt in diesem Leben spendenden Geheimnis? Wie wichtig ist das bewusste Atmen für echte spirituelle Transformation? Was sagt uns die Tatsache, dass unser Leben all seine Möglichkeiten zwischen einem Einatmen und einem Ausatmen entfaltet? Wie hängt das alles mit dem Rhythmus des Universums und der Zeit zusammen? Welche Rolle spielt der Atem im »Werden des Seins« aus dem immerwährenden »Schoß des Augenblicks«? Wie können wir Nahrung einatmen und sie ins alchimistische Exilier destillieren, das wir für die nachhaltige Verwandlung unseres Lebens brauchen? Wie können wir ausatmen, um die Atmosphäre in einem Raum oder in einer Situation zu verändern, in Verantwortung für unsere Mitmenschen und für die »kommende Welt«? Was könnte es bedeuten, dass Jesus »auf dem Wasser wandelte« und dass »Atem und Geist eins sind«? Welches ist die esoterische Beziehung zwischen Maria, Jesus, dem Geist Gottes, *Rūḥ Allāh,* und Christus?

Vor dem Hintergrund seines lebenslangen Studiums der inneren Essenz der Sufi-Lehren liefert uns der Autor Gedankenanstöße und praktische Tipps zur Atemarbeit in unserem Alltag.

ISBN 978-3-942914-09-3
172 Seiten